21世纪经济管理新形态教材·工商管理系列

江苏省高校在线开放课程配套教材

企业风险管理

（第3版）

武艳　代蕾　张静　张倩 ◎ 主编

U0368573

清华大学出版社

北京

内 容 简 介

本书系统介绍在竞争多变的市场条件下企业风险管理理论、策略、方法和计谋。主要内容包括：风险管理概述、企业风险管理、风险管理框架下的内部控制、战略风险管理、流动资产风险管理、筹资风险管理、生产风险管理、人力资源风险管理、市场营销风险管理、信用风险管理、新产品开发风险管理、投资项目风险管理、利率风险管理、汇率风险管理、风险管理理论前沿、风险管理实用工具概况。

教材凝结了作者多年的教学心得，每章的引导案例、讨论案例均是紧密结合教学内容精心编写。每章的古人风险管理智慧专栏不仅增加了阅读的趣味，也体现了中国风险管理文化的精髓。通过扫描书中二维码即可获取微课、即练即测题、案例分析提纲等，不仅方便学习者理解内容，而且及时巩固知识点。

本书适用于高等院校经济管理类学生，同时也能够满足企业管理者普及企业风险管理知识的需要。

本书封面贴有清华大学出版社防伪标签，无标签者不得销售。

版权所有，侵权必究。举报：010-62782989，beiqinquan@tup.tsinghua.edu.cn。

图书在版编目(CIP)数据

企业风险管理/武艳等主编. —3 版. —北京：清华大学出版社，2021.10（2022.5重印）
21 世纪经济管理新形态教材. 工商管理系列
ISBN 978-7-302-59193-1

Ⅰ. ①企… Ⅱ. ①武… Ⅲ. ①企业管理－风险管理－高等学校－教材 Ⅳ. ①F272.3

中国版本图书馆 CIP 数据核字(2021)第 187891 号

责任编辑：高晓蔚
封面设计：汉风唐韵
责任校对：王凤芝
责任印制：朱雨萌

出版发行：清华大学出版社
   网 址：http://www.tup.com.cn，http://www.wqbook.com
   地 址：北京清华大学学研大厦 A 座   邮 编：100084
   社 总 机：010-83470000   邮 购：010-62786544
   投稿与读者服务：010-62776969，c-service@tup.tsinghua.edu.cn
   质量反馈：010-62772015，zhiliang@tup.tsinghua.edu.cn
印 装 者：三河市君旺印务有限公司
经 销：全国新华书店
开 本：185mm×260mm 印 张：19   字 数：398 千字
版 次：2011 年 8 月第 1 版 2021 年 10 月第 3 版 印 次：2022 年 5 月第 2 次印刷
定 价：49.00 元

产品编号：089156-01

前　言

　　企业处在开放的环境中,环境无时无刻不在发生变化。全世界人民在 2020 年都目睹了忽视流行病等长期风险所带来的灾难性后果,新型冠状病毒大流行加剧了贫富差距和社会分化,并将在未来 3～5 年阻碍经济发展。企业经营环境的可变性导致了风险的产生,特别是因新冠疫情导致的全球经济下滑危机,更是把企业推到了风险管理的边缘。在后疫情时代,企业风险应该如何管理显得更加重要。

　　通过本书的学习,希望学生能够对将来工作中可能遇到的各种风险进行深入分析,并提出可行的风险防范策略。学生在掌握基本理论的基础上,通过案例讨论的训练,形成企业风险管理的能力。

　　通过系统学习,学生将逐步成为专业知识扎实,具有文化自信、爱国情怀、社会责任等优秀品质的社会主义建设者和接班人。

　　本书分为 3 篇,共 16 章。

　　第一篇为基本理论篇,包括第一章风险管理概述、第二章企业风险管理、第三章风险管理框架下的内部控制。

　　第二篇为理论与实务篇,包括第四章战略风险管理、第五章流动资产风险管理、第六章筹资风险管理、第七章生产风险管理、第八章人力资源风险管理、第九章市场营销风险管理、第十章信用风险管理、第十一章新产品开发风险管理、第十二章投资项目风险管理、第十三章利率风险管理、第十四章汇率风险管理。

　　第三篇为理论前沿篇,包括第十五章风险管理理论前沿、第十六章风险管理实用工具概况。

　　本教材是新形态、课程思政特色教材,最大特色是每章前均有引导案例、每章中有古人风险管理智慧专栏、每章后有讨论案例,每章还有扫描二维码学习的视频微课、即练即测题、案例分析提纲。引导案例可以供学生课前预习,以方便学生提前了解本章重点知识点,带着问题学习;章后阅读讨论案例可以供学生课后分团队讨论使用,教师可要求学生分团队制作 PPT 汇报,在课堂汇报时讲解重点知识点;古人风险管理智慧专栏,阅读轻松自在,既学习中国古人的风险管理理念,又了解中国传统文化,增强传统文化自信。

　　本教材凝结了编者多年教学心得。企业风险管理课程自 2019 年为省级在线开放课程,在中国大学慕课(MOOC)上开设多轮,每学期均开放,学习者可扫描书末教学支持说明页的二维码随时学习。本书网络课程资源丰富,作者还精心制作了课件及教学大纲等教辅资源，教师可扫码获取。本课程为校级课程思政示范课，课件、微课中巧妙融合课程思政，比如强调文化自信、爱国情怀、法律意识、诚信服务、社会责任、商业伦理等，每单元均有课程思政的思考及教学设计，寓价值观引导于知识传授和能力培养。

本书由武艳、代蕾、张静、张倩主编。武艳编写第一章、第二章、第四章、第七章、第八章、第九章、第十章、第十一章；代蕾编写第三章、第五章、第六章；张静编写第十二章、第十三章、第十四章；张倩编写第十五章、第十六章。

本书在编写过程中参考了大量国内外文献，在参考文献中列出，但由于有些资料收集时间过长，难免遗漏出处，请原作者原谅且与编者联系，在此表示感谢。

由于时间仓促，编者水平有限，希望读者对本书提出修改意见，不吝指教。若有指教或问题进行讨论请发邮箱：623998335@qq.com。

武　艳

2021 年 5 月

目 录

第三篇 理论前沿篇

第一篇

基本理论篇

第一章

风险管理概述

 引导案例

华为的冬天

"十年来我天天思考的都是失败,对成功视而不见,也没有什么荣誉感、自豪感,而是危机感。也许这样才活了十年。""居安思危,不是危言耸听。"任正非先生在《华为的冬天》里的这些语录,如雷贯耳,振聋发聩。

2001年任正非的一篇《华为的冬天》将危机管理上升到公司战略的高度,它提醒全员,危机是一定会来的,就是看你如何挺过。实际上,企业的发展无时不在危机中度过,谁能识别危机,直面危机,利用危机,谁就能活下去。创办一家企业,就是在和危机赛跑,就是在和危机对赌。危机的管理,就是提高预见的水平和概率,而华为,可能正处于危机的高发期。

不仅华为的任正非有此类言论,其他成功的企业家们也有类似言论。

微软总裁比尔·盖茨有一句名言:"微软离破产永远只有18个月。"

戴尔公司总裁戴尔说得更直接:"有的时候半夜会醒,一想起事情就害怕,但如果不是这样,那么你很快就会被别人干掉。"

海尔首席执行官(CEO)张瑞敏说过:"一个伟大的企业,对待成就永远要战战兢兢,如履薄冰。我们不是居安思危,而是居危思进。"

英特尔公司CEO格鲁夫说过:"唯有忧患意识,才能永远长存。"

世界级的企业管理,其实质上就是风险管理,企业能否在竞争中取胜,在很大程度上取决于是否具有风险意识。

(资料来源:任正非. 华为的冬天,根据网络新闻资料整理。百度文库,https://wenku.baidu.com/view/70959865f9c75fbfc77da26925c52cc58ad69044.html,2019-01-15.)

 导言

在人们的日常生活中,或者在企业的生产经营过程中,自然灾害、意外事故经常发生,每个人或每个企业都面临着不同风险。本章通过阐述风险、企业风险的含义及分类,教会人们认识风险,分清企业风险管理中面临的战略风险、财务风险、经营风险和金融风险,为将来更好地管理风险做好准备。

古人风险管理智慧专栏

> 居安思危,思则有备,有备无患。
>
> ——《左传·襄公十一年》

处于安全环境时要考虑可能出现的危险,考虑到危险就会有所准备,事先有了准备就可以避免祸患。

第一节　风险的内涵及种类

一、风险的含义

在英文中可译为风险的词有若干个,最常出现在风险管理论著中的有：risk、peril、hazard。根据 risk 的词义,风险指不利事件发生的可能性,如新产品退出后亏损的可能性。根据 peril 的词义,风险是指所发生的不利事件本身,如火灾、洪水、车祸等,或引起不利事件发生的条件。根据 hazard 的词义,风险是指不利事件发生的条件,即发生事故的前提、环境、诱因等。

视频　初识风险真面目

(一)风险观点

迄今为止,关于风险的定义,学术界尚无统一的认识,主要有以下几种观点。

1. 风险是损失或损害的可能性

1895 年美国学者海尼斯(Haynes)在《风险———一项经济因素》(*Risk as an Economic Factor*)中从经济学意义上提出了风险的概念。他认为：风险一词在经济学和其他学术领域中,并无任何技术上的内容,它意味着损害的可能性。某种行为能否产生有害的后果以其不确定性界定,如果某种行为具有不确定性,其行为就反映了风险的承担。

2. 风险是损失的不确定性

1986 年,美国经济学者罗伯特·I.梅尔(Robert I. Mehr)在所著的《保险原理》(*Fundamentals of Insurance*)一书中将风险定义为："在一定条件下损失的不确定性。"C. A. 克布(C. A. Kulp)和约翰·W. 霍尔(John W. Hall)在其合著的《意外伤害保险》(*Casualty Insurance*)一书中将风险定义为："在一定条件下财务损失的不确定性。"

对于这一定义,我国台湾学者宋明哲将其归为"主观说"。他认为,"主观说"的特点是强调"损失和不确定性"。事实上,自然灾害和意外事故所造成的损失,其本身是确定的;而所谓的"不确定性",则是指人们由于个人的经验、精神和心理状态等不同,对事故所造成的

损失在认识上或估计上的差别。这种"不确定性"包括事故发生与否不确定、发生的事件不确定性、发生的状况不确定以及发生的结果不确定。

3. 风险是实际结果和预期结果的离差

美国学者佩弗尔认为,风险是一种客观存在,不论人们是否已经察觉到,它总是以客观的概率来测定的。也就是说,客观事物按其自身的运动规律在不断地发展变化,不管人们是否注意它们或观察它们,它们都有可能出现各种不同的结果,因而才有风险。这是不以人的主观意识而转移的客观环境或客观条件变化的产物。这种观点被归为"客观说"。

美国学者小阿瑟·威廉姆斯(C. Arthur Willianms)和里查德·M. 汉斯(Richard M. Heins)在1985年合著的《风险管理与保险》(*Risk Management and Insurance*)一书中将风险定义为:"在给定情况下和特定时间内,那些可能发生的结果间的差异。如果肯定只有一个结果发生,则差异为零,风险为零;如果有多种可能结果,则有风险,且差异越大,风险越大。"这种观点强调风险是客观存在的事物,因而可以用客观的尺度来衡量,这就使得数学尤其是概率统计等科学方法在风险理论中有了用武之地。

4. 风险是可度量的不确定性

美国经济学家富兰克·H. 奈特(Frank H. Knight)在其1921年出版的《风险、不确定性和利润》(*Risk , Uncertainty and Profit*)一书中认为:风险是指"可度量的不确定性"。而"不确定性"是指不可度量的风险。风险的特征是概率估计的可靠性,概率估计的可靠性来自所遵循的理论规律或稳定的经验规律。与可计算或可预见的风险不同,不确定性是指人们缺乏对事件的基本知识,对事件可能的结果知之甚少。因此,不能通过现有理论或经验进行预见和定量分析。

上述四种观点都将风险同"不确定性"相联系。第一种观点认为风险是损失和损害的可能性。这种可能性包括发生损失的可能性和不发生损失的可能性两种结果,具有不确定性,且这种可能性可以用概率加以描述,这种观点与第二种观点比较接近。第二种观点强调风险是主观的不确定。第三种观点强调客观的不确定性。第四种观点认为风险是可度量的不确定性。由此可见,"不确定性"是风险研究的出发点。

(二) 本书风险观点

1. "不确定性"的内涵

不确定性(uncertainty)是指不一定发生的事件或不确定的状态,有主观不确定性和客观不确定性之分。

"不确定性"是显示生活中客观存在的事实,它反映一个特定事件在未来有多种可能的结果。例如,掷一枚硬币,会出现"正面"和"反面"两种可能性,也就是说,结果是"正面"还是"反面"是不确定性的;同样,掷一颗骰子,其出现的点数,有6种可能的结果。

客观不确定性是事件结果本身的不确定性,也就是事件按自身运动规律发展而出现的各种可能性,是不依赖人们的主观意识而存在的,它是客观环境或客观条件变化的产物。主观不确定性是人们对事物认识或估计上的不确定性。当人们有意识地观察客观事件时,会对事件发生与否、发生的时间、发生状况及未来结果等做出种种的推测,由于个人的认识、经验、精神和心理状态不同,对于相同的客观风险,不同的人会有不同的主观预计,从而形成主观的不确定性。

可见,就风险事件来说,由于客观不确定性的存在,使未来事件产生结果差异;由于人们主观的不确定性,提出了对未来结果的预期,这种预期结果和实际结果之间发生偏离,便形成了风险。因此,从风险形成的机理来看,风险是客观不确定性和主观不确定性的统一。

2. 不确定性是风险产生的必要条件

正是因为事物的发展有多种可能的结果,性质完全相同的事件在时间、地点、环境等客观条件不同时所呈现出的结果也不相同。不同的结果对人们造成的影响也不相同,从而产生风险问题。所以,不具备客观不确定性的未来事件没有风险。

如果未来事件的本身具有客观不确定性,但人们并没有对事件的未来进行预计,没有预计结果,当然就不会存在认识上的主观不确定性,更不会存在实际结果与预计结果的偏差,也就不会产生风险问题。因此,不具备主观不确定性的未来事件也没有风险。

反之,如果未来事件本身具有主、客观的不确定性,是否会产生风险呢?对于具备不确定性的未来事件,如果其所有的结果都是人们能够预计到的并且是可以接受的,也不会有风险问题。所以说,不确定性只是风险产生的必要条件,而不是充分条件。

3. 风险的定义

在前文分析的基础上,并综合已有的研究成果,我们得出本书对风险的定义:风险是指在特定情况下和特定时间内,未来事件的预期结果与实际结果的差异。

这个定义包括以下内涵:

(1) 未来事件的结果会随着时间、环境等客观条件的变化而变化,即具有客观的不确定性。

(2) 人类的预测能力是有限的,因此对于未来事件的预计结果也存在各种差异,即主观上的不确定性。

(3) 风险包括风险收益和风险损失两个方面。由于人们认知能力的有限性,具有不确定性未来事件的实际结果并不是人们都能预计到的,或者即使都能预计到,有些结果也是人们不愿意接受的。未来事件的预期结果和实际结果的差异表现为两个方面:一是预期结果与实际结果的正向偏差,如果这种差异是人们愿意接受的,就表现为风险收益。二是预期结果与实际结果的反向偏差,表现为风险损失。比如,一个投资项目的某一种可能的预期收益率大于其实际收益率,则是风险收益。反之,预期收益率小于其实际收益率,则是风险损失。

二、风险的要素

风险与风险因素、风险事故和损失密切相关,要真正理解风险的本质,就必须弄清这三个概念及其相互关系

(一)风险因素

风险因素是指促使或引起风险事故发生或风险事故发生时导致损失增加、扩大的原因或条件。风险因素是风险事故发生的潜在原因,是造成损失的间接原因。例如,建筑物的建筑材料与建筑结构以及干燥的气候和风力,对火灾事故而言,是风险因素;雇员的业务素质高低,对经济单位某项工作的成败而言,是风险因素等。

根据风险因素的性质分类,通常可以将风险因素分为物质风险因素、道德风险因素和心理风险因素三种。

1. 物质风险因素

物质风险因素是指增大某一标的风险事故发生概率或加重损失程度的物质条件。它是一种有形的风险因素。例如,环境污染对于人类健康危害、汽车刹车系统失灵对于交通事故、易燃建筑材料对于建筑物火灾等,都是物质风险因素。

2. 道德风险因素

道德风险因素是指与人的不正当社会行为相联系的一种无形的风险因素。通常表现为由于恶意行为或不良企图,故意促使风险事故发生或损失扩大。例如偷工减料引起的产品事故、隐瞒产品质量引起的食品安全事件等。

3. 心理风险因素

心理风险因素是指由于人的主观上的疏忽或过失,导致增大风险事故发生的概率或加重损失程度因素。它是一种无形的风险因素。例如,外出忘记锁门对于室内盗窃事件、工程设计差错对于工程项目失败等,都属于心理风险因素。

道德风险因素与心理风险因素都与人密切相关。前者强调的是故意或恶意,而后者则强调无意或疏忽。但实际操作中二者往往不易区分。因此,如何防范道德风险因素和心理风险因素是风险管理的一个重要课题。基于这种考虑,有人主张把道德风险因素与心理风险因素合称为人为风险因素。所以,风险因素也可分为两种,即物质风险因素和人为风险因素。

(二)风险事故

风险事故又称风险事件,是指引起损失的直接或外在的原因,是使风险造成损失的可能性转化为现实性的媒介。例如火灾、地震、船舶碰撞、雷电、人的死亡、人的受伤和疾病等,都是风险事故。

（三）损失

损失是指非故意、非计划、非预期的经济价值减少的事实。这里有两个要素：一是经济价值减少。强调的是能以货币衡量，即使对于人身伤亡，也是从由此引起的给本人及家庭带来的经济困难或者其对社会创造经济价值的能力减少出发来考虑。二是非故意、非计划和非预期。例如"馈赠"和"折旧"，虽然都满足第一个要素，但不满足第二个要素，因为它们都是属于计划或预期中的经济价值减少，所以不是我们这里所定义的损失。

损失可分为直接损失和间接损失两种。其中，直接损失是指风险事件对于标的本身所造成的破坏事实，而间接损失则是由于直接损失所引起的破坏事件。例如，一家旅店遭受火灾，烧毁了房屋，这是旅店的直接损失；而因房屋被毁，旅店无法正常经营导致的经营收益损失，则是旅店的间接损失。

（四）风险因素、风险事故和损失的关系

风险因素、风险事故和损失三者之间的关系是：风险因素引起风险事故，风险事故导致损失。例如，一辆汽车由于刹车系统失灵，发生车祸，撞伤一人，压坏自行车一辆。这里，刹车系统失灵是风险因素，车祸是风险事故，撞伤一人和压坏一辆自行车则是损失。

值得注意的是，同一事件，在一定条件下是造成损失的直接原因，则它是风险事故；而在其他条件下，则可能是造成损失的间接原因，于是它成为风险因素。例如下冰雹使得路滑，导致车祸造成人员伤亡，这时冰雹是风险因素，车祸则是风险事故。但冰雹直接击伤行人，则冰雹便是风险事故了。

三、风险的特征

（一）客观性

风险是客观存在的自然现象和社会现象所引起的。自然界的地震、洪水、雷电、暴风雨等，是自然界运动的表现形式，甚至可能是自然界自我平衡的必要条件。自然界的这种运动形成自然灾害，给人类造成生命和财产损失，因而对人类构成风险。自然界的运动是由其运动规律所决定的，而这种规律是独立于人的主观意识之外而存在的。人类只能发现、认识和利用这种规律，而不能改变之。同样，战争、冲突、车祸、失误和破产等是受社会发展规律支配的。人们可以认识和掌握这种规律，预防意外事故，减少其损失，但终究不能完全消除之。因此，风险是一种客观存在，而不是人的头脑中的主观想象。人们只能在一定的范围内改变风险形成和发展的条件，降低风险事故发生的概率，减少损失程度，而不能彻底消除风险。

（二）偶然性

从全社会看，风险事故的发生是必然的。然而，对特定的个体而言，遭遇风险事故则是

偶然的,这就是风险的偶然性。风险的偶然性是由风险事故的随机性决定的:其一,风险事故发生与否不确定。例如,就全社会而言,火灾未能消除,这使得所有经济单位都面临火灾的风险,但具体到某一家庭或企业,火灾是否发生,就未必了。其二,风险事故何时发生不确定。其三,风险事故将会怎样发生,将导致多大损失,也是不确定的。例如水灾,我国每年都有,但就特定的年份而言,水灾发生在哪一地区、财产损失多少、人身伤亡几何,都是不确定的。

(三) 可变性

世间万物都处于运动、变化之中,风险更是如此。风险的变化,有量的增减,也有质的改变,还有旧风险的消失与新风险的产生。风险的变化主要是由风险因素的变化引起的。

四、风险的分类

为了研究和管理风险,我们需要按照不同的标准对风险进行分类。这里介绍几种常见的分类。

(一) 按风险的性质分类

按照性质不同,风险可以分为纯粹风险和投机风险两大类。

1. 纯粹风险

纯粹风险(pure risk)指那些只有损失可能而无获利机会的风险。当纯粹风险发生时,对当事人而言,只有遭受损失与否的结果。例如,火灾、沉船或车祸等事故发生,将导致受害者的财产损失和人身伤亡,但不会获得任何其他利益。

2. 投机风险

投机风险(speculative risk)是指那些既有可能有损失也可能有获利机会的风险。例如,人们进行股票投资之后,就面临着股票市值波动的风险。如果股票价格上涨,投资者就可能因此而获利;如果股票价格下跌,投资者就要承担损失。

(二) 按风险的环境分类

按照环境不同,风险可分为静态风险和动态风险两大类。

1. 静态风险

静态风险(static risk)是在社会经济正常情况下存在的一种风险,指由于自然力的不规则作用,或者由于人们的错误或失当行为而招致的风险。例如,洪灾、火灾,人的死亡、残疾或疾病,以及盗窃、欺诈、呆账或破产等。

2．动态风险

动态风险(dynamic risk)是指以社会经济的变动为直接原因的风险,通常由人们欲望的变化、生产方式和生产技术以及产业组织的变化等所引起的。例如消费者爱好转移、市场结构调整、资本扩大、技术改进、人口增长、利率变动或经济变化等。

静态风险与动态风险的主要区别在于:第一,静态风险对于社会而言一般可能导致实实在在的损失,而动态风险对于社会而言并不一定都将导致损失,即它可能对部分社会个体(经济单位)有益,而对另一部分个体造成实际的损失;第二,从影响的范围来看,静态风险一般只对少数社会成员(个体)产生影响,而动态风险的影响则较为广泛;第三,静态风险对个体而言,风险事故的发生是偶然的、不规则的,但就社会整体而言,其具有一定的规律性,相反,动态风险很难找到其规律性。

(三) 按风险标的分类

按照风险标的不同,风险可以分为财产风险、人身风险、责任风险和信用风险。

1．财产风险

财产风险(property loss exposure)是指导致财产损毁、灭失和贬值的风险。例如,建筑物遭受地震、洪水、火灾的风险,飞机坠毁的风险,汽车碰撞的风险,船舶沉没的风险,财产价值由于经济因素而贬值的风险等。

2．人身风险

人身风险(personal loss exposure)是指导致人的死亡、残疾、疾病、衰老及劳动能力丧失或降低的风险。人会因生、老、病或死等生理规律和自然、政治、军事或社会等原因而早逝、伤残、工作能力丧失等。人身风险通常又可分为生命风险、意外伤害风险和健康风险三类。

3．责任风险

责任风险(liability loss exposure)是指由于个人或团体的疏忽或过失行为,造成他人财产损失或人身伤亡,依照法律或契约应承担民事法律责任的风险。与财产风险和人身风险相比,责任风险是一种更为复杂而又比较难以控制的风险,尤以专业技术人员,如医师、律师、会计师和理发师等职业的责任风险为甚。

4．信用风险

信用风险(credit risk)是指在经济交往中,权利人与义务人之间由于一方违约或违法致使对方遭受经济损失的风险。常见的信用风险有两类:一类是债务人不能或不愿意履行债务而给债权人造成损失的风险;另一类是交易一方不履行义务而给交易双方造成经济损失的风险。

(四) 按风险形成的原因分类

按照风险形成的原因不同,风险可以分为自然风险和社会风险。

1．自然风险

自然风险（natural risk）是指由于自然现象、物理现象和其他物质风险因素所形成的风险。例如地震、海啸、暴风雨、洪水或火灾等。

2．社会风险

社会风险（society risk）是指由于个人或团体的行为（包括过失行为、不当行为及故意行为）或不作为使社会生产及人们生活遭受损失的风险。如盗窃、抢劫、玩忽职守及故意破坏等行为将可能对他人财产造成损失或人身造成伤害等。

需要注意的是，自然风险、社会风险是相互联系、相互影响的，有时很难明确区分。例如，由于人的行为引起的而以某种自然现象表现出来风险，则本身属于自然风险，但由于它是人们行为的反常所致，因此又属于社会风险。

（五）按承担风险的主体分类

按承担的经济主体不同，风险可以分为个人与家庭风险、团体风险和政府风险等。

1．个人与家庭风险

个人与家庭风险主要是指以个人与家庭作为承担风险的主体的那一类风险。个人与家庭面临的风险主要有人身风险、财产风险、责任风险和信用风险等。

2．团体风险

团体风险主要是指以企业或社会团体作为承担风险的主体的那一类风险。企业或社会团体面临的风险主要有企业或社会团体的员工人身风险、财产风险、信用风险、投资风险、筹资风险、市场风险和责任风险等。

3．政府风险

政府风险主要是指以政府作为承担风险的主体的风险。

（六）按风险能否分散分类

按风险能否分散，可将其分为系统风险和非系统风险。

1．系统风险

系统风险是指由于政治、经济及社会环境等企业外部某些因素的不确定性而产生的风险，它存在于所有企业中，并且是个别企业所无法控制，也无法通过多样化投资予以分散的风险。

2．非系统风险

非系统风险是指由于经营失误、消费者偏好改变、劳资纠纷、工人罢工、新产品试制失败等因素影响产生的个别企业的风险。

除了上述基本的分类方法以外，还可以依照其他分类方法进行分类。如：按照风险的可控程度,将风险分为可控风险与不可控风险;按风险涉及的范围,将风险分为局部风险和全面风险等。

不同的学者对风险的分类不同,风险分类是为对风险更进一层次的研究做理论基础的,学习者可多参考不同学者的研究,结合实际需求应用。

第二节　企业风险的形成及类别

一、企业风险的形成

企业风险的形成是多方面的,有内部原因,也有外部原因;有主观原因,也有客观原因。国内外学者一般都把风险的形成归为自然、社会影响,社会影响方面又可以再分为政治、经济、社会、法律、人口、文化、技术等方面。

我们认为经营企业可以说是市场经济条件下的一种风险经济,因此,从企业与市场的关系来看,企业风险的形成主要有以下几个方面。

(一)企业经营环境的不确定性

视频　只缘身在企业中

企业经营环境存在的不确定性是导致企业风险的直接原因。从总体上看,它包含了社会政治的不确定性、政策的不确定性、宏观经济的不确定性和自然环境的不确定性。

社会政治的不确定性主要是指社会的政治、法律、人文观、民族文化等因素的变化。各种政治观点、政治实力的对抗以及不同宗教信仰的冲突等,都可能引起动乱、战争或政府的更迭,其结果可能造成企业生产经营活动的中断或经营条件的损坏。另一方面,社会生产关系的调整、制度的变更和规范的革新,这种不规则的变化会给企业经营环境带来一系列不确定,也可能导致企业风险。另外,政府法律法规方面的不断变革,也成为企业风险的重要来源。

政策的不确定性是指有关国家各级政府的政策变化的不确定性给企业带来的风险。政府政策的不确定性越高,企业的风险也越高。如当国家出现通货膨胀时,政府往往采取紧缩货币的政策、减少货币投放、提高利率或中央银行再贴现率,由于利率发生变化,势必给企业的经营带来一定的风险。

宏观经济的不确定性是指由国家经济政策和由产业结构变化引起的经济形势的不确定性而产生的风险。宏观经济环境的变化主要包括产业结构、国民生产总值增长状况、进出口额及其比例、人均就业率与工资水平,利率与汇率等方面。

自然环境的不确定是指由于自然界的运动过程中呈现出来的不规则变化。例如地震、洪水,虽然自然科学技术很发达但人们却无法完全准确地预测这些自然灾害会在何时何地发生。即使人们在资料相当充分的情况下，也只能做出一些判断。这些都会给企业带来风险。

（二）企业主观认识的不完整性

作为商品生产者的企业是市场的主体。由于市场本身并不完善，而身在其中的企业也会受其影响。自然和社会运动的不规则性，经济活动的复杂性及经营主体的经验和能力的局限性，不可能完全正确地预见客观事物的变化，因而企业风险就不可避免。

其次，从企业自身角度考察，企业运行中的人、财、物和供、产、销任一环节出现故障，如不能及时纠正，都可能使企业的经营活动无法进行。系统管理出现事故的地点、时间和程序是不可预测的。事实上，企业内部存在许多不确定性因素，如经营方向、生产运转、质量变动的不确定等，研究与开发的不确定，产品生命周期的不确定和员工行为的不确定等，虽然主观上企业可以预测，但往往这些不确定性交叉发生，增加了企业决策者甄别和防范风险的难度。

再者而言，人是多样化的，每个人对风险的认识都有所不同，面对风险时做出的反应也不相同。由于人们的认识与态度不同，因此不确定性也因人而异。某个人认为不确定性的事，另一人可能确定；同一件事，对一个人不确定程度可能较高，对另一人不确定程度可能较低。由此可见，人们主观上认识的不完整性主要是源于个体的认识水平。

（三）企业的资金控制能力是有限的

不论是对小企业还是大企业，对其资金的控制能力都是有限的。如果一个企业有充分的资金，即使发生风险损失也是不足为惧的。但当今社会企业对资金的控制能力是很脆弱的。虽然一些大企业控制的资金很庞大，而一旦发生风险损失，就会在一夜之间化为乌有，这就是近年来为什么许多优秀企业昙花一现的根本原因，它们的资金是一种泡沫，因而经受不起风险的考验。

（四）其他因素

市场经济运行的复杂性。社会生产和再生产过程的四个环节以及与之相应的所有经济活动的运行是极其复杂的，特别是市场经济条件下，更加呈现出自身的不规则性，由此导致的不确定性不可避免地引起企业的一些风险。行业结构在变动，存在投入产品市场的不确定性以及竞争的不确定性。

商品的双重性。即商品价值和使用价值，由于两者之间存在一定的差距，两者内部矛盾不断深化和外化，与此相联系的市场风险的性质、范围、时空跨度和层次也会不断深化。

科学技术的发展。自工业革命以来，人类社会在科学技术的推动下得到了突飞猛进的发展，不但生产和创造出前所未有的大量物质财

视频 不同的风险

富,还建立了高度复杂的组织体系以及相应的社会文化和思维方式。然而,科技的发展以及人们对科技的依赖却在某种程度上增加了人类社会受到科技到来的负面影响的可能性。现代科技的风险既来自高科技、新技术发展带来的不确定性,也来自现代社会人们对科技的高度依赖带来的风险。这种对科技的高度依赖使深化科技失效和对科技的不当利用都会产生严重的后果。

另外,经济全球化、国际关系变化等都会对企业经营活动产生一定的影响。

二、企业风险的类别

风险作为一种自然现象,同时也是一种社会和经济现象,普遍存在于社会中,无论是个人、社会还是其他组织都面临着各种各样的风险。在市场经济条件下企业作为社会经济活动的基本单位,总是在不同的风险条件下生存和发展,时刻面临着各种风险的威胁。为了有效地预测风险、控制风险,需要对风险进行适当的分类,以明确风险形成的原因,对不同的风险采取相应的防范措施,达到风险管理的目的。企业风险的内容极其广泛,这决定了其分类的复杂性。

上述关于风险的总体分类,也适用于企业风险的分类。但由于企业风险及其特征非常复杂,风险承担主体又是各不相同,因此关于风险的认定、分类一直没有一个权威的定论,由于本书主要涉及的是企业风险,因此,有必要针对企业自身的特点,对企业风险进行分类。

从企业管理的角度来看,风险广泛存在于企业生产经营过程中,涉及企业的战略、财务、经营、金融等诸多方面。我们认为企业风险可以分为如下四大类。

(一)战略风险

战略风险是那些实现企业战略目标所需要的条件不充分或是不存在而无法保障企业战略目标得以实现的可能性。

(二)财务风险

财务风险与企业资金的筹措、运用、管理以及安全密切相关。它是指企业在各项财务活动中由于各种难以预料或控制因素的影响,导致财务状况具有不确定性,从而使企业有蒙受损失的可能性。具体包括以下几个方面。

1. 流动资产风险

流动资产风险是指企业资金流出与流入在时间上不一致所形成的风险。当企业的流动资产出现问题时,无法满足日常生产经营、投资活动的需要,或无法及时偿还到期的债务时,可能会导致企业生产经营陷入困境,收益下降,也可能给企业带来信用危机,使企业的形象和声誉遭受严重损害,最终陷入财务困境,甚至导致破产。

2. 筹资风险

筹资风险是指企业在筹资活动中由于资金供需市场、宏观经济环境的变化或筹资来源结构、币种结构、期限结构等因素而给企业财务成果带来的不确定性。

资金是企业生产经营活动的必备条件,任何企业在其创立、发展过程中都需要通过一定的渠道、方式来筹集所需资金。随着金融市场体系的不断完善,资金来源呈现多元化,筹资方式出现多样化,不同的筹资方式概括起来包括债务筹资方式与股权筹资方式。在企业的债务筹资过程中,受固定利息负担和债务期限结构等因素的影响,若企业经营不佳,特别是投资收益率低于债务利息率时,可能产生不能按时还本付息破产的风险。在股权筹资过程中,企业通过发行股票方式吸收投资者投入资金而形成企业的股权性资本,当企业投资收益不能满足投资者的收益目标时,投资者就会抛售公司股票,造成公司股价下跌。同时,也会使企业再筹资的难度加大,筹资成本上升。特别是企业是在企业经营出现困难时,极易成为竞争对手的收购对象,而面临着被收购的风险。

(三)经营风险

经营风险指由于企业生产经营方面的不确定性而使企业收益产生变化的可能性。主要包括以下几个方面。

1. 生产风险

生产风险主要来源于生产过程中诸要素的不确定性。在生产过程中,企业所拥有的原材料、存货、机器设备、安全生产等经济资源的配置和使用,会随着生产经营的不断变化而进行调整,使企业预期收益具有不确定性。

2. 人力资源风险

人力资源风险是指在招聘、工作分析、职业计划、绩效考评、工作评估、薪金管理、福利、激励、员工培训、员工管理等人力资源管理的各个环节中产生的风险。

3. 市场营销风险

市场营销风险是指企业在开展市场营销活动过程中,由于出现不利的环境因素而导致市场营销活动受损甚至失败的状态。企业在开展市场营销活动过程中,必须分析市场营销可能出现的风险,并努力加以预防,设置控制措施和方案,最终实现企业的营销目标。

4. 信用风险

信用风险是指债务人或交易对手未能履行合同所规定的义务或信用质量发生变化,影响金融价值,从而给债权人或金融产品持有人造成经济损失的风险。

企业实际经营中,很多是因应收账款原因导致信用风险,因应收账款导致的信用风险解决措施需要市场营销政策支撑,本教材体现将信用风险置于市场营销之后阐述,归入经营风险类别。

5. 新产品开发风险

新产品开发风险为企业对新产品开发的内外环境不确定性估计不足或无法适应,或对新产品开发过程难以有效控制而造成新产品开发失败的可能性。

6. 投资风险

投资风险是指企业在投资活动中,由于受到各种难以预计或控制因素的影响给企业财务成果带来的不确定性,致使投资收益率达不到预期目标而产生的风险。通常,投资项目是决定企业收益和风险的首要因素,不同的投资项目往往具有不同的风险,包括对内投资项目风险和对外投资项目风险,它们对公司价值和公司风险的影响程度也不同。

企业的对内投资项目包括固定资产、流动资产等有形资产的投资和高新技术、人力资本等无形资产的投资。在投资过程中,由于投资决策不科学、投资所形成的资产结构不合理往往会导致投资项目不能达到预期效果,从而影响企业盈利水平和偿债能力,产生财务风险。尤其是巨额固定资产和无形资产投资的风险,对企业的影响轻则几年,重则几十年,甚至会使企业最终破产倒闭。

企业的对外投资是指企业将自己投资于其他有关单位,或购买有价证券等金融资产。由于被投资企业收益的不确定性,导致投资企业对外投资收益的不确定性,使企业遭受财务成果损失的风险。并购也是投资的一种,由于企业并购未来收益的不确定性,造成的未来实际收益与预期收益之间的偏差即并购风险,并购风险并入投资风险阐述。

(四)金融风险

1. 利率风险

利率风险是指企业由于利率波动而引起的对未来收益、资产或债务价值的波动性或不确定性所可能导致的损失。

即练即测

2. 汇率风险

汇率风险又称外汇风险,指经济主体持有或运用外汇的经济活动中,因汇率波动而蒙受损失的可能性。

学者们对企业风险分类的探讨是一个持续的过程,永无止境。本教材会通过理论的前沿持续更新、跟进。

讨论案例1-1

新型冠状病毒仅仅是病毒吗?

1. 新型冠状病毒仅仅是病毒吗?

2020年年初开始在全球肆虐的新冠疫情,贯穿了2020年的始终。这是一场不亚于世界大战的战役。

截至 2021 年 8 月底,全球的累计确诊病例数已经突破 2.1 亿例,累计死亡人数超过 450 万人,每天不停上升的数字让人看着忧心。

新型冠状病毒仅仅是病毒吗?

这场从规模到影响力史无前例的疫情,一定会深深地改变世界格局。

危中有机,中国出色的抗疫成绩和快速恢复,使中国可以危中取机,成为 2020 年 G20 中唯一一个 GDP 正增长的国家。

2020 年 3 月,受新冠疫情的影响,美国股市出现了 10 个工作日出现 4 次熔断的事件,把过去几年的涨幅在 10 个工作日内跌回了原点,震动了全球资本市场。

2. 疫情是企业风险吗?

大家闭门不出,不再走亲访友,不再回家过年,不再大型聚餐。

疫情在观望中逐渐明朗,疫情的反复时有发生,人们从恐慌到理智接受。什么时候开工?如何开工?如果迟迟无法开工,中小企业怎么生存?

餐饮行业、旅游行业等如何战略转型?

"停课不停学,停课不停教"带来的何止教育方式的改变?

"居家办公"带来的改变何止是办公地点的改变?

3. 企业积极行动起来,应对疫情

全球疫情下,没有哪个企业能够免于受到影响,小微企业倒闭潮、中大型企业员工降薪潮,纷纷来临。但是,为了生存下去,企业积极行动起来,应对疫情。

政府层面出台了减负的系列措施,减费、减税等多管齐下。

企业层面调整战略,改变传统的方式,积极应对,采取了一系列的措施应对疫情。

苏州常熟的波司登公司、江苏阳光集团等生产企业纷纷跨界,生产医用防护服;连云港东海柏德实业原生产尿不湿的生产线转产生产口罩;每人每天一个防护口罩,山东阳光科技有限公司实现百分百复工,企业生产的空调换热器配件确保了订单的完成;南京江宴楼餐饮公司推出打包定制年夜饭服务;南京中山陵风景区采用限流、限人,预约服务;等等。

风险不可怕,可怕的是不积极主动应对。疫情造成的困难,不能阻挡企业创新的努力。企业做好疫情防控的同时,抓紧产品质量,进一步占领市场,才是长治久安之道。

资料来源:根据网络新闻资料整理。

讨论问题

1. 疫情是企业风险吗?疫情还导致了什么风险?

2. 查找相关资料,结合自身认识,谈谈你所知道的企业(学校)采取什么措施应对疫情?

案例分析

第二章

企业风险管理

 引导案例

王老吉和加多宝商标侵权事件还没完没了啦?

2019 年 7 月 1 日,最高院裁定撤销 14.4 亿元商标侵权赔偿的一审判决,将加多宝与广药集团王老吉商标侵权纠纷案发回广东高院重审,长达 9 年之久的王老吉商标博弈烽烟再起。

本案发回重审的原因是:一审法院在加多宝公司构成举证妨碍的情形下,以广药集团提交的《专项分析报告》为依据认定加多宝公司的侵权获利数额,而最高院认为该《专项分析报告》在证据内容与证据形式上均存在重大缺陷。

据了解,该案争议的焦点在于加多宝在 2010 年 5 月 2 日到 2012 年 5 月 15 日期间,使用王老吉商标到底构不构成侵权?

事件背景是围绕商标转让展开的。1995 年,广药集团将王老吉品牌租给了香港加多宝,租期 20 年;1997 年,广药与加多宝投资方香港鸿道集团签订商标许可使用合同;2000年,双方先后签订合同,约定鸿道集团对王老吉商标租赁期限至 2010 年;2002—2003 年,鸿道集团又与广药签署补充协议,将租赁期延长至 2020 年;2010 年,广药集团向鸿道集团发出律师函,以非法手段行贿取得为由,申诉了两个补充协议无效。

随后的事情,就众所周知了。可以看到,整个事件的关键就在这个补充协议上,因为这个协议被认定是通过行贿获得的,还牵连到原广药总经理李益民的腐败案,后者于 2005 年被判无期。

所以,广东高院一审认为这个合同是"恶意串通,损害国家利益"的无效合同,因此自始无效。随后直接认定加多宝属于商标侵权。

加多宝案的难处就在于,知识产权的无形性,导致其无法通过返还财产来使双方恢复到合同订立前的状态,而折价补偿损失的计算方式又难以确定损失从何而来。

不论是加多宝还是王老吉,在这个事件中双方都有错误,都因双方的错误产生了损失,销售收入减少的直接损失,商誉降低的间接损失,无论哪一方都产生了一系列的风险问题,不论最终高院如何判定,企业风险都已经发生,及时止损、及时做好企业风险管理才是企业管理之道。

(资料来源:王老吉与加多宝商标之争,新浪财经,https://finance.sina.com.cn/,2019-07-08.)

导言

风险普遍存在,我们每个人每天都在处理风险。但是,同样的风险,不同的人,采用不同的处理方法,其实际效果可能是不一样的。事实上,风险管理是一门科学,也是一门艺术。只有风险管理人员掌握了风险管理的理论与方法,依照科学的风险管理识别、衡量、风险处理、风险检查和评价的程序,就可以有可能以最低的成本获得最佳的风险管理效果。

古人风险管理智慧专栏

风险管理需要缜密的结构性和系统性的风险管理方法。《汉书·霍光传》记载了一个典故。

客有过主人者,见其灶直突,傍有积薪。客谓主人更为曲突,远徙其薪;不者且有火患;主人嘿然不应。俄而家果失火,邻里共就之,幸而得息。于是杀牛置酒谢其邻人,灼烂者在于上行,余各以功次坐,而不录言曲突者。人谓主人曰:"乡使听客之言,不费牛酒,终亡火患;今论功而请宾,'曲突徙薪'亡恩泽,焦头烂额为上客耶?"主人乃寤而请之。

其意如下。

有一个造访主人的客人,看到主人炉灶烟囱是直的,旁边还堆积着柴草,便对主人说:"重新造一个弯曲的烟囱,将柴草远远地迁移。不然,会有发生火灾的忧患。"主人沉默不答应。不久,家里果然失火,邻居们一同来救火,幸好把火扑灭了。于是,主人杀牛摆酒来感谢他的邻人。被火烧伤的人在上位,其他各自以功劳大小依次坐,但是没有请说改"曲突"那个人。有人对主人说:"当初如果听了那位客人话,也不用破费摆设酒席,始终也不会有火灾忧患。现在评论功劳,邀请宾客,为什么建议'曲突徙薪'的人没有受到恩惠,而被烧伤的人却被奉为上宾呢?"主人这才醒悟,去邀请那位客人。

显然,提出"曲突徙薪"的人之所以能提出风险管理方法,一方面是基于其"观察""衡量"风险的结构性方法;另一方面,在识别风险隐患后,他所提出的风险管理方法由一系列的"系统性"方法构成——重新造一个弯曲的烟囱,避免烟火通过垂直的烟囱直冲屋顶,并将柴草迁移到远离火种的地方。

第一节　企业风险管理的发展阶段

人类对付风险的实践活动自古至今一刻也没有停止过。随着人类社会发展的进程,人类面临的风险不断发展变化,人们防范风险的意识也不断提高,对付风险的办法日益增多。到 20 世纪中叶,在美国,风险管理作为一门系统的管理科学被提出。随后形成了近乎全球性的风险管理运动。这是社会生产力和科学技术发展到一定阶段的必然产物,标志着现代风险管理时代的到来。企业风险管理经过了四个阶段,安全生产阶段、保险阶段、资本结构优化阶段、企业全面风险管理阶段。

一、安全生产阶段

早在 20 世纪 50 年代以前,亨利·法约尔就已经认识到风险管理的重要性。1961 年他将工业活动的功能分为 6 项,其中就包括一项叫作安全的功能,这可以说是企业风险管理的雏形。这项功能的目的是保障财产和人员不受下述事件的伤害:偷窃、火灾、罢工和洪涝,以及一切可能威胁一家公司的发展和生存的事情。这项功能一般包括保障事业安全的措施,保证从业人员能安心工作。

二、保险阶段

20 世纪 50 年代中期,"风险管理"这个术语出现在美国,学术界也开始关注风险管理。最早的文献之一是加拉格尔(Russell B. Gallagher)于 1956 年发表于《哈福商业评论》中的一篇文章。在此论文中,作者提出了一个在当时具有革命性意义的观点,他认为组织中应该有专门负责管理纯粹风险的人,即在一定程度上应将风险交给专门人员处理,在大公司里,这样的人应该被称为全职风险经理。当时,一些大公司已经有诸如保险经理这样的职位,这个职位通常需要确定和维护为企业利益而购买的一揽子保险单。随着企业规模的扩大,保险购买职能就逐渐成为内部的一项具体工作。1931 年美国管理协会(American Management Association)建立了保险分会,目的是便于成员之间交换信息,并发布有关全体保险购买者利益的信息。1932 年纽约保险购买者协会成立。1950 年美国保险购买者协会成立,后来成为美国保险管理学会(American Society or Insurance Management)。

三、资本结构优化阶段

在有了较多的管理科学知识和工具以后,如运筹学、计量经济学、统计学等,学术界不仅开始怀疑传统理论赋予保险的中心作用,而且也开始提出了一些理论来支持这个挑战。

一些企业用资产组合理论做指导,来分散企业在投资中所面临的风险。组合理论主要是说如果把钱投资于一个资产组合可以有效地降低风险。也就是通常所说的"不要把鸡蛋放在一个篮子里"。

四、企业全面风险管理阶段

到了 20 世纪 80 年代后期,人们不仅希望预防风险损失,而且还想从风险管理中获益,以风险为基础的资源配置与绩效考核便应运而生,这样使经济损失尽量最小。

特别是 2008 年由美国次贷危机引发的全球金融危机以来,企业面临的风险越来越多,风险的影响也越来越大,而且严重性和频率也增加了。由于风险管理的流程和程序的缺陷,造成了多起巨大的金融损失和许多企业倒闭。造成以上失败的原因主要是风险管理不够全面,所以,企业全面风险管理开始走入公众视野。

全面风险管理就是企业董事会及经理阶层为实现未来战略目标的过程中,将市场不确定因素产生的影响控制在可接受范围内的过程和系统的方法。全面风险管理是管理当局建立的风险管理制度,是对企业生产经营和财务报告产生过程的控制,属于内部管理层面的问题。

2008 年 11 月,中国国务院国有资产管理委员会下发通知,要求中央企业加强全面风险管理工作,拉开了中国企业全面风险管理的序幕。通知指出,中央企业要以科学发展观为指导,充分认识当前和今后一段时期内市场环境变化对企业经营管理的持续影响,积极主动应对各种风险,把全面风险管理工作摆在企业日常经营管理的重要位置。中央企业要加强领导,主要负责人要亲自抓,组织集团及所属企业深入开展全面风险管理工作,层层落实,确保企业持续稳定健康发展。通知要求各中央企业抓住重点,健全体系,稳步提高全面风险管理工作水平。中央企业要本着从实际出发、务求实效的原则,以解决企业经营管理中存在的突出问题为重点,加强对重大风险、重大决策、重大事件的管理和重要流程的内部控制,不断完善企业内部控制系统,逐步建立健全企业全面风险管理体系,切实提高企业风险防范和应对能力。同时,中央企业还应在集团及所属企业范围内逐级明确风险管理职责,加强风险管理组织体系建设,重视风险管理文化培育工作,稳步提高企业全面风险管理工作水平。

第二节　企业风险管理的概念

一、企业风险管理观点

大多理论界的定义是参照 1988 年新《巴塞尔协议》的文本引入:企业风险管理是指企业在实现未来战略目标的过程中,将市场不确定因素产生的影响控制在可接受范围内的过程和系统方法。

2003 年美国反虚假财务报告委员会(Committee of Sponsoring Organizations of the Treadway Commission,COSO)在《企业风险管理框架草案》中将企业风险管理定义为:企业风险管理是一个过程,受组织的董事会、管理层和其他人员影响,风险管理应用于战略制定,贯穿整个企业。风险管理旨在识别影响组织的潜在事件,在组织的风险偏好范围内管理风险,为组织目标的实现提供合理的保证。

二、企业风险管理概念

通过上述观点评析,本书认为,对企业风险管理的定义应抓住管理这个实质。

(一)企业风险管理概念

企业风险管理是指全面分析企业各个经营过程中的风险,通过对风险的识别和衡量,采用合理的经济和技术手段对风险进行处理,以最低的成本获得最大安全保障的一种管理活动。

(二)理解概念需要注意点

1. 企业风险管理的主体是企业全体员工

这里指企业的全体员工,不仅仅是企业的管理者,还涵盖企业的普通员工,涵盖企业的所有职能部门,风险管理不仅仅是管理者几个人的事情,也不仅仅是几个职能部门的事情,需要全体员工共同参与。

2. 企业风险管理的对象是风险

关于风险管理的对象历史上有纯粹风险说和全部风险说两种观点。前者强调风险管理的对象是纯粹风险,笔者强调的企业风险管理应全面分析企业经营过程,以全部风险为管理对象,虽然企业的管理精力有限,企业不可能处理全部风险,但企业仍然要关注所有风险,对风险进行衡量后,重点选择风险发生概率较大和风险损失重大的风险。也只有企业衡量了全部风险,才能将可能的风险损失降低到最低。

3. 企业风险管理的目标要清晰

企业风险管理的目标是以最小的成本换取最大的安全保障,进而确保企业经济活动的稳定、持续和发展,实现企业价值的最大化。因此,良好的风险管理能够增加企业成功的概率、减少失败的可能。

4. 企业风险管理的要素

企业风险管理的要素包括:内部环境、目标设定、事项识别、风险评估(衡量)、风险对策、控制活动、信息和沟通、监督。

第三节　企业风险管理的目标

企业风险管理的目标对风险管理的效果是十分重要的。这些目标必须是清晰的,否则在以后的实施过程中就会产生很大的意见分歧,并且这些不同的意见将会被带入审核自身当中。

　　绝大多数的风险管理计划都是随着时间的推移而逐步完善的。新的风险出现时,需要用适当的方法去应对。有时通过购买保险去应对新出现的风险,有时采用预防的方法。

　　确定企业风险管理的目标是一项综合性的工作,需要从风险管理的各个环节,各个方面加以考虑。但总的来说可以分为两类:损前目标和损后目标,这两个还可以继续分解,如表 2-1 所示。

表 2-1　企业风险管理目标分类

损 前 目 标	损 后 目 标
(1) 经济性目标	(1) 生存目标
(2) 合理合法性目标	(2) 持续经营目标
(3) 降低潜在损失性目标	(3) 稳定的盈利目标
(4) 社会责任目标	(4) 发展目标
	(5) 社会责任目标

一、损前目标

(一) 经济性目标

　　企业风险管理必须经济,就是要尽量减少不必要的费用支出和损失。在决定对风险采取措施以前,应综合衡量所花的成本以及由此取得的收益或对企业的好处,即应对风险在经济上是可行的。

(二) 合理合法性目标

　　采取适当的方法去处理风险损失时要符合法律规定。如公司董事会在不通知股东的情况下,挪用公司的盈余公积金去应对风险损失,即使结果是好的,但其过程是不符合法律规定的。

(三) 降低潜在损失性目标

　　通过降低潜在损失,使企业在风险真正发生时减少损失程度,从而达到低成本的效果。

(四) 社会责任目标

　　社会责任目标既是损前目标又是损后目标。

　　损前的社会责任目标是指企业与员工、企业与其他利益相关者和整个社会的关系而面临的各种社会义务。作为风险管理的手段,预防损失和控制损失产生社会利益,这些手段使资产避免遭受破坏,避免了社会损失,社会从中收益。而且,当一个公司破产时,公司的所有者和员工都会遭受损失。如果采取适当的风险管理策略来保护企业,使之免于灾难性的损失,就可以避免破产和由破产导致的破坏。

二、损后目标

（一）生存目标

毫无疑问，无论企业的目标是什么，只有当企业继续生存时才有可能实现这些目标。如果企业不再存在，则任何目标都是无法实现的。由此可见风险损失后的第一个目标就是生存目标，即企业在经济社会中作为一个经营实体继续存在。

（二）持续经营目标

企业生存了下来，怎样让它运转下去并实现既定目标就是接下来的问题。损失发生后，实施风险管理的第二个目标就是保证生产经营等活动迅速恢复正常，尽快使企业的各项经济指标达到损前的水平。对于企业风险管理来说，保证生产服务这一目标有时带有强制性或义务性。如连续不断地为公众设施提供服务就是一种义务。

（三）稳定的盈利目标

股东更喜欢稳定的收益，而不是剧烈波动的收益。减少风险可能带来的收益变化，就能提升公司的总体绩效，而且其本身也是公司的目标。

在成本费用不增加的情况下，通过持续的生产经营活动，或通过提供资金以补偿由于生产经营的中断而造成的收入损失，均能达到实现稳定收入这一目标。收入的稳定与生产经营的持续这两者是不同的，它们是风险管理的不同目标。

（四）发展目标

利润最大化并不总是企业的主要目标。对一个有强劲增长势头的企业，持续增长的能力是它最重要的目标之一。当增长成为组织主要目标时，使其免于增长的威胁便成了风险管理人员的一个重要目标。执行和实施风险管理计划和方案，及时、有效地处理各种损失，并不断根据可能出现的新情况拟定新的风险管理计划和方案，周而复始地执行计划，从而使企业实现持续稳定的增长，这是风险管理应达到的最高层次目标。

（五）社会责任目标

履行企业的社会责任，如法律规定企业赔偿员工因工受伤的损失，并要求企业给员工上保险等。正如损前目标强调企业应承担社会责任一样，有效地处理风险事故所带来的损失，减少因损失造成的种种不利影响，可以使企业更好地、充分地承担社会责任，履行应尽的义务，从而树立良好的公众形象。

第四节　企业风险管理组织体制

企业风险管理是一项复杂而艰巨的系统工程,为了能较好地实现风险管理目标,企业需要建立一个专门的组织结构对风险管理的整个过程进行具体的规划,以实施有效的监督和控制。风险管理组织就是指通过确定一定的组织结构和组织关系,使企业各部门各成员协调工作,从而保证风险管理目标的实现,它是整个风险管理中的很重要组成部分,也是使风险管理得以成功实施的必要条件。

一、风险管理组织结构

企业可以针对不同的规模、组织结构设置相适应的风险管理组织系统。对于中小型企业,可以不必设置专门的风险管理部门,风险管理的任务可由专职人员承担,例如由厂长或经理作为风险管理的总负责人,也可赋予各部门操作和信息反馈。对于大型企业,由于受到内部组织和生产过程的复杂性、信息沟通的相对困难以及各部门具有盲目追求业绩和完成目标任务的冲动等诸多因素的影响,其所面临的各种风险都比中小企业的风险要更大些,因而一般设有专门的风险管理部门,并配备专职的风险管理人员。大型企业的风险管理组织结构,如图 2-1 所示。

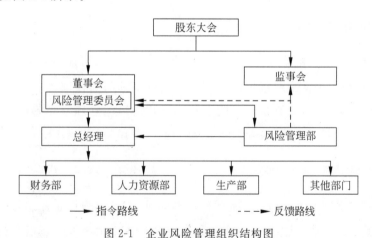

图 2-1　企业风险管理组织结构图

二、风险管理组织结构关系

(一)董事会

董事会是负责公司重大投资及其各项业务活动决策,并实施其有效监督的机构,它对股东大会负责,并承担财务损失的责任。因此,董事会实施有效的风险管理,监督和评估公司总体的风险水平,确保公司所承担的风险在可接受的范围之内。

(二) 风险管理委员会

在董事会中通常设立风险管理委员会,隶属于董事会的专业委员会,向董事会提供独立支持,委员会的成员要由董事会决议任命,委员会由四位非执行董事组成,其中一位要任命为委员会主席。还可以吸纳风险管理部门主管及其他业务部门主管参与,负责董事会的日常风险管理工作,并定期向董事会报告风险管理方面出现的有关问题。风险管理委员会的主要职责包括:制定公司风险管理合理的正常和风险管理流程,确保公司整体风险的管理;建立独立的风险管理单位来度量、控制和报告风险;建立风险检查和评价制度;督促各项风险内部管理措施和规章制度的贯彻实施;定期检查风险程度等。

(三) 风险管理部

风险管理部是风险管理委员会下设的常设机构,在风险管理上独立于各业务部门和高层管理人员的风险管理执行机构。风险管理部的主要职责是:负责风险管理信息的收集、筛选、整理、传递、报告等工作,分析企业所面临的各种风险,制定企业的风险管理政策和标准等,针对各职能部门风险管理过程中出现的问题及时修订、改进等,随时检测风险的发展变化,并及时、全面地向风险管理委员会汇报等。

(四) 各业务职能部门

各业务职能部门是风险管理策略的具体执行者,企业可以结合各业务部门的特点设置风险管理小组,该小组根据企业的风险管理战略制定本部门具体的风险管理政策,策划本部门风险管理的具体工作,认真执行风险管理部下达的风险管理方面的任务,对本部门的风险状况进行识别、衡量、处理、检查和评价,并及时上报风险管理部门。

(五) 首席风险官

对于企业所属行业风险较大,发生频次较多的企业,可以根据企业实际需要设立首席风险官职位。其工作报告给董事会的风险委员会和 CEO。其职责:使董事会风险委员会能够履行其章程中规定的职责;按照公司的风险管理愿景,沟通和管理企业风险管理的建立和持续维持;确保业务单元首席执行官具有适当的风险管理权和地区;确认企业风险管理正在每个业务单元发挥职能,而且正在及时识别和有效管理所有的重大风险;与风险委员会沟通有关企业风险管理的状况;把企业风险管理模式推荐给 CEO 和业务单元领导,并协助将其融入他们的经营计划和持续报告;确保风险管理能力在所有业务单元和企业的发展和维持。

第五节　企业风险管理的基本程序

为了能够通过对企业风险的有效管理使企业避免风险的困扰,并以最小的成本降低风险,风险管理人员在风险的管理过程中必须遵循一定的程序:风险识别、风险衡量、风险处理、风险检查和评价。

一、风险识别

视频　例析企业风险管理程序

(一)风险识别的概念

风险识别风险管理的第一步,是系统地、连续地发现企业所面临的风险类别、形成原因及其影响的行为,是处理风险的基本前提。可以说,风险管理工作的成效主要取决于风险识别工作。如果不对风险进行准确的识别,就不可能知道企业存在什么风险,可能发生什么风险,就会失去及时有效地控制这些风险的机会,也就不能对处理风险有所作为。

所谓风险识别是指对企业面临的尚未显化的各种潜在风险进行系统地归类分析,以揭示潜在风险及其性质的过程。它的基本任务就是识别、了解企业风险的种类及其可能带来的严重后果。

(二)风险识别的方法

要对企业存在的风险进行识别,就需要对企业进行全面而深入地调查研究,分析可能存在的风险因素和可能发生的风险类别,进而做出比较准确的判断。

企业风险识别的方法多种多样,以下简单介绍 6 种基本方法。

1. 现场观察法

即通过对企业的各种生产经营活动和具体财务活动的观察,来了解和把握企业面临的各种风险。

2. 财务报表分析法

企业的风险普遍显现为财务风险,体现在报表上。财务报表分析法是以企业的资产负债表、损益表和现金流量表等财务报表为依据,通过采取水平分析法、垂直分析法、趋势分析法、比率分析法等,来识别企业当前所面临的所有风险,甚至还能发现企业未来的风险。

3. 案例分析法

在识别企业风险时,比照过去的企业风险管理实践中类似的案例,从中总结经验和方法,吸取有关教训。如根据以往的赊销经验,判断企业的现金流量风险。

4. 集合意见法

通过企业各部门有关人员沟通交流，征询其他有关风险存在和来源的意见，然后通过风险管理人员将各种意见汇总起来，进行综合的分析和研究，以全面了解企业风险发生的情况，这样既可以发现企业风险，又可以提高企业各部门的协同作用。

5. 德尔菲法

又称专家调查法。它是指在识别风险时，采用信函的形式向有关专家提出问题，得到答复，将回答的各种意见整理、归纳，并匿名反馈给有关专家，再次征求意见，然后再次综合反馈，这样如此反复多次，直到得到比较一致的意见为止。

6. 业务流程分析法

即将企业的各项经济活动按照内在的逻辑联系建立一系列的流程图，针对流程图中的每一个环节逐一进行调查、研究和分析，从中发现潜在的企业风险的一种风险识别方法。通过经济活动流程图分析，可以分析企业活动的薄弱环节，即极易产生企业风险的环节，这样就可以对其进行重点的把握和分析。

上述企业风险识别方法各有优缺点和使用条件，根据企业环境及风险管理情况，适当的选择一种或几种方法组合。

二、风险衡量

风险衡量又称风险评估。在识别了风险后，下一步是风险衡量，衡量风险对企业的影响。

(一)风险衡量的概念

风险衡量是指用现代定性或定量分析的方法来估计和预测某种风险发生的概率及其损失程度。概率是指一定时期内风险可能发生的概率；损失程度是指每次损失可能的规模，即损失金额的大小。

(二)风险衡量的方法

1. 定性方法

风险衡量定性方法就是风险管理人员通过风险识别阶段所得到的信息，运用一定的方法，进行信息加工和处理，从而得到风险事件发生的概率及其损失程度这两个重要指标，为风险管理者选择风险处理方法、进行风险管理决策提供依据。

企业风险定性衡量方式可以将企业风险概率表示为"很小""中等""较大"，企业风险导致的损失大小也相对划分为"重大损失""中等损失"和"轻度损失"，这样可以在如图 2-2 所示的风险衡量等级图的坐标系中对风险进行定位。企业应该针对风险在风险衡量等级图

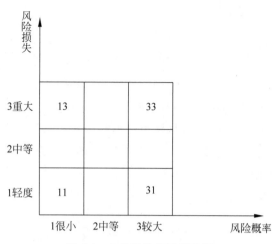

图 2-2 企业风险衡量等级图

中不同的位置,实行不同的处理策略。

2．定量方法

风险衡量可以借助于简化的模型来计算某种风险程度下的期望收益,将情况的判断和数据的整理计算结合起来。企业风险事件的发生与否具有不确定性,在概率学中称为随机事件,其发生的可能性通常用概率进行衡量。因此,风险衡量的定量方法就是计算各种概率下的损益结果,进行比较。

第一步,分析可能出现的各种情况,并且根据所掌握的信息及有关资料和经验,估计每种情况出现的概率。

例如,某公司拟投资开发新项目,经分析可能出现三种情况(良好、一般和较差),并估计出其相应的概率分布,同时,针对相同的投资额,提出了 A、B 两个可供选择的方案,有关数据如表 2-2 所示。

表 2-2 拟投资开发新项目的基本情况

投资环境	概率	A 方案预期收益(万元)	B 方案预期收益(万元)
良好	0.3	80	120
一般	0.5	60	40
较差	0.2	40	−20

第二步,计算每个方案的收益期望值 $E(x)$。

收益期望值是按照概率分布计算的加权平均值,它反映出一个投资项目的预期收益。期望值越大,表明预期收益越大;反之则较小。收益期望值的计算公式如下:

$$\sum_{i=1}^{n}E(x)=x_iP_i \qquad (公式 2\text{-}1)$$

其中:$E(x)$ 为收益期望值;

x_i 为第 i 种情况的预期收益;

P_i 为第 i 种情况发生的概率。

根据公式计算方案 A 和 B 的收益期望值为：

方案 A 收益期望值 $E(x_A) = 0.3 \times 80 + 0.5 \times 60 + 0.2 \times 40 = 62$

方案 B 收益期望值 $E(x_B) = 0.3 \times 120 + 0.5 \times 40 + 0.2 \times (-20) = 52$

第三步，计算每个方案收益的方差和标准差。

收益的方差(δ^2)和标准差(δ)都是反映不同风险条件下的实际收益和收益期望值之间偏离程度的指标。方差或标准差越大，说明事件发生结果的分布越分散，投资收益波动越大，投资风险越大，反之则越小。

方差与标准差的计算公式如下：

$$方差(\delta^2) = \sum_{i=1}^{n} P_i [x_i - E(x)]^2 \qquad (公式\ 2\text{-}2)$$

$$标准差(\delta) = \sqrt{\delta^2} = \sqrt{\sum_{i=1}^{n} P_i [x_i - E(x)]^2} \qquad (公式\ 2\text{-}3)$$

根据上述公式分别计算方案 A、B 的方差和标准差如下。

方案 A 的方差(δ_A^2) $= 0.3 \times (80-62)^2 + 0.5 \times (60-62)^2 + 0.2 \times (40-62)^2 = 196$

方案 A 的标准差(δ_A) $= 14$

方案 B 的方差(δ_B^2) $= 0.3 \times (120-52)^2 + 0.5 \times (40-52)^2 + 0.2 \times (-20-52)^2 = 2474$

方案 B 的标准差(δ_B) $= 49.74$

第四步，计算每个方案的变异系数，并根据变异系数来判断各个方案期望收益下的风险程度。

方差和标准差虽能表明风险的大小，但是它们不能用于不同方案风险程度的比较。因为在方差或标准差相同的情况下，收益期望值不同，风险程度也不同。变异系数是指标准差与期望值的比例，即

变异系数 $=$ (标准差 $\div$ 期望值) $\times 100\% = [\delta / E(x)] \times 100\%$

计算方案 A、B 的变异系数如下。

方案 A 的变异系数 $=$ ($14 \div 62$) $\times 100\% = 23\%$

方案 B 的变异系数 $=$ ($49.74 \div 52$) $\times 100\% = 96\%$

变异系数越高，表示风险程度越大，反之，表示风险程度越小。通过方案 A、B 的比较可以得出，B 方案的投资风险高于 A 方案的投资风险。

企业风险衡量除了可以借助概率定量度量外，还可以根据不同的风险，采用其他的方法，如盈亏平衡法、决策树法等。

三、风险处理

在风险识别、风险衡量之后，风险管理人员必须运用合理而有效的方法对风险加以处

理。风险处理是指在风险识别和风险衡量的基础上，针对企业所存在的风险因素，积极采取处理措施，以消除、减少风险因素或减少风险因素的危害性的处理方法。

一般风险处理的方法有：风险规避策略、风险转移策略、风险控制策略、风险自留策略。

（一）风险规避策略

风险规避是指当企业风险潜在威胁发生的可能性很大、不利后果也比较严重，而且又无其他措施可采用，主动放弃项目，或改变项目目标与行动方案来规避风险。如果通过风险衡量发现项目目标的实施将会给企业带来重大损失，企业管理者又不能通过其他有效的办法来有效地处理风险，这时就应该放弃项目的实施，以免造成等大的经济损失。风险规避策略不仅在消除风险的同时，失去了由风险带来的收益，同时也减弱了有关人员的积极性。因此，在采取风险规避策略之前，必须对风险有足够的认识。

（二）风险转移策略

风险转移其目的是通过若干技术手段和经济手段将风险部分或全部转移给其他企业或人承担。实施这种策略转移风险的同时，也转移了部分可能有风险带来的利益。转移风险主要有三种方式：（1）出售。就是通过买卖契约将风险转移给其他单位。（2）发包。就是通过从企业外部获取原材料、服务、产品等，而将风险转移出去。（3）保险与担保。保险是常见的一种方式，只要企业向保险公司交纳一定数额的保险金，在风险事故发生时就能获得保险公司的补偿，从而将风险转移给保险公司。

（三）风险控制策略

风险控制策略是指风险事故发生前努力降低风险发生的可能性，并在损失发生后尽量减少风险损失的一种策略。一般的，在风险发生前尽量降低损失频率的行为成为风险事前控制策略或风险预防策略，也称为防损。在风险发生后尽量减轻损失称为风险事后控制策略或减损。

1. 风险事前控制策略

事前防范是指采取积极的控制措施，努力消除产生风险的各种因素，以减低风险发生的概率。为此也可以采取以下具体措施：提高风险识别和衡量的科学性，为预防风险的发生提供可靠的基础；科学分析风险因素，防止风险事故的发生，最好是能消除风险因素；隔离存在的风险因素及加强对员工的安全教育。

2. 风险事后控制策略

风险事后控制策略主要是指事故发生后所采取的各种措施，以减低损失的程度。可采取的措施有：风险救护、应急计划、风险分离、总结经验教训，探索风险形成、发生的规律。要善于总结风险事故发生的教训和降低损失的经验，力求探索出处理风险的规律，增强预防发生这类风险或其他风险的能力,真正做到全面管理。

(四)风险自留策略

风险自留策略是指由面临风险的企业自己承担风险事故所致损失的一种风险处理方法。它是通过企业内部资金的融道来弥补损失,一旦选择风险自留策略,风险管理人员就必须在损失发生时,能获得足够的资金来置换受损的财产,满足责任要求的赔偿,维持企业的经营活动。

尽管风险自留策略有时候是无意的,或者属于无奈的、被动的选择,但是在很多情况下,企业确实把风险自留有意或主动地作为一种风险管理的手段。当然还有其他一些原因:风险自留的成本较低;风险自留可以控制理赔进程;风险自留可以获得备用金的投资收益;风险自留可以避免保险中的社会责任。但风险自留也有一些不足之处:容易造成企业的巨大损失;风险自留的成本是变化的;可能引起企业内部关系和企业外部关系的紧张。

风险自留策略实质上是企业在某种风险无法回避也不可能转移或因冒风险可能获得较大的利益时,自行承担风险及损失发生后的财务后果。在很多情况下,风险自留策略会与风险转移、风险控制策略结合起来使用。

四、风险检查和评价

(一)风险检查

在风险管理的决策贯彻和执行后,就必须对其执行的情况进行检查和评价。其理由是:风险管理的过程是动态的,风险是在不断变化的,新的风险也会产生,原有的风险也会消失,上一次处理风险的策略也许下一次就不再可行;另一方面,有时做出的决策是错误的。对计划的检查和评价可以及时发现这些错误,并在它们造成严重后果之前加以纠正。

(二)风险评价

评价的基本标准是效益标准,即主要看是否能以最小的成本取得最大的安全保障。在一定时期内,风险处理方案是否为最佳、其效果如何,需要采用科学的方法加以评估。常用的评估公式为

效益比值=(因采取该项风险处理措施而减少的风险损失)/(因采取该风险处理方案所支付的各种费用+机会成本)

若效益比值小于 1,则该项风险处理方案不可取;若效益比值大于 1,则该项风险处理方案可取。使得效益比值达到最大的风险处理方案为最佳方案。

即练即测

讨论案例2-1

三胞集团"千亿危局"

2020年12月南京国际金融中心易主在即,三胞集团债务重组方案出炉。

在这个矗立着孙中山雕像,号称"中华第一商圈"的人气之地——南京新街口,袁亚非拥有半壁江山——新百商场、国际金融中心、东方福来德都有他的身影。在此之前,他从珠江路白手起家,创立的宏图三胞曾是当年南京,甚至是全国电脑零售的代名词。鼎盛时期,他的三胞集团旗下拥有宏图高科、南京新百、万威国际、金鹏源康、富通电科等多家上市公司。

1. 三胞集团简介

三胞集团有限公司,是一家以信息化为特征,以现代服务业为核心,集金融投资、商贸流通、信息服务、健康医疗、地产开发五大板块于一体的大型现代化企业集团。成立于1993年,凭借锐意创新的精神,专业化的管理,始终保持业务的高速增长。截至2016年,集团总资产突破1200亿元,年销售总额达1300亿元。2017年9月,三胞集团有限公司在"2017中国企业500强"中排名第124位。"2017中国民营企业500强"第21名。

2. 资本游戏和大并购

2005年,宏图高科深陷危机,三胞集团重组宏图高科,曲线上市。此后几年,靠着质押股权—收购—装入上市主体—再质押的资本游戏,袁亚非开始了横跨零售、金融、养老、医疗等多个行业,涉及多个国家的疯狂并购。

三胞集团并购时间表如下。

2009年收购广州金鹏集团,进军智慧安防运营和服务领域。

2011年收购南京新百股权,涉足百货零售业。

2013年,投资成为《中国新闻周刊》唯一合作商。

2014年1月,收购美国上市公司麦考林63.7%的股权;6月,三胞集团收购Brookstone 100%股权;7月收购乐语通讯,开始进军通信行业;9月,旗下控股上市公司南京新百收购了Highland 89%的股权,从而间接控股英国百货公司福来莎(HOF);10月收购以色列家庭医疗服务提供商Natali和团购网站拉手网。

2015年4月,宏图高科收购万威国际50.42%的股权;5月收购深圳市国彩数码89%的股权;三胞集团战略合作伙伴千百度签约收购哈姆雷斯(Hamleys)。

2016年1月,南京新百收购国内最大的养老服务企业安康通84%股权,完成此次收购后,南京新百持有安康通100%股权;3月,收购以色列家政服务公司A.S.Nursing;7月,南京新百收购东南亚最大的脐带血和脐带膜储存服务商新加坡康盛人生集团20%股权,并成立医疗健康投资基金,收购中国脐带血库集团;

12月收购了齐鲁干细胞76%股权,同月,宏图高科收购了匡时国际100%股权。同在

2016年1月,三胞集团还战略投资了王府井,成为王府井的第二大股东。

2017年6月,三胞集团收购了美国制药公司Dendreon 100%股权。人们发现,大部分收购对象由母公司三胞集团举债拿下,再通过发行股份购买的方式装入上市公司。如此不仅举债产生的支出留在母公司,不影响上市公司利润,三胞集团还能掌握自身控股地位。

2014—2017年是中国企业出海热潮不断,由于政策鼓励,三胞集团可以拿到大量便宜的贷款,袁亚非的杠杆游戏也用在了海外并购上。

3. 并购之后的痛

2017年前后,三胞集团的问题开始暴露。由于相关规定,长期贷款三胞集团无法拿到,只能选择一年的短期贷款,但其投资的产业,如零售、大健康属于周期长的行业,需要长期经营才能赚回成本。由于本身就是通过股权质押获得并购资金,当大环境变差,企业经营不善时,三胞集团的资金链压力会骤然增大。

同时,在进行海外并购时,三胞集团往往选择一些名气较大的企业,但这些企业多已进入下滑期,三胞集团的收购不仅难以挽救颓势,还会带来管理团队的水土不服。

以百货公司福来莎为例,三胞集团用了近4.5亿英镑收购,4年后福来莎破产清算,只收回了9000万英镑,据传麦考林被收购前夕也已濒临破产。由于尽职调查缺乏力度、信息不对称,三胞集团在很多并购中充当了"接盘侠"的角色。

袁亚非也承认:"借船出海没有错,但错在我们高估了部分标的的品牌价值,低估了运营的难度。"收购之后,面对国内外不同的企业,三胞集团对子公司的协调和整合也不到位。比如,收购拉手网、乐语通讯、Brookstone之后,三胞集团希望将三者和旗下的南京新百整合,推出大数据平台,探索新零售。这样的战略无可厚非,但几家子公司的融合并不顺畅。

雪上加霜的是,三胞集团曾经的利润奶牛——电脑零售业务受到电商的严重冲击,已经不能像巅峰时期一样支持母公司大肆并购。出海窗口收紧和去杠杆等政策,成为压垮三胞集团的最后一根稻草。

2017年末,三胞集团总负债高达611亿元。次年7月,一项融资主体为三胞集团的资管计划到期无法全部兑付,发生实质违约。随后,多家金融机构、企业开始对三胞采取诉讼和财产保全行动。三胞集团及旗下公司的银行存款、不动产等资产遭遇大面积查封、冻结。随之,南京新百和宏图高科股价暴跌,质押爆仓的压力也一天天增大。为了自救,三胞集团开始抛售地产、零售、电影院线等业务,希望将战略方向转移到养老产业上。同时,三胞集团还不断抛出虚虚实实的消息刺激股价,缓解爆仓压力。

2019年9月,区块链正火的时候,宏图高科进军区块链和数字货币的消息不胫而走,导致宏图高科连续三个涨停,不过后面宏图高科出门澄清,公司不涉及任何区块链和数字货币业务。5月13日,又有媒体报道,三胞集团获得中国信达百亿资金支持,ST宏图和南京新百当天涨停。但随后南京新百、ST宏图立即出公告称,"经公司书面函证控股股东三胞集团及实际控制人袁亚非,控股股东及实际控制人回函明确表示,该战略合作协议未涉及南京新百相关事宜。"

一家号称千亿的民企,如今沦落到靠炒作刺激股价、避免爆仓的地步,令人唏嘘。

资料来源:根据三胞集团官网资料整理,http://www.sanpowergroup.com/,2021-02-01.

讨论问题

结合案例,从企业风险管理过程角度,谈谈三胞集团的风险管理。

案例分析

第三章

风险管理框架下的内部控制

引导案例

华为组织架构

华为的组织架构采取了事业群＋矩阵式,如图 3-1 所示。

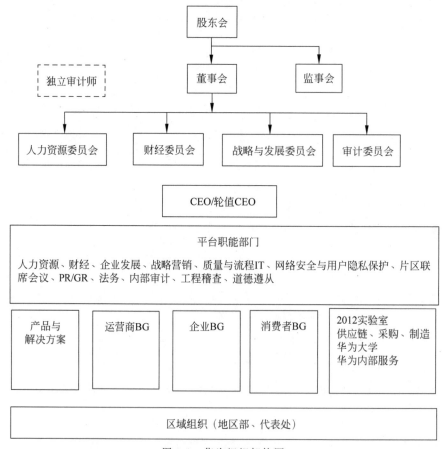

图 3-1　华为组织架构图

公司股东会是最高权力机构,对公司增资、利润分配、选举董事/监事等重大事项作出决策。由工会和任正非两名股东组成,工会作为公司股东参与决策的公司重大事项,由持股员工代表会审议并决策,持股员工代表会由全体持股员工代表组成,代表全体员工行使权利。持股员工代表 51 人,候补持股员工代表 9 人,由在职持股员工选举产生,任期五年。

董事会是公司战略和经营管理的决策机构,对公司的整体业务运作进行指导和监督,对公司在战略和运作过程中的重大事项进行决策。董事会下设人力资源委员会、财经委员会、战略与发展委员会和审计委员会,协助和支持董事会运作。

监事会主要职责包括检查公司财务和公司经营状况,对董事、高级管理人员执行职务的行为和董事会运作规范性进行监督。

公司实行董事会领导下的轮值 CEO 制度,轮值 CEO 在轮值期间作为公司经营管理以及危机管理的最高责任人,对公司生存发展负责。

EMT 经营管理团队:在各个平台上分别设置经营管理团队(EMT),各自按照其对应客户需求的规律来确定相应的目标、考核与管理运作机制,在统一的公司平台上进行差异化的运作和经营管理。按华为公司治理规章,EMT 是华为日常的最高责任机构,受董事会委托执行华为的日常管理,属于华为核心高层。

2014 年,公司业务组织架构逐步调整为基于客户、产品和区域三个维度的组织架构。各相应组织共同为客户创造价值,对公司的财务绩效有效增长、市场竞争力提升和客户满意度负责。

华为以 BG 事业群作为主要的组织结构,同时华为的组织结构又可看作是矩阵制结构,但不是一个稳定的组织结构,职能平台＋BG 事业群＋区域组织形成三维组织架构,该架构网收缩时,就会叠加起来,意味着华为要精简部门、岗位和人员;当其扩张时,该架构网就会拉长,就要增加部门、岗位和人员,但在这一过程中,流程会始终保持一个相对稳定的状态。

1. BG(Business Group,事业群):以客户为中心的组织架构,面向三个客户群(运营商网络、企业业务、消费者)而设定的 BG 组织,以适应不同客户群的商业规律和经营特点。BG 不是一个特指的部门,是指华为的一个业务集团,每个 BG 之下有分成很多 BU(Business Unit,经营单元)。事业群机制就是把企业内公共资源平台化,从而让每个独立事业群更加专注自己的领域,提高公司资源效率,但协调工作增大。

2. 区域组织:华为区域经营中心(分为地区、国家、代表处),负责位于区域的各项资源、能力的建设和有效利用。目标与客户建立更紧密的联系和伙伴关系。

3. 职能平台:聚焦业务的支撑、服务和监管的平台(分为 16 个职能模块),向前方提供及时准确有效的服务,在充分向前方授权的同时,加强监管。

(资料来源:2020 年华为等几个公司的组织架构,百度文库,https://wenku.baidu.com/view/86b6a64a930ef12d2af90242a8956bec0975a5b8.html,2020-12-24.)

 导言

随着社会经济的持续发展,企业内部控制也在不断发展变化,并日益受到广泛的关注与重视。本章从风险管理的角度对企业内部控制的发展进行探讨,立足于对风险管理和内部控制内涵的理解,在阐述现有内部控制理论基础之上,详细讲解内部控制规范体系,分析风险管理、内部控制与公司治理三者之间关系,以风险管理为导向进行内部控制,为内部控制相关目标的实现提供更多的保障。

古人风险管理智慧专栏

千丈之堤,以蝼蚁之穴溃;百尺之室,以突隙之烟焚。

——《韩非子·喻老》

很长很长的堤坝,因为小小蚁虫的啃噬,最后也会被摧毁。不注意小事则会酿成大祸,或不注意小事则会造成严重的损失。

第一节 内部控制与风险管理的关系

研究内部控制与风险管理的关系,要从内部控制理论的演变与发展开始。

一、企业内部控制理论的演变与发展

内部控制(也称为"内控")是一个古老而又充满活力的话题,也是企业法人治理结构的精髓所在,内部控制经历了一个不断发展、逐渐完善的历史进程,如图 3-2 所示。

视频 内部控制一枝独秀

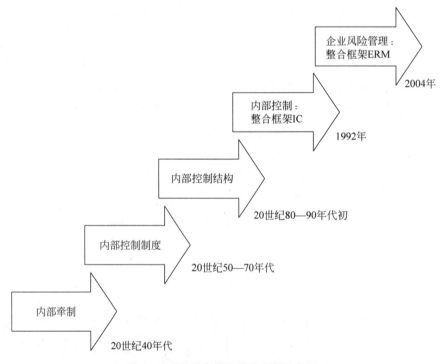

图 3-2 内部控制理论演进的历史阶段

（一）内部牵制阶段

第一阶段，起步阶段，即内部牵制阶段。最初的内部控制定义就是内部牵制，它基本是以查错防弊为目的，以职务分离和账目核对为手段，以钱、财、物等会计事项为主要控制对象。内部控制作为一个专用名词和完整概念，直到 20 世纪 30 年代才被人们提出、认识和接受，但其核心主要关注于会计领域。

（二）内部控制制度阶段

第二阶段，进化阶段，即内部控制制度阶段。20 世纪 50 年代至 70 年代，内部控制的发展进入内部控制制度阶段。在这一阶段，内部控制开始区分为内部会计控制和内部管理控制两方面，主要通过形成和推行一整套内部控制制度（方法和程序）来实施控制。内部控制的目标除了保护组织财产的安全之外，还包括增进会计信息的可靠性、提高经营效率和遵循既定管理方针。

1972 年，美国注册会计师协会审计程序委员会《第 54 号审计程序公告》对内部会计控制进行了重新定义，认为内部会计控制是组织计划以及关于保护资产安全完整和财务记录有效性的程序和记录，并对下列事项提供合理的保证：交易经过合理的授权进行；公司对交易进行了必要的记录，以确保财务报表的编制与公认会计原则保持一致；资产的使用和处置经过管理层的适当授权；在合理期间内，对现存资产与资产的会计记录之间的任何差异采取恰当的行动。

（三）内部控制结构阶段

第三阶段，提高阶段，即内部控制结构阶段。20 世纪 80 年代至 90 年代，内部控制的发展进入内部控制结构阶段。这一阶段开始把控制环境作为一项重要内容与会计制度、控制程序一起纳入内容控制结构之中，并且不再区分内部会计控制和内部管理控制。控制环境反映着组织的各个利益关系主体（管理当局、所有者和其他利益关系主体）对内部控制的态度、看法和行为；会计制度规定各项经济业务的确认、分析、归类、记录和报告方法，旨在明确各项资产、负债的经营管理责任；控制程序是管理当局所确定的方针和程序，以保证达到一定的目标。1988 年 4 月，美国注册会计师协会发布《审计准则公告第 55 号（SASNo.55）》，规定从 1990 年 1 月起以该文告取代 1972 年发布的《审计准则公告第 1 号》。该文告首次以内部控制结构一词取代原有的"内部控制"一词。该文告的颁布和实施可视为内部控制理论研究的一个新的突破性成果。其重点表现在：一是正式将内部控制环境纳入内部控制范畴；二是不再区分内部会计控制和内部管理控制。

（四）内部控制整合框架阶段

第四阶段，演进阶段，即内部控制整合框架阶段。1992 年 9 月，美国反虚假财务报告委员会的发起组织委员会（COSO）发布了一份报告《内部控制——整合框架》（IC），提出了内部控制的三项目标和五大要素（如图 3-3 所示），标志着内部控制进入了一个新的发展阶段。

视频　风险管理新枝抽芽

内部控制的三项目标包括：取得经营的效率和有效性；确保财务报告的可靠性；遵循适用的法律法规。内部控制的五大要素包括：控制环境（包括员工的正直、道德价值观和能力，管理当局的理念和经营风格，管理当局确立权威性和责任、组织和开发员工的方法等）、风险评估（为了达成组织目标而对相关的风险所进行的辨别与分析）、控制活动（为了确保实现管理当局的目标而采取的政策和程序，包括审批、授权、验证、确认、经营业绩的复核、资产的安全性等）、信息与沟通（为了保证员工履行职责而必须识别、获取的信息及其沟通）、监督（对内部控制实施质量的评价，主要包括经营过程中的持续监控，即日常管理和监督、员工履行职责的行为等，也包括个别评价或者是两者的结合）。这些要素从管理当局运营的业务中衍生出来，并整合在管理过程当中。

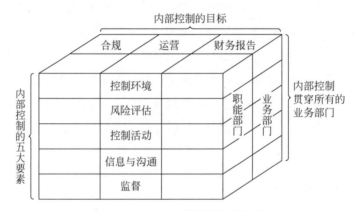

图 3-3　COSO 内部控制整合框架

（五）全面风险管理阶段

第五阶段，提升阶段，即全面风险管理阶段。2004 年，美国反虚假财务报告委员会下属发起组织委员会通过全面检讨修订 1992 年的 COSO 报告，发布了新的《企业风险管理——整合框架》（ERM）。风险管理整合框架认为，全面风险管理是一个过程。

这个过程受董事会、管理层和其他人员的影响。这个过程从企业战略制定一直贯穿到企业的各项活动中，用于识别那些可能影响企业的潜在事件并管理风险，使之在企业的风险偏好之内，从而确保企业取得既定的目标。该框架有 3 个维度（见图 3-4），第一维是企业的目标；第二维是全面风险管理要素；第三维是企业的各个层级。第一维企业的目标有 4 个，即战略目标、经营目标、报告目标和合规目标。第二维风险管理要素有 8 个，即内部环境、目标设定、事项识别、风险评估、风险应对、控制活动、信息与沟通、监督。第三个维度是企业的层次，包括主体层次、各部分、各业务单元及下属各子公司。ERM 三个维度的关系是，风险管理的 8 个要素都是为企业的 4 个目标服务的；企业各个层级都要坚持同样的

4 个目标；每个层次都必须从以上 8 个方面进行风险管理。

与 COSO 内部控制整合框架相比，ERM 整合框架具有下列 6 个方面的主要特征：

（1）内部控制涵盖在企业风险管理活动之中，是其不可分割的组成部分。

（2）拓展了所需实现目标的内容。

首先，在实现目标方面增加了统驭经营、财务报告和遵循法律法规的最高层次—战略目标。

其次，将财务报告扩展为企业编制的所有报

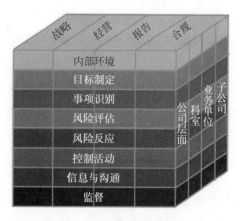

图 3-4　企业风险管理整合框架

告，包括出于内部管理目的而编制的报告和其他外部报告，如监管申报材料和其他报送给外部利益相关者的报告。

最后，引入风险偏好和风险容忍度的概念。要实现对风险的有效管理，必须在有限的成本和可能的损失之间权衡，这自然提出了风险偏好和风险容忍度的概念。风险偏好是企业在追求价值增值过程中愿意接受的广泛意义的风险的程度，即可接受的风险的种类和风险的数量；风险容忍度是指在企业目标实现过程中对风险数量和金额的可接受程度，是企业在风险偏好的基础上设定的对相关目标实现过程中所出现差异的可容忍限度。在确定风险容忍度的过程中，管理层应当考虑相关目标的相对重要性，使其与风险偏好相互协调。

（3）引入风险组合观，使企业在分别考虑实现企业目标的过程中关注风险之外，还有必要从企业角度和业务单元两个角度以"组合"的方式考虑复合风险。

（4）更加强调风险评估在风险管理中的基础地位，将 COSO 报告的风险评估扩展为一个由 4 要素组成的过程——目标设定、事项识别、风险评估和风险应对，并相应地在岗位设置上做出具体安排，如设置首席风险官。

（5）扩展了控制环境的内涵，强调风险管理概念和董事会的独立性。

（6）扩展了信息与沟通要素，企业不仅要关注历史信息，还要关注现在和未来可能影响目标实现的各种事项的影响。

可以说，从内部控制历史发展的线索来看，内部控制最初是基于管理的某种需求，此后，在企业管理的发展和外部审计活动的不断推动下，内部控制的理论和实务得到进一步的深化和丰富。内部控制理论的每一个阶段性成果，无不与企业组织形式的变化和利益相关者的价值目标相一致，每当企业组织形式和利益相关者发生变化时，内部控制都会面临挑战，随着社会经济环境的变化，内部控制也必然会获得新的发展。同时，还应该看到，内部控制目前的发展已经完全不再囿于审计领域，从一个较长的发展时期来看，内部控制正在逐步突破审计行业或者专业的限制，开始向企业管理和公司治理进一步拓展和回归。

二、2017 年版 COSO《企业风险管理框架》

2017 年 9 月 6 日晚(美国时间 9 月 6 日早),全球风险管理行业翘首以盼的 COSO 更新版《企业风险管理框架》正式发布。

(一)2017 年《企业风险管理框架》与 2004 年《企业风险管理——整合框架》的异同

2004 版框架发布距今已有十几年时间,这十几年间,风险的复杂性发生了重大变化,由于新环境、新技术的不断演变,新的风险也层出不穷。在此前提下,COSO 在 2014 年启动了首次对风险管理框架的修订工作,新版本更新的内容主要包含:

(1) 变更了题目和框架展现方式;

(2) 应用了要素和原则的编写结构;

(3) 简化了企业风险管理的定义;

(4) 强调了风险和价值之间的关联性;

(5) 重新审视了企业风险管理整合框架所关注的焦点;

(6) 检验了关于文化在风险管理工作中的定位;

(7) 提升了对战略相关议题的研讨;

(8) 增强了绩效和企业风险管理工作的协同效应;

(9) 体现了企业风险管理支持更加明确的做出决策;

(10) 明确了企业风险管理和内部控制的关系;

(11) 优化了风险偏好和风险承受度的概念。

没有变化的部分是保留了 2004 年出版的《企业风险管理——应用技术》,只是对框架本身进行了更新,风险管理工作者仍然可以使用 2004 年发行的风险管理相关工具和技术。

(二)主要观点

1. 重新定义了风险及风险管理

风险被重新定义为:事项发生并影响战略和商业目标实现的可能性。

对于风险的定义,第一版只强调风险的"负面性",第二版已经将风险的范畴扩大到对风险的"正面"和"负面"影响兼顾。

也有感到遗憾的地方,自从 2009 年国际标准化组织发布 ISO 31000 系列标准,国际上对风险的定义就逐步趋同,风险——不确定性对目标的影响,况且这一标准是国际标准组织首次采纳中国提出的定义,COSO 此次并没有采用此定义,而是相对保守的采用了 2000 年前后出现的典型的风险定义。

企业风险管理被定义为:组织在创造、保持和实现价值的过程中,结合战略制定和执行,赖以进行管理风险的文化、能力和实践。

关于企业风险管理的定义变化最为彻底，直接抛弃了第一版的定义，将风险管理工作直接从"一个流程或程序"提升到"一种文化、能力和实践"，用以实现组织创造、保持和实现价值。另外，也从定义上撇清了风险管理和内部控制的模糊关系。

2．一个真正的"管理框架"而不再是"控制框架"

虽然第一版框架就强调对利益相关方价值的创造，但是从内容上讲还是一个被放大了的"控制框架"，无法直接为价值创造服务，只能间接支持价值创造活动。

新的框架从企业使命、愿景和核心价值出发，定位的宗旨为提升主体的价值和业绩，强调嵌入企业管理业务活动和核心价值链，从主要的要素和内容看也进行了翻天覆地的变化，从而使得一个崭新的"管理框架"诞生，这种视角是一种新型的企业管理视角，对企业管理界来说是一场理念的变革。如果说在原有"控制框架"下，会计师事务所可以在实施内部控制框架的基础上，协助企业加强风险管理工作，但新的"管理框架"更像是企业决策者或企业管理咨询顾问关心的范畴。

近年来，基于风险导向的管理理念逐渐兴起，企业管理领域中常见的公司治理、企业文化、战略管理、卓越绩效、危机管理、高效沟通等都可以应用此套框架实现更好的标准化和科学化，因此基于风险的管理理念将成为主流并渗透到企业管理的各个方面。

3．更广泛的主体适用性

正式版发布日期之所以一推再推，其中一个原因就是虽然框架名为《企业风险管理》，但 COSO 希望这个框架可以适用于任何类型、任何规模的组织，包括盈利机构、非营利机构、政府部门等。

所以 COSO 期望的主体适用性已经从企业转向了各类型的主体，正文部分的描述中有些内容中故意回避了"企业"一词来显示了对不同主体本框架的包容性。

理论上来讲，只要一个主体有明确的愿景、使命和核心价值观，设定了所要期望达到的目标，风险管理框架就具备了被实施的条件。

但是目前关于非营利机构、政府部门等实施风险管理框架还是一个新的领域，我们也非常期待这些领域的最佳实践的出现。

4．关于风险管理的局限性

COSO 1992 年、2004 年发布的内部控制框架和企业风险管理框架，两个框架均列示了企业内部控制和风险管理工作的局限性，而且这两个框架的局限性基本一致，这也在另外一个角度印证了 2004 年版的企业风险管理框架还是一个大内控的"控制框架"。

新版本的框架中删除了关于对于风险管理局限性的章节，作为一套"管理体系"而非"控制体系"，突破原来的局限性是不言自明的。

三、内部控制与风险管理的关系

内部控制包含以下五大要素。

内部环境：是企业实施内部控制的基础，一般包括治理结构、机构设置及权责分配、人力资源政策、企业文化等。

风险评估：是企业及时识别、系统分析经营活动中与实现内部控制目标相关的风险，合理确定风险应对策略。

控制活动：是企业根据风险评估结果，采用相应的控制措施，将风险控制在可承受度之内。

信息与沟通：是企业及时、准确地收集、传递与内部控制相关的信息，确保信息在企业内部、企业与外部之间进行有效沟通。

监督：是企业对内部控制建立与实施情况进行监督检查，评价内部控制的有效性，发现内部控制缺陷，应当及时加以改进。

全面风险管理包含 8 个要素：即内部环境、目标设定、事项识别、风险评估、风险应对、控制活动、信息与沟通、监督。各个要素之间具有一致性且要素贯穿于企业风险管理的全过程。

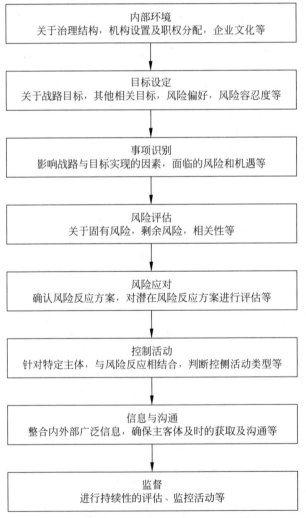

图 3-5　全面风险管理 8 个要素贯穿于企业风险管理的全过程

在正式版新框架中,自然无法绕开关于风险管理和内部控制关系的解释,在第一册框架应用环境中,第一部分内容中就描述了风险管理和内部控制的关系:"内部控制主要聚焦在主体的运营和对于相关法律法规的遵从性上。""企业风险管理的相关概念并没有包含在内部控制中(例如,风险偏好、风险承受度、战略和目标设定等概念,这些都是内部控制体系实施的前提条件)"。

为了避免重复,一些在内部控制中比较常见的概念部分,风险管理新框架并未重复叙述(例如,与财务报告目标相关的舞弊风险、与合规目标相关的控制活动、与运营目标相关的持续及独立评估)。然而,一些在内部控制中的概念在本框架中被进一步的研究和深化了(例如,企业风险管理中的治理和文化部分)。

在 COSO 公布的《常见问题》解释上,COSO 表明两个体系并不是相互代替或取代,而是侧重点各不相同相互补充的作用,但同时也强调了内部控制作为一种经历时间考验的企业控制体系,是企业风险管理工作的一个基础和组成部分。

在历史上,COSO 在表述两个体系的关系时有时暧昧、有时清晰,这样算是现阶段给两个体系的关系做了个"了断",随着新框架在企业的实施,相信二者的关系和界限会越来越清晰。企业风险管理包含内部控制,企业风险管理比内部控制更广泛,拓展和细化了内部控制。以便形成一个更全面地关注风险的更加强有力的凝练概念。

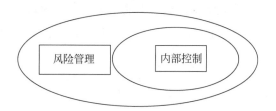

图 3-6 风险管理与内部控制的关系示意图

第二节 我国内部控制规范体系

一、我国内部控制规范体系的建立与发展

相对于发达国家内部控制的产生与进程而言,中国企业的内部控制起步较晚。中国企业内部控制是在企业经济活动的外在推动下,渐渐开始引起重视。中国企业内部控制体系从 2001 年出台的企业内部会计控制基本规范开始,历经数次修正与不断完善。

2006 年 7 月,受国务院委托,财政部牵头,由财政部、国资委、证监会、审计署、银监会、保监会联合发起成立了企业内部控制标准委员会。许多监管部门、大型企业、行业组织、中介机构、科研院所的领导和专家学者积极参与,为构建我国企业内部控制标准体系提供了组织和机制保障。

企业内部控制标准委员会的职责和目标是总结我国经验,借鉴国际惯例,有效利用国际国内资源,充分发挥各方面的积极作用,通过数年的努力,基本建立一套以防范和控制舞弊为中心,以控制标准和评价标准为主体的内部控制制度体系,并以监管部门为主导,各单位具体实施为基础,会计师事务所等中介机构咨询服务为支撑,形成政府监管和社会评价相结合的内部控制实施体系,推动公司、企业和其他非营利组织完善治理结构和内部约束机制,不断提高经营管理水平和可持续发展能力。

(一)《企业内部控制基本规范》

2008 年 6 月 28 日,财政部会同证监会、审计署、银监会、保监会制定并印发《企业内部控制基本规范》(以下简称《基本规范》)。自 2009 年 7 月 1 日起适用于中华人民共和国境内设立的大中型企业(包括上市公司)执行。同时鼓励小企业和其他单位参照其内容建立与实施内部控制。

《基本规范》要求企业建立内部控制体系时应符合以下目标:合理保证企业经营管理合法合规、资产安全、财务报告及相关信息真实完整;提高经营效率和效果;促进企业实现发展战略。目标的设置在 COSO 风险管理框架的 4 目标基础上又增加了一项"资产安全"。

《基本规范》借鉴了以美国 COSO 内部控制整合报告为代表的国际内部控制框架,并结合中国国情,要求企业所建立与实施的内部控制,应当包括下列 5 个要素:(1)内部环境;(2)风险评估;(3)控制活动;(4)信息与沟通;(5)内部监督。

企业内部控制标准委员会在《企业内部控制基本规范起草说明》中说,《基本规范》在形式上借鉴了 COSO 内部控制整合报告 5 要素框架,同时在内容上体现了 COSO 风险管理 8 要素框架的实质。其 8 要素实质主要指在风险评估要素中细化表述了风险管理的流程:风险识别、风险分析和风险应对策略,并且在风险应对策略中比照 COSO 风险管理框架说明了风险规避、风险降低、风险分担和风险承受 4 种应对策略。另外,在五要素之外间接表述了企业的目的。

(二)《企业内部控制配套指引》

在颁布了《基本规范》之后,财政部、证监会、审计署、银监会及保监会于 2010 年 4 月 26 日联合发布了《企业内部控制配套指引》(以下简称《配套指引》),其中包括 18 项《企业内部控制应用指引》(以下简称《应用指引》)、《企业内部控制评价指引》(以下简称《评价指引》)和《企业内部控制审计指引》(以下简称《审计指引》)。《配套指引》对《基本规范》进一步的细化,该指引的制定发布,标志着"以防范风险和控制舞弊为中心、以控制标准和评价标准为主体,结构合理、层次分明、衔接有序、方法科学、体系完备"的企业内部控制规范体系建设目标的基本建成。《配套指引》自 2011 年 1 月 1 日起按已定时间表在境内外不同类型的公司施行。同时,鼓励相关非上市大中型企业提前执行。

《应用指引》针对组织结构、发展战略、人力资源、社会责任、企业文化、资金活动、采购业务、资产管理、销售业务、研究与开发、工程项目、担保业务、业务外包、财务报告、全面预算、合同管理、内部信息传递、信息系统共18项企业主要业务的内控领域或内控手段，提出了建议性的应用指导，为企业以及外部审核人，建立与评价内控体系提供了参照性标准。

《评价指标》为企业对内部控制的有效性进行全面评价，形成评价结论、出具评价报告提供指引。该评价指引明确内部控制评价应围绕内部环境、风险评估、控制活动、信息与沟通、内部监督等要素，企业应当确定评价的具体内容及对内部控制设计与运行情况进行全面评价。同时，指引中对内部控制评价的内容、程序、缺陷的认定、评价报告、工作底稿要求、评估基准等方面做出了规定。

《审计指引》为会计师事务所对特定基准日与财务报告相关内部控制设计与执行有效性进行审计提供指引。它明确注册会计师应对财务报告内部控制的有效性发表审计意见，内部控制审计过程中注意到的非财务报告内部控制的重大缺陷予以披露。同时，就审计计划工作、审计实施、如何评价控制缺陷、审计期后事项、审计报告内容和方法以及审计工作底稿做出了规定。

二、内部控制规范的框架体系

总结我国内部控制规范体系，包括基本规范、应用指引、评价指引和审计指引三个类别，依次是核心统领、应用指引和事后鉴定三种类型。见图3-7。

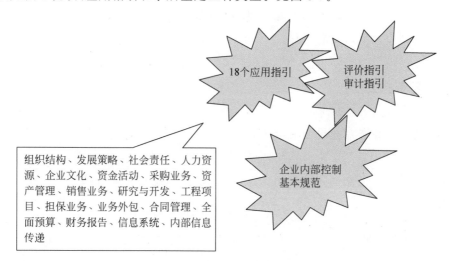

图 3-7　企业内部控制标准框架结构

如图3-7所示，企业内部控制规范是一个科学的体系，基本规范、应用指引、评价和审计指引三个类别构成一个相辅相成的整体。

（1）《企业内部控制基本规范》规定内部控制的基本目标、基本要素、基本原则和总体要求是内部控制的总体框架，在内部控制标准体系中起统领作用。

（2）内控体系的有效实施，还需要一些具有可操作性的具体应用规范。《企业内部控制应用指引》是对企业按照内部控制原则和内部控制"五要素"建立健全本企业内部控制所提供的指引,在配套指引乃至整个内部控制规范体系中占据主体地位。

(3)《企业内部控制评价指引》和《企业内部控制审计指引》是对企业按照内部控制原则和内部控制"五要素"建立健全本企业"事后控制"的指引,是对企业贯彻《基本规范》和《应用指引》效果的评价与检验。

第三节　内部控制基本规范

一、内部控制的目标

《基本规范》将内部控制定义为:由企业董事会、监事会、经理层和全体员工实施的旨在实现控制目标的过程。

《基本规范》将内部控制的目标归纳为五个方面:(1)合理保证企业经营管理合法合规;(2)合理保证企业资产安全;(3)合理保证企业财务报告及相关信息真实完整;(4)提高经营效率和效果;(5)促进企业实现发展战略。

该定义反映了以下基本概念:内部控制是一个过程,它是实现目的的手段,而非目的本身;内部控制受人的影响,它不仅仅是政策手册和图表,而且涉及企业各层次的人员;内部控制只能向企业董事会和经理层提供合理的保证,而非绝对的保证;内部控制是为了实现五类既相互独立又相互联系的目标。

二、内部控制的原则

中国企业的内部控制建设面临着外部环境、文化理念、管理层经营哲学、各种竞争等多方面的环境变量与因素的影响,企业的内部控制体系也需将众多的因素与风险纳入控制范围予以考虑。在纷繁复杂的环境和因素影响下,企业构建并实施内部控制体系,应当遵循以下基本原则:

(一)全面性原则

所谓全面性,就是强调内部控制应当贯穿决策、执行和监督的全过程,覆盖企业及其所属单位的各种业务和事项。需要注意到:内部控制是一种机制,是一种制度安排,包含了上至企业的文化、治理结构、员工守则等文化道德和公司治理层面,下到政策制度、操作流程、营运工具、内部审计、业绩考核等操作细节层面,并需要有强劲的管理子系统作支撑。所以,在构建内部控制体系时,应将该体系贯穿于决策、执行和监督的全过程,覆盖企业及其所属单位的各种业务和事项,也应考虑各子体系之间各自的独立性和相互联系,使之成为一个有机体,协同合作,更充分地发挥内部控制体系的作用。

（二）重要性原则

所谓重要性,就是指在全面控制的基础上,内部控制应当关注重要业务事项和高风险领域。这就要求企业在内部控制建设的过程中要仔细甄别,应当在全面控制的基础上,关注重要业务事项和高风险领域,并根据自己企业的需要挑选适合企业现状的要素、子系统和控制流程,以保证内部控制建设过程中的简洁。甄别出需要的要素、子系统和流程后,应该进一步识别出关键流程的控制关键,辨清关键控制点的关键流程,以清晰的政策、简洁的流程框定出关键的控制程序。

（三）制衡性原则

所谓制衡性,就是指内部控制应当在治理结构、机构设置及权责分配、业务流程等方面形成相互制约、相互监督,同时兼顾运营效率。内部控制规范的基本要求是在治理结构、机构设置及权责分配、业务流程等方面形成相互制约、相互监督的机制,同时兼顾运营效率。制衡作为一种机制是内部控制的重要构成部分,但是切忌一味地、片面地强调制衡,在权力分配和业务流程设置上过度制约,会影响企业的效率。

（四）适应性原则

所谓适应性,就是强调内部控制应当与企业经营规模、业务范围、竞争状况和风险水平等相适应,并随着情况的变化及时加以调整。一个内部控制体系如果不具有可操作性,不能在实践中被应用,则这个内部控制体系设计得再完美、再严密,也是没有实用价值的,也不能给企业带来控制效益。因此,可操作性是构建内部控制体系应遵循的一条重要原则,要达到适用性原则,企业的内部控制建设应当与企业经营规模、业务范围、竞争状况和风险水平等相适应,并随着情况的变化及时加以调整。

（五）成本效益原则

所谓成本效益原则,又称为成本与效率效益原则,就是指内部控制应当权衡实施成本与预期效益,以适当的成本实现有效控制。内部控制对防范企业活动的错弊和风险只能是起到合理的保证作用,应当权衡实施成本与预期收益,所有设置控制点应达到控制收益大于控制成本;当有些业务可以不断增加控制点来达到较高的控制程序,就应考虑采用多少控制点能使控制收益减去控制成本的值最大化;当控制收益难以确定时,应考虑在满足既定控制的前提下,使控制成本最小化。否则,企业建立的内部控制制度越严密,内部控制能力越强,为此所要付出的运行和维护等成本越大,企业的效益就越会受到影响。同时,控制过于严密对企业的效率也会产生影响,会减少企业的效益。

三、内部控制的实施体系

《企业内部控制基本规范》规定了内部控制的实施体系。

（一）以法制为推动

强调要研究制定内部控制的规范体系,国务院有关部门也可以根据法律法规、本规范及其配套办法制定有关政策性文件,明确贯彻实施规范的具体要求。

（二）以企业实施为主体

企业应当根据有关法律法规、规范及其配套办法,制定本企业的内部控制制度并组织实施。在组织实施内部控制制度时,应当充分利用信息技术手段,并建立内部控制实施的激励约束机制,将各责任单位和全体员工实施内部控制的情况纳入绩效考评体系。

（三）以政府监管和社会评价为保障

为推动企业有效实施内部控制规范,政府有关部门应对企业建立与实施内部控制的情况进行监督检查,会计师事务所应对企业内部控制的有效性进行审计,并出具内部控制审计报告。

四、内部控制的要素

借鉴 COSO 框架,基本规范将内部控制的要素归纳为内部环境、风险评估、控制活动、信息与沟通、内部监督五大方面。

（一）内部环境

内部环境是企业实施内部控制的基础。基本规范将内部环境的要素归纳为 6 个方面,即公司治理结构、内部机构设置与职责分工、内部审计、人力资源政策、企业文化和法制环境。同时明确,企业应当成立专门机构或者指定适当的机构具体负责组织协调内部控制的建立及日常工作。

（二）风险评估

风险评估是企业及时识别、系统分析经营活动中与实现内部控制目标相关的风险,合理确定风险应对策略。企业应当根据设定的控制目标,全面系统、持续地收集相关信息,结合实际情况,及时进行风险评估。基本规范将风险评估的要素归纳为四个方面,即确定风险承受度、识别风险(包括内部和外部风险)、风险分析和风险应对。

（三）控制活动

控制活动是企业根据风险评估结果,采用相应的控制措施,将风险控制在可承受度之内。基本规范将控制活动或控制措施概括为 7 个方面,即不相容职务分离控制、授权审批控制、会计系统控制、财产保护控制、预算控制、运营分析控制和绩效考评控制等。同时规定企业应当建立重大风险预警机制和突发事件应急处理机制,明确风险预警标准,对可能发生的重大风险或突发事件,制定应急预案、明确责任人员、规范处置程序,确保突发事件得到及时妥善处理。

（四）信息与沟通

信息与沟通是企业及时、准确地收集、传递与内部控制相关的信息,确保信息在企业内部、企业与外部之间进行有效沟通。基本规范主要围绕内部和外部信息的收集、信息在内部和对外部相关者间的传递、信息技术平台、反舞弊机制、举报投诉制度和举报人保护制度等展开。

（五）内部监督

内部监督是企业对内部控制建立与实施情况进行监督检查,评价内部控制的有效性,发现内部控制缺陷,应当及时加以改进。基本规范主要针对内部监督的类型和方式、内部控制自我评价和缺陷认定机制、内部控制记录制度等进行规定。

第四节　风险管理、内部控制与公司治理

一、公司治理

对于一些家族控制的公司来说,随着业务的日益扩张,它们可能缺乏有效管理公司所需要的各种技能,导致家族回报未能实现最大化。因此,这些公司可能需要家族以外的管理专家代为管理。同样的,一些中小型企业随着公司发展,它们可能需要寻求外部资本而放弃一部分的所有权。此情形可能意味着企业的控制权将从企业家转移到职业管理者手中,公司的所有权也可能分散到成千上万、从不过问公司的日常管理的股东手中。以上的变化促使管理者作为企业中决策制定专家,是企业所有者的代理。企业的所有者希望管理者运用决策技能运作公司,使公司股东的回报最大化。

管理者接受委托作为决策专家,为了获得报酬而为企业的所有者承担制定决策的责任时,代理关系就会形成。这种代理关系直接影响企业战略的实施。当管理者制定决策所追求的目标与委托人的目标相冲突时,代理问题就会出现。例如,管理者可能会作出违背股

东利益的决策,侵犯了股东的利益,或管理者利用其职务便利通过欺骗行为而追求个人利益。因此,避免管理利益在企业中占主导地位,实施有效的治理机制及良好治理将使企业的战略更好地反映股东的利益。

(一)公司治理概念

公司治理是用来管理利益相关者之间的关系,决定并控制企业战略方向和业绩的一套机制。公司治理的核心是寻找各种方法确保有效地制定战略决策,管理潜在利益冲突的各方之间秩序的一种方式。同时,它在合法、合理、可持续性的基础上实现股东价值最大化,同时确保公平对待每一个利益相关者,即企业的客户、员工、投资者、供应方合作伙伴、土地管理部门和社区等。因此,公司治理反映了企业的文化、政策、如何处理利益相关者之间的关系及其价值观。

良好的公司治理有一些重要的目标。它通过创造能够激励管理层最大化投资报酬率、提高经营效率和确保产量长期增长的环境来提高企业业绩;通过创造员工、管理层和董事会之间的经营活动中的公平、透明度和问责制来确保企业顺应股东和社会的利益。

长期生存是一个企业成功的重要指标,而良好的治理为企业长期生存和成长提供了必要的环境。企业的成长需要投资,良好的企业治理提高了公众对企业的信心,降低了投资的资本成本。当今,全球资本已经没有国界的限制,可以自由流动。所有国家,包括发达国家和发展中国家之间存在着激烈的竞争,以吸引全球的企业家来创造高质量、高收入的就业机会。这些企业家需要大量的资本流入,他们认识到,一个有效的治理模式能够更好地吸引投资。

(二)公司治理的基本原则

公司治理中有一个非常重要的部分是面对责任、受托责任、对股东和其他人的数据披露,审计及控制机制。公司治理的负责人应该遵守各方面的原则。有效的公司治理原则主要包括:(1)建立完善的组织结构;(2)明确董事会的角色和责任;(3)提倡正直及道德行为;(4)维护财务报告的诚信及外部审计的独立性;(5)及时披露信息和提高透明度;(6)鼓励建立内部审计部门;(7)尊重股东的权利;(8)确认利益相关者的合法权益;(9)鼓励提升业绩;(10)公平的薪酬和责任。

1. 建立完善的组织结构

企业治理结构的设计应符合《公司法》及其他法律法规的要求,一般涉及在本章第四节中提及的股东(大)会、董事(大)会、监事会和经理层,在此不作重复。

确认并公布董事会和管理层各自的作用和责任是奠定企业管理和监督的坚实基础的方法之一。换句话说,公司组织的设计应使董事会能够为企业提供战略指导,并对管理层进行有效的监督,明确董事会成员和高级管理层各自的作用和责任,以促进董事会和管理层对于公司及其股东承担责任,并确保权利的平衡,避免个人权利不受约束。为了奠定管理和监督的坚实基础,应该规范和披露董事会及管理层的职能。

（1）董事会和管理层的作用

董事会应该以书面形式明确董事会与管理层之间的权责分工,即董事会保留的职能和其授权管理层代其执行的职能。

董事会保留和授权管理层的事项的性质必然取决于企业的规模、复杂程度和所有权结构,以及其传统的企业文化。

披露职责分工有助于那些受公司决策影响的人更好地了解特定公司董事会和管理层各自的责任和贡献。这种理解可以得到进一步加强,例如,披露包括对于董事会主席、主要独特董事及行政总裁之间的责任平衡的解释。企业应当适当定期审查责任平衡,确保职能分工适合于公司的需要。

董事会通常负责监督公司,包括企业控制和问责机制,任免首席执行官（或相应职位）,批准任免财务总监（或相应职位）,最终批准管理层关于企业的发展战略和业绩目标,审查和批准风险管理系统以及内部遵循和控制,行为守则和法律的遵守情况,监测高管的业绩和战略的执行情况,并确保他们得到适当的资源,审批和监督主要资本支出、资本管理、并购及资产剥离的过程,审批和监督财务及其他报告。

（2）董事及高级管理人员个人责任的分配

董事及高级管理人员清楚地明白企业对他们的期望是适当的。为此,正式的董事任命书列明了非常有用的关键条款和情况。同样,首席执行官和财务总监也应该有一个正式的职责说明和任命函,以说明他们的任期、职责、权力和责任,并有权终止其职务。

2. 明确董事会的角色和责任

设计一个有效率、规模适当和信守承诺的董事会可以使其充分履行职责和义务。一个有效的董事会有利于履行法律赋予董事的职责,并增加企业价值。这就要求按照上述的方式来设计董事会,使它能够正确理解和解决企业中现有和新出现的问题,可以有效地审查和挑战管理层的业绩及行使独立的判断。董事是由股东选出的,但是董事会及其代表在挑选候选人时发挥着重要角色作用。

（1）引入独立董事

公司治理实践方面最重要的部分之一就是董事会的独立问题。独立性之所以关键,是因为它可以确保董事会在为利益相关者的最佳利益行动时保持足够的客观性。此外,独立性在确保董事会能够行使其监督或管理的首要责任方面（而不是过分参与企业的日常管理工作）起着关键的作用。

董事会中大部分成员应当是独立董事。独立董事是指独立于公司股东且不在公司中内部任职,并与公司或公司经营管理者没有重要的业务联系或专业联系,能对公司事务作出独立判断的董事。应用在上市公司的层面上,独立董事只在上市公司担任独立董事之外不再担任该公司其他任何职务,并与上市公司及其大股东之间不存在妨碍其独立做出客观判断的利害关系的董事。

董事会应根据董事们披露的利益定期评估每个董事的独立性,以及将每个独立董事所申报的相关信息在企业年度报告的公司治理部分中做出披露。此外,每位董事的任期对于独立性的评估也是非常重要的,企业也应在年度报告中的公司治理部分披露每位董事的任期及独立董事的变动。

独立董事的职责可以分为四种不同的角色,即战略角色、监督或绩效角色、风险角色和人事管理角色。

① 战略角色。战略角色是指独立董事是董事会的正式成员,因此,有权力也有责任为企业的战略成功做出贡献,从而保护股东的利益。企业中管理层必须具有清晰的战略方向,而独立董事应当利用他们从生活阅历,特别是商业经济中得出的大量经验,来确保已选定的战略是稳健的。就该角色而言,在他们认为合适的情况下,可能会对战略的任何方向提出挑战,并提供建议帮助制定成功的战略。

② 监督或绩效角色。独立董事应当使执行董事对已制定的决策和企业业绩承担责任。在这方面,他们应当代表股东的利益,并致力于消除因代理问题使股东价值降低的可能性。

③ 风险角色。风险角色是指独立董事应当确保企业设有充分的内部控制系统和风险管理系统。

④ 人事管理角色。人事管理角色是指独立董事应对董事会执行成员管理的有关责任进行监督。这一般涉及公司董事、高级管理人员等任命和薪酬问题,也可能包括合同或纪律方面的问题及接班人计划。

(2) 董事会主席的作用

董事会主席负责领导董事会,以便有效地组织和行使董事会的职能,并通报董事会会议中产生的所有有关董事的问题。他能够促进所有董事的有效贡献,并促进董事会成员之间以及董事会和管理层之间的建设性和互相尊重的关系。这意味着董事会主席应当同意并且在必要时制定董事会的议程,确保定期举行董事会议。同时,董事会主席应当确保董事在董事会议召开前获得相关信息,使他们在进行讨论和作出决策前就能够充分了解待议事项的全部情况。

董事会主席的角色还应扩展至配合独立董事的工作,促进执行董事与独立董事之间建立良好的关系,并对企业领导的责任进行明确的分工。董事会主席和首席执行官之间的分工应经过董事会的同意,并记录在一份职责声明中。首席执行官不应该兼任同一家公司的董事会主席。

对于投资者及其他外部的利益相关者或委托人,董事会主席是公司的代表。他常为企业建立"公众形象",特别是当企业必须公开为自己进行辩解的时候。与此相关的是,董事会主席的角色还包括与股东的沟通。这种沟通是以法定的年报形式进行的。在许多管辖权内,董事会主席必须每年在年度股东大会和股东特别大会上以董事会主席声明的形式向股东致函。

3．提倡正直及道德行为

良好的公司治理最终需要诚信的人员。每个企业应该确定自身适用的政策，以影响董事和关键管理人员的适当行为。行为守则是一种引导董事及主要管理人员的有效方式，并能够表明对企业的道德承诺。企业可建立一套行为守则，以指导董事、首席执行官（或相应职务）、首席财务官（或相应职务）及任何其他关键管理人员的行为。如果企业明确声明董事和关键管理人员能够遵守行为守则，投资者的信心就会得到增强。

此外，企业还可以披露董事、经理和员工对公司证券进行交易的政策。如果没有充分了解企业在这方面的政策，公众对该企业的信心就会下降。这项政策的目的是防止拥有内部信息的人员，包括董事、首席执行官（或相应职位）、首席财务官（或相应职位）、工作人员等利用拥有内幕信息对公司证券进行交易。"内幕信息"是有关企业的财务状况、战略或行动等，如果一经公开就可能会严重影响公司证券价格的信息。

企业应考虑采取适当的遵守标准和程序，以促进实施上述的政策，并建立内部审查机制，以评估遵循情况和有效性。这种审查可能涉及内部审计职能。

4．维护财务报告的诚信及外部审计的独立性

企业应要求首席执行官（或相应职位）和首席财务官（或相应职位），以书面形式向董事会报告，企业的财务报告在所有重大方面按照有关的会计准则真实公允地反映了企业的财务状况和经营成果。

同时，企业应该设置一个独立的结构以核实和维护企业财务报告的诚信。它要求建立一个审查和授权的结构，以保证企业的财务状况得到真实可靠的披露。该结构应当包括负责审查和审计的审计委员会和一个能够确保外部审计师独立性和胜任能力的程序。

特别是对大型企业而言，审计委员会可能比董事会更加有效地关注有关验证和维护公司财务报告诚信的事项。这样的结构并没有削弱董事会对于确保企业财务报告诚信的最终责任。独立的审计委员会的存在已经被国际公认为良好公司治理的一个重要特征。如果没有审计委员会，企业就更加需要披露替代办法是如何保证财务报表的诚信和外部审计师的独立性，以及为什么没有审计委员会。

审计委员会应审查企业财务报告的诚信和监督外部审计师的独立性。审计委员会应当向董事会报告。报告应包括有关委员会的作用和责任的事项，包括评估外部报告和评估支持外部报告的管理程序，挑选、任命和轮换外部审计师的程序，对聘用和解聘外部审计师的建议，对外部审计师的表现和独立性的评估以及审计委员会是否对由外部审计师提供的非审计服务的独立性感到满意，对业绩和内部审计客观性的评估，对风险管理、内部遵循情况和控制系统的审查结果。

保持外部审计师的独立性就是确定他们在为企业提供审计服务的同时，没有向企业提供某些可以影响其独立性的非审计服务，然而这不一定意味着外部审计师不能从事任何非

审计工作。

在某些情况下，可能出现审计师忘记了其作为股东代理人的基本职能，并忽略了自身在公众利益方面的作用。如果投资者不能相信审计的首要责任是审计师的专业标准和市场诚信，那么他们将失去对金融市场的信心。而且失去信心将反映在股票价格下降和资本成本增加上来。因此，在审计监督方面的额外投资，甚至花费更多的审计直接成本，是完全值得的。

5. 及时披露信息和提高透明度

所有投资者都享有平等及时地了解公司重大信息的权利。企业应向投资者披露重要信息，提高他们获得董事会运营企业的信息的方便性，这被认为是一个改善公司治理的方式。

披露有助于提高公众理解企业的结构和行为、企业的环境政策和业绩以及道德标准及他们在社区中的关系。

信息披露的内容包括但不限于三大部分：一是财务会计信息，包括企业的财务状况、经营成果、股权结构及其变动、现金流量等。财务会计信息主要被用来评价公司的获利能力和经营状况。二是非财务会计信息，包括企业经营状况、企业目标、政策、董事会成员和关键管理人员及其薪酬、重要可预见的风险因素、公司治理结构及原则等。非财务会计信息主要被用来评价公司治理的科学性和有效性。三是审计信息，包括注册会计师的审计报告、监事会报告、内部控制制度评估等。审计信息主要被用于评价财务会计信息的可信度及公司治理制衡状况。向投资者披露信息的最主要方法之一就是通过企业的年度报告。此外，良好的公司治理披露通常还包括超过最低法定或者监管要求的自愿性披露。加强公司治理披露，可以通过下列途径实现：

（1）为了告知股东公司治理结构、政策和执行的力度，上市公司、大型非上市公司可在其年度报告中提供一份公司治理的声明。这份有关公司治理的声明应当在年度报告中单独列报，并给予和董事报告同样的重视。

（2）为了提高董事薪酬的可比性和透明度，尤其是薪酬与企业的业绩的关联程度，应当在"绩效基础"和"非绩效基础"之间分析董事的薪酬，并披露有关董事股票期权的资料。

总括而言，一个强有力的披露制度是以市场为基础的监督企业行为的关键特征，是股东有效行使其表决权能力的先决条件。拥有规模庞大且交易活跃的股票市场的国家的经验表明，披露可能是影响企业行为也是保护投资者的强大工具。一个强有力的披露制度也能够帮助吸引资本和保持资本市场的信心。股东及潜在投资者需要获得充分详细的持续、可靠和可比的资料，以评估管理层的领导能力和对估值、所有权和投票权做出明智决策的能力。不是或不明确的信息可能会妨碍市场的功能，增加资本成本和导致错误的资源分配。

企业应建立书面政策和程序，以确保遵守有关条例和信息披露要求，并建立确保高级管理人员遵循政策的问责制度。还要设计审查和审批程序,以确保企业及时、准确地公开信息,不遗漏重要信息,并以一种明确客观的方式,便于投资者在做出投资决定时评估这些信息。

6. 鼓励建立内部审计部门

审计委员会应当向董事会就任免内部审计管理人员提供建议。内部审计部门应独立于外部审计师。

内部审计部门应和管理层进行必要沟通,并具有从管理层获得信息和解释的权利。审计委员会应具有监督内部审计的范围的权利和在管理层不在场的情况下了解内部审计职能的权利。为了提高内部审计部门的客观性和业绩,内部审计部门应该直接向董事会或者审计委员会负责。

7. 尊重股东的权利

企业应当能够和股东有效沟通,使他们随时能够得到公司客观公正和易于理解的信息以及企业的计划,便于他们参加股东大会。

为了尊重股东的权利,企业应当设计和披露沟通政策,以促进和股东之间的有效沟通,并鼓励股东有效地参与股东大会。此外,公布公司的股东沟通政策也将帮助投资者获取信息。企业可以考虑如何更好地利用新技术,提供更多的机会,以便更有效地与股东沟通并解决不能亲自出席会议的股东的问题。

8. 确认利益相关者的合法权益

企业对于非股东的利益相关者,如员工、客户或顾客和社会整体具有很多法律及其他义务。人们越来越接受这样一个观点,即企业可以通过管理自然、人文、社会和其他形式的资本来更好地创造价值。这种情况下,企业对其经营行为中责任的承诺就非常重要。

9. 估计提升业绩

董事和主要管理人员应具备有关的知识和信息,他们必须有效地履行职责,而且个人和集体的业绩也需要进行定期和公平的审查。

董事会和主要管理人员的业绩应定期通过可计量和定性的指标进行审查。提名委员会应负责评估董事会的业绩。

企业应实施岗前培训计划,让新的董事会成员尽早充分参与决策。新董事在非常熟悉企业及所在行业之后才能发挥效用。岗前培训计划中应当使董事了解有关公司的财务、战略、业务和风险管理立场,包括他们的权利、义务和责任,以及各个董事委员会的作用。提名委员会应负责确保有效的岗前培训,并应定期审查其有效性。

10. 公平的薪酬和责任

企业应保证薪酬具有充分合理的水平和结构,以及其同公司和个人绩效的关系。这意味着,企业必须采取能够吸引和挽留人才、激励董事和员工的薪酬政策,以促进公司业绩的提高。业绩和薪酬之间具有明确的关系是非常重要的,同时让投资者能够理解管理层的薪酬。

披露企业的薪酬政策,以使投资者了解:(1)这些政策的成本和收益;(2)董事和主要管理人员的薪酬同企业业绩之间的关系。披露薪酬政策是薪酬报告的基本要求。维护股东和市场的利益要求管理层薪酬和其成本效益具有一个透明的易理解的框架。薪酬政策的透明度应当表现为充分有效的披露。

二、管理风险、内部控制、公司治理三者的关系

企业风险管理的框架下,风险管理、内部控制、公司治理三者的关系可以从以下四个方面来体现。

(一)管理范围的协调

风险管理框架下的内部控制是站在企业战略层面分析、评估和管理风险,是把对企业监督控制从细节控制提升到战略层面及公司治理层面。风险管理不仅仅关注内控建立,最主要的是关注内部控制运行与评价,从企业所有内外风险的角度为公司治理层、管理层、持续改进内部控制设计和运行提供思路,风险管理比内部控制的范围要广泛得多,如图 3-8 所示。

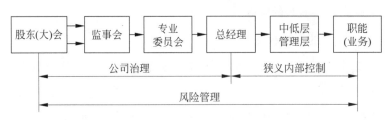

图 3-8　风险管理、内部控制、公司治理三者关系

(二)前动与后动的平衡

视频　风险管理与内部
控制愿为连理枝

在风险管理框架下的内部控制既包括提前预测和评估各种现存和潜在风险,从企业整体战略的角度确定相应的内控应对措施来管理风险,达到控制的效果,又包括在问题或事件发生后采取后动反应,积极采取修复性和补救性的行为。显然,在未发生风险的负面影响前即采取措施,更能够根据事件或风险的性质,降低风险的损失,降低成本,提高整体管理效率。

(三)治理、风险、控制的整合

在风险管理框架下的内部控制试图寻求一个有效的切入点使得内部控制真正作为组织战略管理的重要成分嵌入组织内部,提高组织对内部控制重要性的认同,并使得内控能

为组织战略目标的实现做出更多的贡献。依照风险管理的整体控制思维、扩展内部控制的内涵和外延,将治理、风险和控制作为一个整体为组织目标的实现提供保证。这一整合的过程将克服原本内部控制实施过程中内部控制与管理脱节的问题,整个组织风险管理的过程也是内部控制实施的过程,内控不再被人为地从企业整个流程中分离出来,提高了内部控制与组织的整合性和全员参与性。

(四)"从上到下"控制基础和"从下到上"风险基础执行模式的融合

过去,一提到内部控制,人们往往认为是管理者制定出相应的规章制度约束员工的。但在风险管理框架下的内部控制既体现内部控制从上到下的贯彻执行,也强调内部控制从下到上参与设计、反馈意见以及"倒逼"机制,即从上到下控制基础和从下到上风险基础的执行模式的融合。

如表 3-1 所示,风险管理框架下的内部控制(风险管理)既包括管理层以下的监督控制,又包括管理层以上的治理控制,按照内部控制五要素分析内部治理控制。

即练即测

表 3-1　风险管理框架下的公司内部治理控制

内部控制要素	公司治理中的体现(举例,并不全面)
控制环境	1. 股东(大)会、董事会、监事会、经理的职责定位; 2. 董事会内部职责分工与授权,如内设的战略、执行、审计、薪酬、提名专业委员会等; 3. 董事会、监事会与经理团队的沟通氛围; 4. 股东与董事会的风险偏好; 5. 董事长主持董事会工作,其职业修养与专业能力将影响治理效果; 6. 董事、监事能力; 7. 独立董事的独立性。
风险评估	1. 战略、目标、重大经营计划等决策需对内、对外风险充分评估; 2. 为具体治理活动设计控制措施前需要进行风险评估。
控制活动	1. 治理结构本身的牵制机制设计,如监事会的设立、独立董事制度、审计委员会设立等; 2. 企业战略和目标的制定与决策程序; 3. 通过听取业绩报告,董事会对经理战略执行的过程控制; 4. 董事会对经理的决策授权与监督; 5. 董事、监事、经理的考核激励控制; 6. 公司章程,董事会及其下属委员会、监事会的议事规则; 7. 信息披露的控制程序。
信息与沟通	1. 股东、董事、监事履行职责时,必须适时得到充分的相关信息; 2. 董事会与经理团队应建立正常沟通机制,适时了解战略和目标的执行情况,及时采取行动; 3. 股东分散,不参与企业的经营管理,董事会应按规定适时披露相关信息,保障所有股东的合法权益。
监督	1. 董事会(或审计委员会)聘请独立第三方对经理履行职责情况的检查; 2. 监事会对董事会与经理的监督检查。

讨论案例3-1

疫情下新东方教育风险管理整合框架

1. 新东方教育简介

新东方教育科技集团(以下简称"新东方")由1993年成立的北京新东方学校发展而来,于2006年9月7日在美国纽约证券交易所成功上市,成为中国内地首家在美国上市的教育机构。

截至2019年5月31日,创始人俞敏洪任公司董事及董事会执行主席,拥有13.43%的普通股,是新东方第一大股东。首席执行官周成刚、首席财务官杨志辉分别于2000年、2006年加入新东方,带领新东方发展至今。

英国品牌评估机构Brand Finance发布"2020全球最有价值的商业服务品牌50强"排行榜,新东方成为唯一入选该榜单的教育服务品牌。

2. 疫情下的新东方

对于中国的教育培训行业来说,公共卫生危机所造成的打击是相对较为沉重的。经过抗争,中国的疫情已经趋于平稳,各行各业已经陆续复工,但是留学教育受到冲击最大。

推进"线上＋线下混合式教学"系统,满足多场景应用需求。从2014年开始,新东方投入大量经费,研发线上线下相融合的教学系统。该系统是新东方OMO战略的核心技术平台,能够支持新东方集团所有的教学场景。

2020年初推出的"新东方云教室"直播系统成功在疫情期间将上百万学生由线下转移至线上教学。新东方董事会主席俞敏洪表示,OMO能够实现线上线下无障碍打通。

然而,恢复面授课程后,取消了在线平台服务的部分,云教室APP基本无用,与新东方十几年前的混合式教学并无较大差异,且面授课程与线上直播课程相互独立,并无相互交融的效果。

同时,疫情进一步催发了在线教育行业的激烈竞争。据英为财情机构的调查报告显示,2020年2月学而思网校、作业帮、猿辅导,周活跃人数分别为615.9万、740.8万、378.1万人,环比1月增长5～7倍自有流量。

在行业竞争加大的背景下,在线教育"赚得多,也花得多",新东方的在线教育板块,虽然营业收入大幅提高,但利润率却未明显提高,事实上,亏损也在进一步扩大。

受疫情影响海外业务扩展,留学刚需向后推迟。根据金吉列的调研数据显示15%的家庭取消了留学计划。根据启德教育的调研数据显示16.3%的家庭不确定是否仍会选择留学,大部分家庭更多是延迟了留学计划。

留学出国相关考试都相应延迟,雅思、托福等各类考试大部分从2月延迟,于7月开始恢复并陆续增加考位。

早期新东方以留学培训业务起家,留学业务毛利率稳定在60%以上,叠加公司强大的品牌影响力,销售费用率低于行业水平,留学业务利润率相对较高。因此疫情期间,留学业务增速下滑,对公司整体利润率产生较大的负面影响。

资料来源:新东方能撑起 329 亿美元市值吗? https://www.huxiu.com,2020-11-10.

讨论问题

1. 基于企业风险管理整合框架,分析新东方的风险。
2. 结合案例,谈谈疫情下的新东方如何进行风险应对。

案例分析

第二篇

理论与实务篇

第四章

战略风险管理

引导案例

苏宁电器为什么频频更名？

1990年12月，在江苏省南京市宁海路开办苏宁第一家空调专营店。

1999年12月，在南京市新街口地区开办首家苏宁电器自建店。苏宁电器形成了旗舰店、社区店、专业店、专门店4大类。

2004年7月，苏宁电器在深圳证券交易所上市。

2009年8月，苏宁网上商城全新升级，此次改版整合了全球顶级的资源优势，并携手IBM联手打造新一代的系统，旨在成为中国B2C市场最大的专业销售3C、空调、彩电、冰洗、生活电器、家居用品的网购平台。

2012年12月，苏宁电器新街口店全面升级开业为苏宁全球第一生活广场。

2013年2月，苏宁将公司名称变更为"苏宁云商集团股份有限公司"，以更好地与企业经营范围和商业模式相适应。

2015年8月，阿里巴巴集团投资283亿元人民币参与苏宁云商的非公开发行，成为苏宁云商的第二大股东。

2016年12月，苏宁云商旗下子公司苏宁物流以现金方式收购了天天快递70%的股份。

2018年1月，苏宁发布公告称将"苏宁云商"改名为"苏宁易购"。

2018年10月，苏宁易购发布一则公告，将亏损中的苏宁小店从上市公司剥离，以减轻公司的业绩压力。

2019年2月，苏宁易购正式收购万达百货有限公司下属全部37家百货门店。

2019年6月，苏宁易购宣布出资48亿元收购家乐福中国80%股份。

2021年1月，苏宁易购明确了未来十年由"零售商"全面升级为"零售服务商"的发展战略。2021年要持续将零售主业做精、做强、做优，聚焦零售的核心是做好三件事：降低运营成本、扩大销售规模、提高商品效率。

（资料来源：根据360百科资料整理，https：//baike. so. com/doc/5367888-7607789. html，2021-03-31.）

导言

企业发展面临着复杂的环境,环境的变化对企业实施战略规划造成影响。战略风险是影响企业实现战略目标并给企业造成损失的不确定性,对企业的发展方向以及在激烈的市场竞争中生存等方面发挥着至关重要的地位。当企业战略与外部环境、内部资源以及企业能力等因素发生失衡时,将会使企业战略目标的落实情况和预期产生偏差,从而引发战略风险。因此,企业可以通过提高战略风险管理水平以应对内外部环境因素变化,减少战略风险给企业带来的损失。

古人风险管理智慧专栏

凡事预则立,不预则废。言前定则不跆,事前定则不困,行前定则不疚,道前定则不穷。

——《礼记·中庸》

做任何事情,事前有准备就可以成功,没有准备就会失败。说话先有准备,就不会辞穷理屈站不住脚;行事前计划先有定夺,就不会发生错误或后悔的事。

第一节　战略概述

一、战略的定义

战略定义:"战略"一词原本是军事术语,其中"战"是指战斗或者战争;"略"是指筹划、策略、与计划。在西方,战略一词来自希腊文"strategos",含义是将军。显然,战略的含义最早是指军事领域的指挥艺术和科学。

钱德勒:确定企业基本长期目标,选择行动途径并为实现这些目标进行资源分配。

迈克尔·波特:战略是公司为之奋斗的终点与公司为达到它们而寻求的途径的结合物。强调公司战略的重要属性——计划性、全局性和长期性。

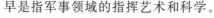

视频　企业战略概念

亨利·明茨伯格:战略是计划、模式、定位、远景或期望、计谋,是一系列或整套决策或行动方式,这套方式包括可以安排的战略和任何临时出现的战略。强调战略的应变性,竞争性和风险性。

普拉哈拉德和哈梅尔:战略是一种意图,可以作为改变未来社会的力量。

汤姆森:战略既是预先性的,又是反应性的。换言之,战略制定的任务包括定策略计划,即预谋战略并随着事情的进展不断进行调整。一个实际的战略是管理者在公司内外各种情况不断出现的过程中不断规划和再规划的结果。

肯尼思·安德鲁斯：战略是目标、意图或目的，以及为达到这些目的而制定的主要方针和计划。

二、企业战略的层次

企业的战略分为三个层次，总体战略、竞争战略和职能战略。

（一）总体战略

总体战略又称企业战略或公司战略，是决定企业从事或想从事什么业务以及如何从事这些业务的战略。

企业总体战略旨在通过建立和经营行业组合实现投资收益的最大化。企业需要根据目标选择可以竞争的经营领域，合理配置企业经营所需的资源，使各项经营业务互相支持，互相协调。战略管理过程包含从企业使命和目标出发，经过战略分析，战略选择以及战略实施，最终，以评估结果作为整个过程的终点。

（二）竞争战略

竞争战略是决定组织如何在每种业务上展开竞争的战略，目标是取得竞争优势。对于拥有多元化业务的组织来说，每一种业务都有自身的竞争战略，该竞争战略明确了它的竞争优势、所提供的产品或服务、目标顾客等。

（三）职能战略

职能战略是按照总体战略或竞争战略对企业各方面职能活动进行的谋划，主要涉及企业各职能部门，如营销、财务、生产、研发、人力资源等，其主要职责是更好的配置企业内部资源，为各级战略服务，并提高组织效率。所以，职能战略是为总体战略和竞争战略服务的，必须与总体战略和竞争战略相配合。比如，总体战略确立了差异化的发展方向，要培养创新的核心技术，那么企业的人力资源战略就必须体现对创新的鼓励；要重视培训，鼓励学习；把创新贡献纳入考核指标体系；在薪酬方面加大对各种创新的奖励。

视频　企业战略管理过程

三、战略分析

（一）外部宏观环境分析

企业需要通过对外部环境的分析和预测，使企业保持竞争优势。主要通过企业外部竞争环境 PEST 分析,分析企业外部环境面临的政治和法律因素、经济因素、社会和文化因素、技术因素。

视频　企业战略环境分析

1. 政治和法律因素

政治和法律因素(political factors):政府行为、法律法规、政局稳定情况、路线方针政策、国际政治法律因素、各政治利益集团。这些因素对市场与行业环境、竞争环境和企业战略行为的影响往往具有强制性与直接性。

2. 经济因素

经济因素(economic factors):社会经济结构、经济发展水平、经济体制和宏观经济政策、当前经济状况、其他一般经济条件。这些经济环境因素的变化将在各个方面影响着企业的市场、行业和竞争环境,进而影响企业的战略行为。

3. 社会和文化因素

社会和文化因素(social and cultrual factors):人口因素、社会流动性、消费心理、生活方式变化、文化传统、价值观。

4. 技术因素

技术因素(technology factors):技术水平、技术力量、新技术的发展。技术环境对战略产生的影响主要包括:

(1)技术进步使企业能对市场及客户进行有效的分析。

(2)新技术的出现会使社会对本行业产品和服务的需求增加,从而使企业可以扩大经营范围或开辟新的市场。

(3)技术进步可以创造竞争优势。

(4)技术进步可导致现有产品被淘汰,或大大缩短产品的生命周期。

(5)新技术的发展使企业可以获得环境保护,企业的社会责任及可持续发展等问题。

(二)外部行业环境分析

企业还需要分析外部宏观环境的变化导致的行业竞争结构的变化,从而影响企业的战略选择。波特(Michael E. Porter)提出五力分析模型(Michael Porter's Five Forces Model),又称波特竞争力模型,该模型是用于行业分析和商业战略研究的理论模型。指出行业竞争结构取决于潜在竞争者的威胁、替代品的威胁、供应商讨价还价的能力、购买者讨价还价的能力以及行业内部竞争者的特点这五个相互作用力的制约。

1. 潜在进入者的威胁

潜在进入者的威胁:潜在进入者是指当前不在产业内但有能力进入本产业的公司,产业的潜在进入者威胁的大小主要是指愿意进入该产业的企业数量和进入该产业的容易程度。虽然产业的早期进入者可以通过封闭信息的方法阻止潜在进入者的进入，但在市场条件下，这种方法只能发挥短期作用。从长期来看，新进入者的威胁的大小实际上取决于产业进入障碍的高低。

2．替代品的威胁

替代品的威胁：替代产品是指来自其他企业或产业的能够满足顾客类似需求的产品。在决定是否进入一个产业时，企业战略管理者必须了解本产业中是否存在功能相同的替代品，因为替代品是本产业盈利潜力的最高限制。如果这个产品中完全没有替代产品，那么这个产业的企业有可能在供求严重失衡的情况下获得暴利，因为当价格上升到一定程度时，替代产品就会被激活，进行替代。

3．供应商讨价还价的能力

供应商讨价还价的能力：反映的是产品从获取原材料开始到最终分配和销售的过程。描述了厂商之间为生产交易中使自己获得更多的价值增值，因而，讨价还价的主要内容围绕价值增值的两个方面展开：功能和成本。

4．购买者讨价还价的能力

购买者讨价还价的能力：在买方市场条件下，购买者的能力较强，则会要求生产厂家或供应商降低产品价格，提高产品质量，提供较好的服务及其他要求。这种讨价还价能力对企业形成一种竞争压力。供应者的讨价还价能力。在卖方市场下，供应者的能力较强，供应者则会通过提高价格、降低服务费、配额供给等手段使被供应的生产企业在一定程度上达到妥协。

5．行业内部竞争者的竞争

行业内部竞争者的竞争：影响一个产业平均盈利水平的最重要因素是该产业的竞争态势以及产业特点。在选择进入或退出一个产业时，企业管理者应该避免进入那些经常爆发价格战的产业。一般情况下，产业内部存在大量实力相当的竞争者，具有固定成本高，库存成本高，产品差异化小，产能跨越式增长，竞争者经营目的多种多样，退出成本高等特点的企业更容易发生"割喉式"的价格战。

波特的框架为产业环境中各种竞争力的系统分析提供了强大的工具，能帮助管理者进行战略性的思考。需要注意的是竞争力之间相互影响，因此在进行产业分析时必须同时考虑所有的因素。事实上，产业分析引导管理者进行系统性思考，思考他们的战略选择如何受到产业竞争力的影响，他们的战略又将如何影响五种竞争力和改变产业环境。

（三）内部环境分析

企业的内部环境是指企业内部拥有的，与企业经营活动有关的各种要素的总和，既包括各种资源也包括各种能力。无论外部环境发生了什么样的变化，企业和战略管理者必须先了解企业内部资源和能力的形成、现状以及水平，然后判断外部环境变化对企业的影响，并且能够扬长避短和趋利避害的战略选择。

1. 企业资源分析

企业资源就是企业可以获取和整合的与企业价值创造活动有关的各种要素。企业的战略选择首先受制于其拥有的资源和能够整合的资源,因此企业战略管理者需要理清自己的资源,包括资源的类型、数量和质量等,通过与竞争对手比较来确认自己在资源上的优势和劣势,评价资源优势的价值创造力和可保持性。从企业资源的内在属性看,企业的资源可以划分为人力资源、有形资源、无形资源。

2. 企业能力分析

企业能力是指企业所拥有的利用和整合企业资源实现企业经营目的所需的各种知识、方法、技巧、经验等。企业战略受制于其拥有的能力以及对能力的整合。企业战略管理者需要理清自己的能力,包括能力的类型、数量和质量等,通过与竞争对手比较来确认自己在能力上的优势和劣势,评价能力优势的价值创造力和可保持性。企业能力主要由研发能力、生产管理能力、营销能力、财务能力和组织管理能力五方面组成。

核心能力使企业针对所选择的行业、市场和商业模式,通过长期持续的资源投入和学习积累而建立的一系列关键和可持续的资源和能力优势,并与相应的管理模式和企业文化相匹配,使这些关键和可保持的资源和能力优势得到有机整合,形成一种相互匹配,支撑和强化的关系。

(四) SWOT 分析

1. SWOT 分析原理

SWOT 分析法就是将与研究对象密切相关的各种主要内部优势、劣势和外部的机会和威胁等,通过调查列举出来,并依照矩阵形式排列,然后用系统分析的思想,把各种因素相互匹配起来加以分析,从中得出一系列相应的结论,而结论通常带有一定的决策性。

视频 SWOT 分析

运用这种方法,可以对研究对象所处的情景进行全面、系统、准确的研究,从而根据研究结果制定相应的发展战略、计划以及对策等。SWOT 分析法常常被用于制定集团发展战略和分析竞争对手情况,在战略分析中,它是最常用的方法之一。SWOT 分析基于内外部竞争环境和竞争条件的态势进行分析。如表 4-1 所示。

2. SWOT 分析法的应用

SWOT 分析是对企业内外部条件各方面内容进行综合和概况,分析企业的优势和劣势、面临的机会和威胁,进而帮助企业进行战略选择的一种方法。

根据 SWOT 分析,可以将企业的战略分为以下几种(如表 4-2 所示)。

表 4-1 SWOT 分析格式

优势(strength)	劣势(weakness)
有力的战略	没有明确的战略导向
有利的金融环境	陈旧的设备
有利的品牌形象和美誉	超额的负债与恐怖的资产负债表
被广泛认可的市场领导地位	超越竞争对手的高额成本
专利技术	缺少关键技能和资格能力
成本优势	利润的损失部分
强势广告	不利的内在运作环境
产品创新技能	落后的研发能力
优质客户服务	过分狭窄的产品组
优秀产品质量	缺乏市场规划能力
战略联盟与并购	
服务独特的客户群体	强势竞争者的进入
新的地理区域的扩张	替代品引起的销售下降
产品组合的扩张	市场增长减缓
核心技能向产品组合转化	交换率和贸易政策的不利转变
垂直整合的战略形式	由新规则引起的成本增加
分享竞争对手的市场资源	商业周期的影响
竞争对手的支持	客户和供应商的杠杆作用加强
战略联盟与并购带来的超额市场覆盖	消费者的购买需求下降
新技术开发	人口与环境的变化
品牌形象拓展	

表 4-2 SWOT 分析

		外 部 因 素	
		外部机会	外部威胁
内部因素	内部优势	增长型战略(SO)	多种经营战略(ST)
	内部劣势	扭转型战略(WO)	防御型战略(WT)

增长型战略(SO):该战略是利用公司内部优势把握外部的机会。

多种经营战略(ST):该战略是利用企业的优势,回避或减少外部威胁的冲击。

扭转型战略(WO):该战略旨在借助外部机会弥补内部劣势。

防御型战略(WT):该战略是一种弥补内部劣势并规避外部威胁的防御性策略。

企业的战略不是一成不变的,随着企业进入不同的生命周期,企业会结合外部环境分析、内部环境分析,对企业战略方案重新设计,SWOT 分析法可以帮助企业进行战略选择。若战略转型不成功,就会带来战略转型风险。

第二节　战略风险概述

一、战略风险概念

在企业管理领域,战略风险概念处于百家争鸣、百花齐放的局面,但是至今人们对战略风险的概念尚未达成一致的认识,所以对战略风险没有一个明确的定义。根据现有的文献来看,主要从三个方面对战略风险的概念进行了阐述。

第一个方面是将决策理论观作为切入点,Andrews(1971)提出战略风险是由于领导者做出影响公司全局的决策而造成的风险,认为战略风险是战略本身存在的风险。

第二个方面,主要从风险理论的角度入手,将企业发生损失的概率认定为战略风险,该风险会引发企业的行业竞争力下降或企业收益波动等不良问题,进而导致企业的经济利益或非经济利益发生损失,这种观点认为战略风险是一种战略层面的风险。

最后一个方面是从战略目标出发,将战略风险定义为阻碍战略目标实现的可能性。该观点认为,在企业对战略制定和实施的过程中,战略风险是那些实现企业战略目标所需要的条件是不充分或是不存在而无法保障企业战略目标得以实现的可能性。此观点简单可行,从战略的角度体现了战略风险和其他类型风险的区别,并且该观点对于战略风险管理工作具有较强的指导性,适用于战略风险的识别、分析以及防范等各个环节,因此,本教材采用的是该项定义。

二、战略风险的成因

战略风险是阻碍企业战略目标实现的可能性。根据战略风险管理理论,企业之所以存在战略风险的本质原因是企业的战略目标与内外部环境变化无法匹配的结果,这种不匹配主要分为主动适应性失衡和被动适应性失衡两种情况。当企业的战略调整超前于内外部环境变化使战略目标无法和内外部环境之间达到平衡的情况属于主动适应性失衡;当企业内外部环境发生剧烈变化时企业未及时对战略进行调整或调整偏离变化方向而致使战略目标无法和内外部环境之间平衡的情况属于被动适应性失衡。企业的外部环境一般指宏观环境如政治、经济、社会、行业等,企业的内部环境可以用企业内部资源和企业能力两方面综合反映,所以上述的战略与内外部环境的不匹配则演变为战略与外部环境、企业内部资源和企业能力三要素以及各要素之间的失衡,如图 4.1 所示。

三、战略风险管理过程

由战略风险的成因可知,战略风险管理理论的核心在于根据企业内外部环境的变化来

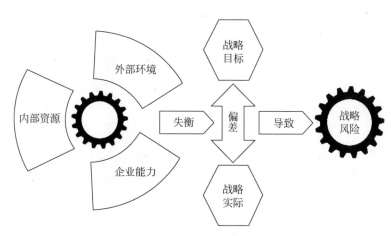

图 4.1 企业战略风险的成因

调整战略或是采取一些措施以保证战略与外部环境、企业内部资源和企业能力三要素及各要素之间的平衡。到目前为止，国内外尚未对战略风险管理达成统一的认识，但大多数学者认为企业的战略风险管理过程应该与全面风险管理的过程保持一致性，所以企业战略风险管理流程一般包括四个方面。

（一）战略风险识别

战略风险识别的前提是对战略风险影响因素分析。

企业应充分利用企业资源收集内外部环境变动的情况，保障数据资料真实、可靠、可利用程度高；通过搜集的资料找出战略风险的影响因素，对战略风险影响因素进行分析并识别出企业目前存在的战略风险。

（二）战略风险衡量

根据风险发生的可能性以及其对企业造成的影响程度两方面进行综合衡量，得出企业应重点关注的战略风险。

（三）战略风险处理

根据战略风险衡量的结果和企业对风险的承受度调整风险管理策略，提出战略风险的处理措施。

（四）战略风险检查和风险评价

企业可以利用上述过程找到企业关于战略风险管理体系的漏洞和不足，做出有针对性地改进。监督战略风险管理的整改情况，保证战略风险管理的解决措施能够有效落实。

第三节　战略风险识别

一、战略风险影响因素分析

企业应充分利用企业资源收集内外部环境变动的情况,保障数据资料真实、可靠、可利用程度高;通过搜集的资料找出战略风险的影响因素,对战略风险影响因素进行分析。从外部宏观环境、外部行业环境、内部环境三个影响因素进行分析。

(一)外部宏观环境因素

外部宏观环境因素是造成战略风险的重要因素,其主要包括经济、政治、社会、技术、法律等宏观环境。根据我国国资委颁布的《中央企业全面风险管理指引》中提到的,关于影响战略风险的环境因素主要有国内外的经济政策和产业政策、国际环境、行业的发展周期、市场需求等等,这些环境因素的变化都可能对企业实现长期发展的战略目标造成重大影响,需要企业对战略规划做出新的调整,否则可能会造成环境因素与企业战略目标之间的失衡,引发企业的战略风险。

(二)外部行业环境因素

外部行业环境因素主要依照波特五力模型中涉及的行业中决定企业竞争规模和程度的五种力量,重点关注企业在行业中地位,不同的行业地位,企业采取的战略目标不同,战略目标决定着企业的战略措施,任何不当定位,都会引发企业的战略风险。

(三)内部环境因素

企业内部环境因素包含企业内部资源及企业能力。

1. 企业内部资源因素

企业内部资源为企业实现战略提供了强大的动力,企业内部资源因素主要包括财务资源、人力资源、文化资源、客户资源等方面。财务资源是企业能够正常运转所必不可少的资源,企业的日常生产和经营活动都需要强有力的财务资源做支撑,财务资源一旦缺失,企业的基本活动将陷入停滞,造成巨大的战略风险。人力资源是企业间竞争的核心武器,当人力资源流失过快时将会给企业带来巨大的人才损失,不利于企业实现战略目标。文化资源也是对企业发展至关重要的一个因素,优秀的企业文化能提高公司的凝聚力和效益,而落后的文化资源将会给公司带来危机。客户资源能够帮助企业提高市场份额和市场占有率,如果客户资源匮乏将严重地影响产品销售,给公司战略目标的实现造成阻力。

2. 企业能力因素

企业能力因素是指企业所具备的能在一定程度上帮助企业实现战略目标的技能,它主要包括管理能力、产品和技术的创新能力等。高水平的管理能力能使企业拥有精简的组织结构和高效的业务流程,帮助企业提高效率和效益。产品和技术的创新能力是企业在激烈市场竞争中的一项武器,能够使企业保持核心竞争力,从而促进企业更好地实现战略目标。企业的内部资源因素和能力因素之间有着密不可分的联系,它们都属于企业内部环境因素,在一定条件下,企业内部资源因素可以向能力因素转化。根据战略风险的形成机理,当企业的环境、内部资源以及能力之间失衡时,需要企业发挥能动性对各个因素进行调整,协调好各因素和战略目标之间的关系,达成新的平衡,否则就可能会使战略目标的预期和实际产生偏差,从而引发巨大的战略风险。

二、战略风险识别

通过外部宏观环境、外部行业环境、内部环境战略影响因素分析,借助专家调查法、头脑风暴法、现场观察法等,并结合企业内部因素和外部环境因素的变化对企业可能造成的战略风险进行识别。

战略风险在不同的环境里所表现出来的侧重点有所差异,但是,从影响因素来源分析,可将战略风险分为宏观层面战略风险、行业层面战略风险与企业层面战略风险三种类型。宏观层面战略风险是企业所在的外部宏观环境变化决定;行业层面战略风险是企业所处的行业本身所决定的;而企业层面战略风险与企业自身的实际情况有关。

(一)宏观层面战略风险

经济、政治、社会、技术、法律等均是影响企业的外部宏观环境因素,不同的因素针对不同的企业影响情况不同,产生相应战略风险也不同,单一因素或多个综合因素均可以识别为宏观层面战略风险,可分为政治层面战略风险、经济层面战略风险等。

1. 政治层面战略风险

政治层面战略风险是企业面临的宏观环境下的风险,属于系统风险。面对这种风险,企业一般来说是比较被动,拥有较少的话语权。企业需要把握好政策的方向,不断地进行自身的调整,去适应政策变化的新环境。因为只有积极地跟着政策走,才能最大限度地减少政治方面的因素给企业带来的不确定性。

2. 经济层面战略风险

经济层面战略风险主要是由于国内外经济形势变化给企业生产经营带来的不确定性。例如,2020年受新冠肺炎疫情影响,全球经济发展速度放缓,全球性企业受经济下行影响,其营业收入增速放缓,导致企业引发经济层面战略风险。

2020年中国疫情控制较好,中国企业有序复工复产,中国经济平稳上升,疫情对中国区域市场的企业影响较小,中国区域市场的企业虽然有影响,但是可能未引发经济层面战略风险。

（二）行业层面战略风险

行业层面战略风险是由于该行业中与企业经营有关的因素导致的风险,属于系统风险。可能来自下游客户和上游供应商,也可能来自潜在进入者、替代者或行业内部竞争者。

1. 客户层面战略风险

客户方面的风险可能是由于客户信用不佳和大客户流失造成的,若客户不及时还款、拖欠货款或服务款,可能会导致企业发生现金流不足的情况。

2. 供应商层面战略风险

供应商层面的战略风险主要是由原材料供应不足或原材料质量不符合企业需求的危险。

（三）企业层面战略风险

企业层面战略风险包括企业内部资源和企业能力因素带来的不确定性。

1. 内部资源层面战略风险

市场竞争实质上是核心技术、核心人才、雄厚财力的竞争。企业拥有专利技术、优秀大量的科研人才、雄厚的资金是一个公司具备核心竞争力的体现。若企业存在核心技术缺乏、核心员工流失严重、企业资金周转困难等问题,内部环境因素的不断变化将会对企业可持续发展和企业合规管控的战略目标的实现带来负面影响,不利于公司的发展,导致内部资源层面战略风险。

2. 企业能力层面战略风险

企业能力层面战略风险分析主要看发展能力,发展能力主要考察八项指标是否异常,发展能力八项指标指营业收入增长率、资本保值增值率、资本积累率、总资产增长率、营业利润增长率、技术投入比率、营业收入三年平均增长率和资本三年平均增长率。企业发展能力存在问题,不利于公司的发展,导致企业能力层面战略风险。

第四节　战略风险衡量

由于企业资源的有限性,企业不能关注全部的风险,需要对风险进行衡量,战略风险发生的概率、风险若发生导致的风险损失。

并不是所有的战略风险都对企业有着重大影响,有些战略风险对企业影响的可能性较小,所以对战略风险衡量,关注风险发生概率较大、风险损失重大的战略风险,为下一步进行风险有效处理奠定基础。战略风险衡量采用定性衡量方法。

风险衡量定性方法就是风险管理人员通过风险识别阶段所得到的信息,运用一定的方法,进行信息加工和处理,从而得到风险事件发生的概率及其损失程度这两个重要指标,为风险管理者选择风险处理方法、进行风险管理决策提供依据。

企业风险定性评估方式可以将企业风险概率表示为"很小""中等""较大",企业风险导致的损失大小也相对划分为"轻度损失""中等损失""重大损失",在风险衡量等级图的坐标系中对风险进行定位。企业应该针对不同的企业风险在风险衡量等级图中不同的位置进行不同的处理策略。

第五节　战略风险处理

一、提高战略风险管理的重视程度

战略风险是给企业战略目标实现造成阻力的风险,对企业长远的生存与发展起着至关重要的作用。领导层的重视程度对企业进行战略风险管理是十分重要的,优化战略管理需要领导层充分认识到战略风险的重要性,加强对战略风险的系统化管理,培养自身对于风险识别的超前意识,在风险给企业造成巨大损失之前采取有力地应对措施。加强战略风险管理的宣传,让员工树立起战略风险管理的意识,发挥群众力量来提高企业战略风险管理水平。聘请业界经验丰富的风险管理顾问,定期对管理战略风险的相关部门人员进行培训,学习风险关键点和风险管理的最新理论成果。选拔和培养公司风险管理人才,组成特定的风险管控小组,更有效全面地识别公司实现战略目标时内外部环境因素的变化,将战略风险控制在公司承受的范围之内。

二、密切关注政治和法律环境等外部环境的变化

政治风险和法律风险均属于系统风险。根据 PEST 战略分析法理论,可以发挥主观能动性通过密切关注政治和法律环境的变化来降低政治风险和法律风险所带来的不确定性。政治风险中,主要涉及国家产业政策和国际环境不稳定两方面因素,在国内市场,企业要深入了解国家对行业的政策,把握好政策中对企业的优惠条件,帮助企业在良好的政策环境下高效地开展业务。

在开展业务活动时企业必须全方位地了解国家的政治、经济和法律方面的政策,成立专门的风险识别小组,找出业务中容易触发的风险点,及时调整企业的项目开展计划和合同条款,并在合同中明确索赔条款和责任人,尽可能地避免合同风险带来的不确定性。充分发挥法务部的作用,让法务部将法律法规中对公司业务活动中造成影响的政策变化及时和市场部进行沟通,减少市场部在开展业务时未能了解法律和政策变化而给公司带来不利影响的可能。

三、提高产品和技术的自主创新能力

市场竞争激烈而导致的行业风险可以通过提高产品和核心技术的创新能力来实现。

市场竞争激烈,企业要想降低行业风险和技术风险在激烈的市场竞争中占据有利地位,必须加大研发投入,提高产品和技术的创新能力,提供差异化产品,增强企业的核心竞争力,在技术上抢占先机。提高产品和核心技术的创新能力需要从三方面着手,一是引进大量的科研型人才,提高科研部门人才的薪资待遇,调动员工创新的积极性,同时鼓励员工出国交流学习,学习国外先进的技术和经验,提高员工的学习能力和创造能力;二要加强研发部门和市场部门的交流和沟通,市场需求不断变化,技术部必须紧跟时代潮流,毕竟产品和技术的创新要在满足用户需求的基础上进行才能有更好的市场;三是在进行产品和技术创新时一定要注重安全性,只有获得消费者的信赖才能赢得更多的订单为公司创造利润。

通过提高产品和技术的创新能力,企业除了可以有效地降低市场竞争激烈、产品技术创新能力不足等因素带来的行业风险和技术风险的不确定性,还能在一定程度上减少因知识产权以及盈利能力弱等因素带来的法律风险和财务状况风险。

四、启动企业风险测评机制

启动企业风险测评机制,实行各业务部门自评的举措,优化责任追究制度和重大风险管控机制,明确战略风险管理的责任人和责任部门,避免出现风险管控不当,各部门相互扯皮、推诿的现象,使战略风险在第一道防线中实现闭环管理,进一步明确运营管理部在第二道防线所起的职责。

充分发挥内部审计部门的作用,监督各部门关于战略风险应对的落实情况,对于战略风险管理落实过程中存在的客观环境或人为原因而导致战略风险应对措施执行效果不理想的情况,要及时向管理层反映和报告。除此之外,要实现企业董事会对战略风险管理的监督,以保证领导层能够在风险发生意外变化的情况下第一时间制定应对计划,减少战略风险给公司带来的损失。

企业战略风险管理对保障企业战略目标实现具有重要意义,对企业的发展方向以及在激烈的市场竞争中生存发挥着至关重要的作用。战略风险管理水平越来越成为企业保持竞争力的重要因素。

即练即测

讨论案例4-1

万科式难题:转型有痛,不转型更痛

2019年7月,有媒体报道称"万村计划"可能主动违约、打算放弃部分已签约房源。其后,万科长租公寓总经理薛峰离职。

1. 万科战略转型之路

万科成立于1984年5月,1988年进入房地产行业。经过30多年的发展,万科已成为我国最大的住宅型房地产企业,主要从事住宅开发以及物业管理等业务。万科自身的经营战略经历了较多的转变,转型过程中不仅有机遇更有挑战。

1984年的现代科教仪器展销中心是万科的前身,王石利用其经营办公设备、视频器材的进口销售业务。1988年万科完成股份化改造,从此开始进入房地产行业,开发了第一个项目,成为我国早期住宅商品房的开发商之一。

1989年至1992年万科经历了机会成长期,这时期的万科属于战略混沌阶段,万科通过捕捉发展机会,积极扩张,形成非相关性多元化的快速成长型企业。

1993年至2001年的万科属于战略形成阶段,万科的业务开始收缩,逐渐回归房地产,实现了从多元化向专业化的战略转型。转型到战略成长阶段的万科,坚持房地产为主要发展目标,逐渐形成了资源的聚合,产品聚焦,以及区域的整合,通过八年的时间收入实现了飞速的发展,长期位于我国房地产行业的前列。

2013年后,万科开始有选择的多元化经营。随着城市开发用地日趋紧张,面对楼市疲软的情况下,万科开始转变思路,进行选择性多元化发展战略。万科于2014年签订了首个小股操盘的项目,到2017年已有九成项目采用轻资产运营模式获取,并计划将轻资产运营扩展到长租公寓、养老、金融等方面。

2. 万科转型风险

万科于2014年正式开启转型之路,从住宅开发商转型为"城市配套服务商"。2018年把这一定位进一步迭代升级为"城乡建设与生活服务商"。万科欲打出将泊寓与万村计划结合的王牌。但这个行业到目前为止仍属"新业态",许多既有规则的阻碍,使得万科与其他租赁企业一样,遇到了发展瓶颈。"万村计划"作为租赁住宅业务的模式之一,其在深圳推进不达预期,部分区域的城中村已获得的房源,深圳万科正在与房东协商解约。也基于此,被寄予厚望的万村计划已全面暂停签约新房源。

从万科近几年的发展来看,思考在教育、养老、物流等多元化方向的转型从未停止,但从实际的效果来看,依然是房地产开发占据企业的主要收入,多元化发展之路难言顺畅。一方面是由于很多房地产相关行业本身有着一定的行业壁垒,同时有些行业规模化的难度要大于房地产开发,习惯于粗放式发展的房企往往很难适应新行业;另一方面融资压力之下,开发主业上的资源已经捉襟见肘,投入到多元化发展中的资源,尤其是资金往往会相对有限,难以推动多元化有效发展。

资料来源:

(1) 陈淑文,朱耘.万科式难题:转型有痛,不转型更痛[J].商学院,2020,(01).

(2) 吴锦伟.新常态下房地产企业转型策略研究——以万科为例[J].科技促进发展,2018,14(12).

讨论问题

结合案例,谈谈万科的战略转型风险。

案例分析

第五章

流动资产风险管理

引导案例

永煤控股债务违约

整个事件的开端,是永煤控股的10亿元短期借款还不上了。

2020年11月10日,永煤控股公告称,因流动资金紧张,截至2020年11月10日,公司未能按期筹措足额兑付资金,"20永煤SCP003"未能按期足额偿付本息,已构成实质性违约,涉及本息金额共10.32亿元。

而就在永煤控股公布10亿元短期借款违约的前一个月,永煤控股刚刚发行了一笔10亿元规模的中期票据,募集资金的用途就是还债。

新债刚发,旧债就不还了。引发市场巨震。

永煤控股还不上债,从其营业收入、债务结构早已能看出端倪。

资料显示,永煤控股近年来营业收入稳定在1700亿元左右,但净利润却未曾超过10亿元。其资产负债率接近80%,换句直白的话说,公司80%的资产都是"借来的"。

从永煤控股债务结构来看,主要以流动负债为主。截至2020年三季度末,集团流动负债达979.49亿元,占总负债的72.88%,主要包括应付票据和短期借款,分别为244亿元和206.4亿元,而公司的应收票据仅22亿元,是应付的10%左右。

高流动负债意味着公司有大量的短期借款,意味着得不断"借新还旧"才能缓解资金的压力。

2020年11月13日,永煤集团称已将"20永煤SCP003"兑付利息3238.52万元支付至应收固定收益产品付息兑付资金户,债券本金正在筹措中。而了解到的最新信息是,永煤控股及大股东河南能源化工集团正在与债券持有者沟通本金展期事宜。

永煤控股债务违约后,发行人及河南政府都在积极应对。对市场的冲击程度,也主要取决于是否能够妥善处置及处理的效率,越早解决,对市场的冲击越小。但是不可避免,事件已经对市场造成了冲击。

AAA信用等级的国企,在债务违约后,信用瞬间崩塌。

以永煤控股为代表的信用债违约,对债券市场的冲击还在持续发酵,最直接的影响是,债券发行失败,"没人愿意借钱"。

根据统计,2020 年 11 月 9 日至 11 月 15 日间,推迟或发行失败债券有 112 只,涉及发行规模为 441.40 亿元。

永煤控股债券违约事件将投资者的目光聚焦在较为专业的信用债市场。有分析人士指出,不是整体信用债市场在恶化,而是永煤控股的地方国有属性过于敏感。

永煤控股属于国企,相比民企,其违约对市场的负面影响是比较大的,对整个信用债市场都是较大的冲击,也对信用债价格和利率产生了较大的波动。

永煤控股信用债违约在一定程度上打破了国企债券,尤其是 AAA 级国企债券的投资"信仰",导致恐慌情绪和收益率明显上行,引发了市场广泛关注,相关债券基金也受到了波及。

(资料来源:永煤控股又现两笔债券违约,目前共有 234.10 亿元存续债券,腾讯网,https://new.qq.com/omn/20201124/20201124A07NXW00.html,2020-11-10.)

 导言

见惯了企业因流动资金断流而倒闭的例子,我们一方面为这些企业惋惜的同时,另一方面更惊叹于该类企业在流动资金断流之前对风险预警竟然熟视无睹。通过本章的学习,我们将了解流动资金风险的三种常见类型:现金管理风险、应收账款管理风险和存货管理风险。掌握现金管理及存货管理中各类风险的识别、衡量方法,同时实施正确的风险处理措施。应收账款管理风险详见第十章信用风险管理,本章不再赘述。

古人风险管理智慧专栏

耕田之利几倍,曰十倍;珠玉之赢几倍,曰百倍;立国家之主赢几倍,曰无数。

——吕不韦《战国策》

风险爱好型,主要是指追求高风险、高收益的投资理财类型,吕不韦就是其中的典型代表。他理财的途径主要是发现有潜力、价值被低估的企业(秦公子异人),向其注入风险资本,帮助其上市(登基为帝),以获取巨大的收益,可以说是开创了风险投资的先河。但这种高收益往往伴随着巨大的风险,如果没有合理的退出机制,后果是非常危险的,吕不韦后来的遭遇也充分证明了这一点。

第一节 现金管理:收付风险

一、风险识别

(一)现金收付风险的来源

这里现金是指库存现金、银行存款及其他货币资金。现金收付风险是指企业在生产经

视频   财务风险生三豆

营循环中,无法按时回收到期的货款,或无法及时偿还到期债务的可能性。现金是企业最敏感、最容易出问题的资产。对现金收付风险的监控,是企业风险管理活动的一个重要组成部分。现金收付风险的来源很多。从微观上看,企业生产经营活动直接面向广大市场,客户信用水平千差万别,这是产生收付风险的外在原因。为降低资本成本,企业可能运用一些延期付款策略。另外企业本身工作人员业务素质和道德素质不可能尽善尽美,管理制度可能存在的漏洞,是产生收付风险的内在因素。从宏观上看,利率市场和汇率市场的经常性波动都可能是企业现金收付风险的来源。

(二)现金收付风险的表现形式

现金收付风险的来源受到如此多的因素影响,因利率风险、汇率风险,还有应收账款无法收回的信用风险,本书单独作为章详细阐述,故本节主要阐述现金因流动性无法及时偿还到期债务的风险及因工作人员素质和道德不完善的道德风险。

1.流动性风险

流动性主要是指企业按时偿还现有或潜在债务的能力,这种能力的获得途径包括企业拥有的自有资金,或将非现金资产迅速转化为现金资产,或从银行等金融机构获得的贷款额度等。缺乏流动性,无论是短期还是长期的,都表明企业的经营情况出现了问题。实际上,流动性可能是许多中小企业倒闭的原因,尽管它们可能并不缺乏光明的前景。通常情况下,现金、银行存款、应收账款、存货等被视为流动资产,可以用于偿还债务,但相对而言存货的流动性不够好,应收账款的流动性好坏也要具体分析债务方的信用水平和偿债能力。企业具有良好的流动性,有两个方面的好处:一是给往来合作方企业支付能力强的印象,可以增进相互信任程度;二是可以抓住潜在的投资机会,市场上可能出现极好的证券投资机会,或者企业生产所需原材料、机器设备的价格波动至谷底,如果企业拥有足够的货币资金,就能从这些交易中取得好的收益。

2.道德风险

道德风险来源于组织内部工作人员和往来厂商对职业技能与职业规则的遵守程度。道德风险可能表现为心不在焉的职员对一张发票发了两次支票,或收到了客户支票却没有及时存入往来银行,或对到期应收账款没有及时追索等。

二、风险衡量

资金的流动性问题关系到企业的正常生产经营,短期投资要选择交易活跃、市场容量大的品种;道德风险是风险中最难以量化,也是出现问题突然性最大的环节,管理人员要对下属工作人员和交易方的道德品质有清楚的认识,在条件相近的情况下要优先考虑聘用道德品质优良的员工或选择正直的交易伙伴。

对企业应付账款期限的影响因素主要是临时性资金周转,因此对应付账款要提前规划,及时筹措偿付资金;流动性问题关系到企业的正常经营,企业要注意不要为追求高收益而过多购置流动性不强的资金,短期性投资要选择交易活跃、市场容量大的品种;

企业流动资产的数量按其功能可以分成两大部分,第一是正常需要量,它是指为满足正常的生产经营需要而占用的流动资产。第二是保险储备量,它是指为应付意外情况的发生在正常生产经营需要量以外而储备的流动资产。流动资产占销售额的比重多少是衡量流动资产风险很好的方法之一。

视频　第一豆:流动资产风险之流动资产概述

有的企业在安排流动资产数量时,只安排正常生产经营需要量而不安排或只安排很少的保险储备量,以便提高企业的投资报酬率。这便属于冒险的资产组合策略。采用冒险的策略时,企业的投资报酬率较高但风险比较大。敢于冒险、偏好报酬的财务经理一般都采用此种组合策略。

企业的固定资产和流动资产,对企业的风险和报酬有不同的影响。较多地投资于流动资产可降低企业的财务风险。因为当企业出现不能及时偿付债务时,流动资产可以迅速地转化为现金以偿还债务。但是,如果流动资产投资过多,造成流动资产的相对闲置,而固定资产又相对不足,这就会使企业生产能力减弱,从而减少企业盈利。

总之,在资产总额和筹资组合都保持不变的情况下,如果固定资产减少而流动资产增加,就会减少企业的风险,同时也会减少企业盈利;反之,如果固定资产增加,流动资产减少,则会增加企业的风险和盈利。所以,在确定资产组合时,面临风险和报酬的权衡。

三、风险处理

现金收付风险处理主要是预防流动性风险和道德风险,采用良好的内部控制制度对企业化解流动性风险和道德风险具有重要的作用,属于风险控制措施。内部控制制度的设计应注意:以预防控制为主、注意体制牵制、注意程序制约以及注意责任牵制。

(一)与会计制度有关的内部控制制度

第一,依据管理者的批准从事并完成经济业务;

第二,将全部经济业务以正确的数额及时记入适当的账户,根据会计制度规定编制、报送财务资料;

第三,经管理者的批准方可动用资产;

第四,对资产做出准确记录,将合理的间隔时间与现存的资产相比较,并对发生的任何差异采取适当的措施。

（二）与货币资金有关的内部控制制度

货币资金的管理和控制应当遵循如下原则：严格职责分工；实行交易分开；实施内部稽核；实施定期轮岗制度。

具体要做到：

第一，货币资金业务职务分离；

第二，货币资金收入：现钞收入业务必须由两个以上职员处理；

第三，货币资金支出：应尽可能用支票来支付；

第四，银行存款控制：所有银行存款户的开立和终止需有正式的批准手续。

（三）与现金管理有关的管理策略

1. 现金集权管理与分权管理

（1）现金集权管理与分权管理的使用对象

集权型财务政策在中到大型(跨国)公司内较为常见，主要是因为其拥有较强的经济实力和较多的财务专家。

分权型财务政策在小型公司内较为常见，小型公司缺乏资金来源和财务专家，且经营管理以灵活多变见长，因此多将财务管理的决策权授予子公司的经理。

（2）现金集权和分权

集权型现金管理体现的是一种集团中心经营管理理念，它将海外业务看作国内业务的扩展。具体做法是，将集团公司内所有现金(或财务)政策的制定、执行、解释和业绩考核评价集中于总部的财务中心，现金政策包括款项的回收、付出、现金资金的使用等。

视频　第一豆：流动资产风险之现金风险

集权型现金管理的不足之处在于：

第一，容易挫伤子公司经营的积极性，因为资金的强调集中可能使子公司丧失很好的投资获利机会；

第二，使经营考核更为困难，因为部分子公司可能从总公司获得了低廉的资金支持，有些子公司则相反；

第三，资金的集中可能会受到子公司所在国家外汇管制而无法实施。

分权型现金管理的优缺点和集权型管理的优缺点刚好相反，它有利于充分调动子公司的积极性，处理好和所在国家、地区的关系，但不利于实现集团的整体利益。

2. 现金预算

（1）现金预算的类型

现金预算不是强制性的，除非银行或类似资金提供者要求企业这么做。从企业自身来说，是否贬值现金预算，取决于成本效益原则是否能得到满足。因此现金预算可分为积极现金预算和消极现金预算,前者是企业主动对现金流动情况进行推测以满足提高企业经营管理水平的需要,而且随时对预算进行调整修订;后者多用于监测企业是否具有良好的流动性。

根据编制基础的不同,现金预算可以分为三类:以现金流量表为基础的现金预算;以资产负债表为基础的现金预算;以利润表为基础的现金预算。

以现金流量表为基础的现金预算主要是针对短期预测而言的,一般预测时间在一年以内。运用这种方法要对预算期内的现金流入和流出进行预测,其中现金流入项目主要有销售收入、从金融机构获得的借款等;现金流出项目主要有销售成本、期间费用、利息支出等。需要注意的是,要经常将预算结果和实际情况进行对照,分析实际结果和预算的差异,不断修正和调整预算。

以资产负债表为基础的现金预算主要针对长期而言,更适合作为战略预算,涵盖的期间包括企业未来发展的若干年,这种预算主要根据企业近年来的发展速度(如资产保值增值率)进行。

以利润表为基础的现金预算适合长度为1~2年的中短期规划,它也是用年度的利润增长速度来预测下一年度的收入支出情况,进而对现金增长需求进行估计。

(2)现金预算的密度

现金预算的密度是指编制现金预算的时间跨度和编制时间间隔,即现金预算期间是一年以内的,还是超过一年的,编制的预算是按一周的时间间隔编制的,还是编制月度、季度或年度的预算。现金预算的密度和企业的经营产品种类、行业特点、企业规模、编制人员的素质和经验等都有关系,不能说周期越短、内容越详细越好。

(3)现金预算的空间范围

现金预算的空间范围是指编制现金预算是一个独立经营单位的,还是整个企业集团的;是母公司记账本位币的现金预算,还是包括所有子公司所在国货币比重的现金预算。

(4)现金预算的调整

作为积极现金预算,企业需要根据碰到的实际问题和获得的最新信息对现金预算进行不断调整和修订,特别是当初编制预算所假定的基础不再存在或假设前提不再成立时。

3．现金回收与划转

(1)加速收款

为提高资金使用效率,企业应在不影响与客户关系和销售规模的前提下,加速应收账款的回收。加速收款可能遇到的问题有:如何缩短客户汇款在途时间;如何缩短收到支票和存入往来银行的时间;加速收款增加的营业费用等。加速收款可能会损害企业和客户的关系,但只要企业给予客户的信用期限不低于行业的通常标准。对客户及时付款进行善意的提醒是必要的,因为即使是正直的客户也有可能有意无意地计划在款项到期的最后期限时才付款。

(2)延期收款

当企业面临短期资金周转困难时,延期付款便是一种可行的选择,因为对销售方来说,延期付款总要比失去一个客户更能让人接受。企业应认真考虑延期支付可能带来的后果，特别是供应商的财务状况和商业地位，因为延期付款是以供应商的现金流恶化为代价的，如果延期付款导致供应商降低服务标准或停止提供服务，而供应商又是企业战略供应链上不可缺少的重要一环，这样做显然得不偿失。

（3）与银行关系

企业与结算银行保持较为稳定的合作关系，除非往来银行的经营策略发生变化进而有损企业的利益，或者银行提供的服务已无法满足企业快速发展的需要，又或者转移账户可以给企业带来明显的经济效益，如结算上的便利、收费上的优惠等。与银行长期稳定的关系有助于企业实现现金账户的科学筹划，商业银行还有可能对关系较好的往来客户提供理财方面的个性化服务或建议。

第二节　存货管理：资金占用风险

一、风险识别

（一）存货风险来源

存货风险是指企业拥有存货时因价格变动、产品过时、自然损耗等原因而令存货价值减少的可能性。存货风险主要来源于企业生产和销售部门对存货产量水平和市场需求预测的不精确性，因为企业生产什么、生产多少、何时生产是一个很难界定的问题。由于库存的存在，自然损耗也是存货风险的来源之一。

（二）存货风险表现形式

1. 价格变动风险

价格变动风险包括生产成本和销售价格上的风险。从生产成本上来看，在产品设计环节企业就需要对原材料、人工、机器损耗做出估计，以便计算生产该类产品是否有利可图。相对来说，原材料的价格估计难度较大，一旦企业对原材料的价格估计出现偏差，就可能影响到产品成本。假设原材料的价格趋势是上升的，但企业估计其价格会下降，只建立了满足数日生产所需的原材料库存，结果再购买时增加了生产成本。从销售价格来看，一般来说，为树立企业的形象和维系与经销商的关系，企业产

视频　存货风险

品的价格一经确定，短时间内不应做大的变动。销售价格的确定建立在对市场信息充分了解的基础之上，如属于价格弹性大或攀比效应的产品，企业应制定较低的价格，增加销售量；对属于价格弹性不大的奢侈品或有虚荣效应的产品，企业应制定较高的价格，达到销售

收入的最大化。但企业不可能一直对市场和消费者心理有详细的了解,当价格不当时,就带来了存货的价格风险——由于价格制定不当,在既定价格或者产量过少供不应求,或者产量过大造成产品积压。

2. 产品过时的风险

企业生产的产品应该具有一定的长期性,即在一定时期内不会过时,否则企业改造生产线和更新生产工艺的成本将会很高,但是社会流行趋势和技术进步带来的现实应用往往超出企业可以精确预计的范围,当企业所生产商品的规格、款式、使用性落后于现实的普遍需求时,企业不可避免将面临产品销不出去的危险。

3. 自然损耗风险

自然损耗风险源自存货本身的特性和自然环境,如湿度、光照等外在因素变化对存货外观、性能产生的不利影响,对一些鲜活、容易和自然环境发生化学反应的商品而言,自然损耗可能会超过价格风险。由于仓库保管不善或环境恶劣引起的自然损耗应尽量避免,对无法避免的自然损耗,则应想方设法降低库存时间和库存量以减少损失。[①]

二、风险衡量

有两种类型的不确定因素会直接影响到存货的安全性:一是需求不确定因素,它关系到存货生产周期内销售比率的波动;二是完成周期不确定因素,它与存货补给周期的种种变化有关。

1. 存货的成本风险

由于存货投入了资金,所以持有存货是有风险的,因为已投入存货的资金已无法用于再投资。

$$存货成本＝库存物品价值＋订货费用＋库存费用$$

即
$$TC=PN+AN/Q+CQ/2 \qquad (公式5\text{-}1)$$

其中,TC 为存货成本;P 为物品单价;N 为计划期总需求量;Q 为每次订货量;A 为订购费(每订购一次的固定费用);C 为单位库存费用。

$$库存物品价值＝PN$$
$$订货次数\, n＝N/Q$$
$$订货费用＝AN/Q$$
$$平均库存＝Q/2$$
$$库存费用＝CQ/2$$

存货成本风险产生的主要原因在于投入存货的资金是一种历史成本,一旦决策投入便

---

① 财政部企业司.企业财务风险管理[M].北京:经济科学出版社,2004.90

无法随时抽出。资金能否及时收回取决于存货能否迅速实现从商品到资金的循环,它与该种商品的社会需求紧密相关。衡量存货的成本风险,主要看销售存货回收的资金和其投入成本相比是否能实现正常的销售利润,一般可以通过销售利润率和本企业该产品平均的或最佳的历史销售利润率对比进行衡量,也可以和同行业类似产品的销售利润率进行对比衡量,以获取存货关于成本安全程度的有效信息。当企业的销售利润率长期低于历史水平或同行业水平,应该对存货政策做出调整。

2. 存货的流动性风险

企业的产品流动性强弱,可以通过存货周转率或存货周转天数来衡量。一般来说,存货周转率越高越好,说明企业存货库存适度,存货占用水平低,存货转换为现金或应收账款的速度较快,企业具有越强的流动性。存货周转率和存货周转天数也可以通过同行业的相应指标进行衡量,企业可以评估自身的存货流动性管理水平。商品库存周期过长,占销售总额的比例过高,是我国企业普遍存在的问题。

三、存货风险处理

存货风险处理的管理策略是加强存货控制,存货控制的最基本任务是要设计能够确定各阶段存货需求、发放量及其预测方法、各阶段标准库存量和安全库存、需求和供给、发放和补充的方式,以及能够明确检查预测量和实际差异的库存管理系统。重点建立存货的内部控制制度,并严格贯彻之行;还需对存货水平准确预测;最后采用正确的存货管理方法。

(一) 建立健全存货的内部控制制度

设计存货的内部控制制度时要考虑销售、生产、运输和费用等因素。有效的存货内部控制制度有如下几个方面的作用:保持最小存量;安全和科学保管;适时适量供应;维持有效操作;预防发生废料;保持完备的存货记录。存货的内部控制制度具体要做到以下几点。

第一,严格按生产计划进行生产,减少盲目生产造成的存货积压,以便及时发现存货的制定应经过销售部门、生产部门和会计部门的核准。

第二,定期对存货进行检查,对金额大的存货要实地盘点,以便及时发现存货的损毁、短缺情况,对检查结果要详细记录,分清责任。

第三,负责存货检查、盘点的人员与负责存货日常管理(如采购、仓库、运输)等人员职务分离。

第四,科学设计存货地点和设施,便于运输、储存,避免因外在恶劣条件导致保管不善,影响存货的使用和销售。

第五,存货保管人员应在审查领料单、销售发票、发货单和提货单等必要单据后才予以发货;以上单据应预先按顺序编号,妥善管理。

第六，除了金额不大的次要存货，对存货要实行永续盘存制，永续盘存记录应由非库存保管人员保管，永续盘存记录与实地盘存记录有差异的，要及时进行差异原因分析和处理。

（二）设置科学的库存管理流程

企业存货能够对企业的生产经营状况以及流动资金运作进行反映，能够直接或间接地影响到企业的财务状况和经营成果。企业应设置科学的库存管理流程，如：加强对存货采购、入库、计量、出库、结存等各个环节的控制和监督，明确分工，落实责任，定期或不定期对存货内部控制的执行情况进行检查，以防止存货业务的差错和舞弊行为的发生。对存货采购、保管、记账应由多个部门进行分工协作，部门之间互相监督。为能准确地记录存货的入库、发出、结存等，还应健全内部稽核制度，建立起完整的台账体系，制定定期盘点制度，并且在每年度终了时进行一次存货的全面盘点。

（三）制订科学合理的采购计划、控制库存量

制订科学合理的采购计划、控制库存量是规避存货决策风险的重要手段。首先，为了保证企业不间断的生产经营，对原材料的需求，应有一定的存储量；其次，为了降低存货对资金的占用，提高资金的使用效率，又需要企业确定合理的低库存量。因此，制订科学合理的采购计划、确定合理的库存量显得尤为重要。

存货水平预测实际上是对销售量和存货生产完成周期的预测，这两个环节是相互依存的。销售预测是存货预测的初始阶段，主要由企业营销部门完成。完成销售预测后，还要对存货完成周期内的需求量进行预测，即为满足销售需要，在正常供应情况下应保持的存货水平。存货水平预测是很困难的工作，即使经过了良好的预测，补给周期内的实际需求仍然可能超过或达不到预期的需求。产品周期的不确定因素意味着存货政策无法承担始终如一的递送服务，但计划者应该预料到，存货完成周期的长度将会在平均值附近较高的频率分布。

存货水平预测中，较困难的是原材料和采购批次预测。一般来说原材料构成存货价值的主要部分，也是企业最难以控制的成本环节，因为其他的成本，如人员工资、机器损耗可以通过厉行节约降低消耗，而原材料的价格一旦决定购买就成了历史成本。原材料的购买价格随订购的数量、时间、付款方式不同而不同；原材料购进后产生仓储、保管费用，保管时间过长还会产生原材料损耗。从理论上说，企业最佳采购量是可以计算出来的。在企业能补充存货、材料集中到货、无缺货成本、需求稳定、存货单价不变、企业现金充足等前提下，企业的经济批量可以通过公式（公式 5-2）计算，其中字母代表含义同（公式 5-1）。

经济订购批量为 $\qquad Q=\sqrt{2AN/C}$ （公式 5-2）

订货次数 $\qquad n=N/Q$ （公式 5-3）

根据以上确定经济批量之后，可以确定采购次数（公式 5-3），制订采购计划。通过合理

的进货批量和进货时间,在存货与存货效益之间做出权衡,达到两者的最佳结合,是企业进行存货管理的最终目标。

(四) 选用适合的存货管理方法

存货管理是将厂商的出货政策和价值链的存货政策进行作业化的综合过程。主要目的是做到及时清理存货,控制投入,控制采购,按时产出,加强保管等。存货管理的基本方法有:适时生产制度、ABC 分类法、价值链管理。

1. 适时生产制度(just in time production system,JIT)

适时生产制度又称准时化生产制、无库存生产方式、零库存、超级市场生产方式。

JIT 生产于 20 世纪 70 年代的日本,最先推行这一制度的是丰田汽车公司,随后在欧美国家得到广泛应用。

JIT 基本思想是只在需要的时候,按需要的量,生产所需的产品。"二战"后的日本为提高在国际上的竞争力,它们从美国引进先进技术。将主要精力集中在工厂的车间层,以实现高效率和低成本,努力提高产品质量可靠性,以超过竞争对手提供水平。这些努力的中心原则为:消除浪费和尊重员工。

浪费是"除对生产不可缺少的最少数量的设备、原材料、零部件和工人(工作时间)外的任何东西"。将库存减少到最小:不需要用的产品,现在不必生产;减少存于仓库区域、运输系统、传送带及输送机中的隐藏库存。

尊重员工是永久职位的终身雇佣;企业协会培育员工与管理者协作关系,雇员分红、激励员工努力提高生产效率;管理者把员工看成一项资产而不是机器;建立分包商网络,公司与其供应商及客户建立起长期合作关系;现场管理由委员会和小组层面共同管理,高层管理者将注意力放在战略计划制订上,操作层决策由团体的合作来确定;质量小组每周碰面一次,讨论工作和解决问题。

JIT 是一种严格以需求带动生产的制度,要求企业以顾客订单为起点,由后向前组织生产。这种制度需要企业生产经营、管理环节紧密协调配合,而无须建立原材料、在产品和产成品仓库,实现"零库存"。实行 JIT 制度对企业的基本要求有:在生产制造过程中生产指令采用后序拉动方式;组织作业小组,充分发挥每位员工的积极性;在生产组织结构上,生产采用专业化协作形式;在产品生产、开发方面,生产采用"主查"负责制,要求产品设计和生产零缺陷。

通过实施 JIT 制度,不仅改善了产品质量、缩短了生产周期,重要的是大大减少存货,降低了总成本。

2. ABC 分析法

ABC 分析法又称帕累托分析法,它是根据事物在技术或经济方面的主要特征,进行分类排队,分清重点和一般,从而有区别地确定管理方式的一种分析方法。由于其应用广泛,

ABC分析法成为企业提高效益普遍应用管理的方法。ABC分类法即采取重点管住少量价值高的物品的策略。

A类：占库存资金80％左右，而其物品总数仅占库存项目总数的20％左右；B类：占库存资金15％左右，而其物品总数占库存项目总数的30％左右；C类：占库存资金5％左右，而其物品总数占库存项目总数的50％左右。

根据ABC分析的结果，对ABC三类存货采取不同的管理策略，对A类存货进行重点规划和控制，对B类存货进行次要管理，对C类存货进行一般管理。

3．价值链管理

价值链管理的概念源于这样一种理念，即企业应该从总成本的角度考察其经营效果，而不是片面地追求诸如采购、生产、分销等功能的优化。价值链管理的目的是通过对价值链的各个环节加以协调，实现企业最优绩效，从而增强整个公司业务的表现。高效的价值链设计、价值链成员之间的信息共享、库存的可见性和生产的良好协调，会使库存水平降低，物流作业更为有效，并能改善订单及其他一些关键的业务功能。

价值链管理是一种基于协作的策略。在价值链管理模式下，与供应商的关系是建立在战略性的设计基础上，双方的焦点在于一切为用户着想，开发一体化的新产品，不断改进供应关系，共同实现双方的战略目标。

模块化是价值链管理的特征之一，模块化管理是一种有效的组织复杂产品和过程的战略，模块系统由单元（或模块）组成，这些单元独立设计，但作为一个整体运转。适合模块化的行业有计算机软硬件、汽车制造等，这些行业的领导如通用汽车（GM）、微软（Microsoft）、英特尔公司（Intel）公司，已经能够将大部分生产制造业务外包，而将主要经理专注于核心工艺设计。通过模块化管理，控制可见的规则和标准，这些企业取得了巨大的成功。

（五）加强仓库的控制作用

仓库的功能除了存储还有更重要的功能。首先，它可以及时提供库存资讯信息，使企业获得准确的物资信息；第二，一个科学的仓库管理还应有监督检查的功能，以反映各部门生产成本的真实性；第三，仓库还要对处于呆滞状态的物料和废料进行合理地管理。

（六）加强仓库管理人员的业务培训

仓库管理人员应当熟悉与所任岗位相关的专业知识与专业技能，遵纪守法，客观公正。企业应定期对相关人员进行不同层面的培训，包括法律法规、存货管理理论及业务方面的培训，不断提高他们的业务素质和职业技能。

即练即测

讨论案例5-1

獐子岛：跑了的扇贝，终于找到了

2014年10月，獐子岛突发公告，声称2011年与2012年部分海域的底播虾夷扇贝因冷水团异动导致近乎绝收。因此巨亏8.12亿元，上演了"扇贝跑路"1.0版。

在这次事件后，公司一度"披星戴帽"，连亏两年，差点退市，2016年勉强扭亏保壳。

2018年1月，獐子岛再次突发公告，声称2017年降水减少，导致饵料短缺，再加上海水温度异常，大量扇贝饿死。2017年业绩变脸，巨亏了7.23亿元，上演了"扇贝饿死"2.0版。

2018年2月9日，獐子岛收到中国证监会《调查通知书》(编号：连调查字〔2018〕001号)。因公司涉嫌信息披露违法违规，根据《中华人民共和国证券法》的有关规定，中国证监会决定对公司立案调查。

2019年10月19日，面对深交所的业绩关注函，公司自信地表示，扇贝的投放采捕正按计划进行，不存在减值风险。

2019年11月，獐子岛再次曝出扇贝存货异常、大面积自然死亡的消息。11月11日，獐子岛因扇贝"突然死了"再次收到深交所的关注函，而这已是獐子岛在2019年第7次被深交所点名。

幸好，证监会借助北斗卫星找扇贝，一连串"弥天大谎"还是被揭开！这回，扇贝终于跑不了了！

之后，证监会发布消息，依法向公安机关移送獐子岛及相关人员涉嫌证券犯罪案件。被罚款60万元还不算完，总是上演"扇贝魔术"的獐子岛及相关人员正被追究刑事责任。

9月11日，证监会发布公告称，根据《行政执法机关移送涉嫌犯罪案件的规定》(国务院令第310号)，证监会决定将獐子岛及相关人员涉嫌证券犯罪案件依法移送公安机关追究刑事责任。

2020年6月15日，证监会依法对獐子岛及相关人员涉嫌违反证券法律法规案作出行政处罚和市场禁入决定。证监会认定，獐子岛2016年虚增利润1.3亿元，占当期披露利润总额的158%；2017年虚减利润2.8亿元，占当期披露利润总额的39%。

獐子岛上述行为涉嫌构成违规披露、不披露重要信息罪。根据《行政执法机关移送涉嫌犯罪案件的规定》(国务院令第310号)，证监会决定将獐子岛及相关人员涉嫌证券犯罪案件依法移送公安机关追究刑事责任。

资料来源：网易新闻，https://c.m.163.com/news/a/FSMJEVJP0519BJGC.html?spss＝wap_refluxdl_2018&referFrom＝.

案例分析

讨论问题

"獐子岛"带给我们怎样的思考？

第六章

筹资风险管理

华晨集团正式破产重整

2020年8月,华晨旗下多只存续债券出现暴跌。10月份,华晨汽车又被曝出公司的债券到期后无法兑付款。11月16日,华晨集团方面表示,截至当时,华晨汽车构成债务违约的金额达到65亿元,逾期的利息金额为1.44亿元。华晨汽车给出的解释为"续作审批未能完成,造成无法偿还债务"。

沈阳市中级人民法院2020年11月20日裁定受理债权人对华晨汽车集团控股有限公司(以下简称华晨集团)重整申请,标志着这家车企正式进入破产重整程序。

法院的裁定称,华晨集团存在资产不足以清偿全部债务的情形,具备企业破产法规定的破产原因。但同时集团具有挽救的价值和可能,具有重整的必要性和可行性。

华晨集团作为辽宁省属国企,直接或间接控股、参股四家上市公司,并通过旗下上市公司华晨中国与宝马合资成立华晨宝马公司。有中华、金杯、华颂三个自主品牌和华晨宝马、华晨雷诺两个合资品牌。

2020年10月下旬,华晨集团发行的10亿元私募债到期仅支付了利息,本金未能兑付,引发关注。2020年11月13日,一位债权人依法向法院提起华晨集团破产重整申请。

据辽宁省国资委有关负责人介绍,华晨集团长期经营管理不善,自主品牌一直处于亏损状态,负债率居高不下。2018年以来,辽宁省政府及相关部门一直努力帮助华晨集团解决现金流问题,但其债务问题积重难返。

2020年,受新冠肺炎疫情影响,华晨集团自主品牌经营状况进一步恶化,长期积累的债务问题暴发。据华晨集团2020年半年报,集团层面负债总额523.76亿元,资产负债率超过110%,失去融资能力。为解决债务问题,有关方面成立了华晨集团银行债委会,力求债务和解,但未果。

根据法律规定,沈阳市中级人民法院将指定华晨集团管理人,全权负责企业破产重整期间各项工作,包括受理并认定债权人债权申报,编制重整计划草案并提交债权人会议表决等。债权人将根据法院最终批准的重整计划获得偿付。

华晨集团有关负责人表示,本次重整只涉及集团本部自主品牌板块,不涉及集团旗下上市公司及与宝马、雷诺等的合资公司。作为宝马在中国最重要的合作伙伴,集团重整后有望实现重生,尽最大努力挽回债权人损失。同时华晨宝马仍然是其未来稳定的利润来源,而且还将不断推出新产品,扩大规模。

自身没有"造血"能力,只能靠"输血"存活的企业还有多少?

(资料来源:华晨集团正式破产重整,总负债超 1300 亿! 华晨宝马可受影响? 凤凰网财经,https://finance.ifeng.com/c/81YUYCqPjf3,2020-11-20.)

导言

筹资风险向来引起企业的重视,筹资风险一旦发生,轻者引起企业现金流支付困难,重者企业被债权人告上法庭,企业无奈申请破产。本章先阐述债务筹资风险识别、衡量、处理措施,后阐述股权筹资风险识别、衡量、处理措施。

古人风险管理智慧专栏

风险厌恶型(即风险趋避型)是古代中国最主流的一种投资理财观念。大文豪苏轼先生就是此中翘楚。当他被贬为黄州团练副使后,俸禄大幅减少,于是他每月发俸禄后取出 4500 文钱,分成 30 堆后用绳子串起来挂在房梁上,每天早上用一支长长的画叉挑取一串,取完后就把画叉藏起来,每天的开支控制在 150 文钱以内,平常在屋里放一只大桶,存放每天剩下的钱,以备来客时招待使用。

第一节　筹资风险概述

筹资风险(financing risk)是指企业因借入资金而产生的丧失偿债能力的可能性和企业利润(股东收益)的可变性。筹资风险是指由于负债筹资引起且仅由主权资本承担的附加风险。企业承担风险程度因负债方式、期限及资金使用方式等不同,导致面临的偿债压力也有所不同。因此,筹资决策除规划筹资需要数量,并以合适的方式筹措到所需资金以外,还必须正确权衡不同筹资方式下的风险程度,并提出规避和防范风险的措施。

一、筹资风险的种类

(一) 按照筹资风险的成因不同,负债筹资风险可以分为现金性筹资风险和收支性筹资风险

1. 现金性筹资风险

现金性筹资风险指由于现金短缺、现金流入的期间结构与债务的期限结构不相匹配而

形成的一种支付风险。现金性筹资风险对企业未来的筹资影响并不大。同时由于会计处理上受权责发生制的影响,即使企业当期投入大于支出也并不等于企业就有现金流入,即它与企业收支是否盈余没有直接的关系。现金性筹资风险产生的根源在于企业理财不当,使现金预算安排不妥或执行不力造成支付危机。此外,在资本结构安排不合理、债务期限结构搭配不好时也会引发企业在某一时点的偿债高峰风险。

2. 收支性筹资风险

收支性筹资风险指企业在收不抵支的情况下出现的到期无力偿还债务本息的风险。收支性筹资风险是一种整体风险,它会对企业债务的偿还产生不利影响。从这一风险产生的原因看,一旦这种风险产生即意味着企业经营的失败,或者正处于资不抵债的破产状态。因此,它不仅是一种理财不当造成的支付风险,更主要是企业经营不当造成的净产量总量减少。出现收支性筹资风险不仅将使债权人的权益受到威胁,而且将使企业所有者面临更大的风险和压力。因此它又是一种终极风险,其风险的进一步延伸会导致企业破产。

(二)按照筹资方式的不同,负债筹资风险可以分为债务筹资风险和股票筹资风险

1. 债务筹资风险

债务筹资风险是指企业的举债经营而导致偿债能力的丧失或企业举债后资金使用不当导致企业遭受损失及到期不能偿还债务的可能性。

2. 股票筹资风险

从狭义的角度讲,股票筹资风险是指发行股票筹资时,由于发行数量、发行时机、筹资成本等原因给企业造成损失的可能性。

从广义的角度讲,股票筹资风险还包括筹资后资金营运风险和退市风险等。

二、产生筹资风险的原因

(一)产生筹资风险的内因

1. 负债规模

负债规模是指企业负债总额的大小或负债在资金总额中所占的比例的高低。企业负债规模大,利息费用支出增加,由于收益降低而导致丧失偿付能力,并且破产的可能性也增大。同时,负债比重越高,企业的财务杠杆系数越大,股东收益变化的幅度也随之增加,所以负债规模越大,财务风险越大。

2. 负债的利息率

在同样负债规模的条件下,负债的利息率越高,企业所负担的利息费用支出就越高,企业破产的可能性也随之增大。同时,利息率对股东收益的变动幅度也有很大影响。因为在

息税前利润一定的条件下,负债的利息率越高,财务杠杆系数越大,企业资金利润率的变动越大。

3. 负债的期限结构

如果负债的期限结构安排不合理,例如应筹集长期资金,却采用了短期借款或者相反,都会增加企业的筹资风险。原因在于:第一,如果企业使用长期负债来筹资,利息费用在相当长的时期将固定不变,但如果企业用短期方式来筹资,则利息费用会有很大幅度的波动。第二,如果企业大量举借短期资金,将短期资金用于长期资产,则当短期资金到期时,可能会出现难以筹措到足够的现金来偿还短期借款的风险。此时,若债权人由于企业财务状况差而不愿意将短期借款展期,则企业有可能被迫宣告破产。第三,举借长期资金的融资速度慢,取得成本较高,而且还会有一定的限制性条款。

4. 筹资方式选择不当

目前在我国,可供企业选择的筹资方式主要有银行贷款、发行股票、发行债券、融资租赁和商业信用。不同的筹资方式在不同的时间会有各自的优点与弊端,如果选择不恰当,就会增加企业的额外费用,减少企业的应得利益,影响企业的资金周转而形成财务风险。

5. 信用交易策略不当

在现代社会中,企业间广泛存在着商业信用。如果对往来企业资信评估不够全面而采取了信用期限较长的收款政策,就会使大批应收账款长期挂账。若没有切实、有效的催收措施,企业就会缺乏足够的流动资金来进行再投资或偿还自己的到期债务,从而增加企业的财务风险。

6. 筹资顺序安排不当

这种风险主要针对股份有限公司而言。在筹资顺序上,要求债务融资必须置于流通股融资之后,并注意保持间隔期。如果发行时间、筹资顺序不当,则必然会加大筹资风险,对企业造成不利影响。

(二) 产生筹资风险的外因

1. 经营风险

经营风险是企业生产经营活动本身所固有的风险,其直接表现为企业息税前利润的不确定性。经营风险不同于筹资风险,但又影响筹资风险。当企业完全用股本筹资时,经营风险即为企业的总风险,完全由股东均摊。当企业采用股本与负债筹资时,由于财务杠杆对股东收益的扩张性作用,股东收益的波动性会更大,所承担的风险大于经营风险,其差额即为筹资风险。如果企业经营不善,营业利润不足以支付利息费用,则不仅股东收益化为泡影,而且要用股本支付利息,严重时企业丧失偿债能力,被迫宣告破产。

2. 预期现金流入量和资产的流动性

负债的本息一般要求以现金偿还,因此,即使企业的盈利状况良好,但其能否按合同、契约的规定按期偿还本息,还要看企业预期的现金流入量是否及时、资产的整体流动性如何。现金流入量反映的是现实的偿债能力,资产的流动性反映的是潜在偿债能力。如果企业投资决策失误,或信用政策过宽,不能足额或及时地实现预期的现金流入量,以支付到期的借款本息,就会面临财务危机,此时企业为了防止破产可以变现其资产。当企业资产整体流动性较强,变现能力强的资产较多时,其财务风险就较小;反之,风险就较大。很多企业破产的实例说明,该企业破产并不是没有资产,而是其资产的变现能力较弱,不能按时偿还债务。

3．金融市场

金融市场是资金融通的场所,企业负债经营要受金融市场的影响。当企业主要采取短期贷款方式融资时,如遇到金融紧缩,银根抽紧,负债利息率大幅度上升,就会引起利息费用剧增,利润下降,更有甚者,一些企业由于无法支付高涨的利息费用而破产清算。另外,金融市场利率、汇率的变动,都是企业筹资风险的诱导因素。

三、筹资风险分析的方面

(一)分析企业盈利能力及其稳定性

盈利能力是企业经营和理财业绩的主要方面,是企业生存和发展的基础。一个健康企业其偿债资金一般来源于其盈利,而非负债资金,这样企业才有能力抗击各种风险,有实力迅速补偿风险造成的各种损失,否则企业将弱不禁风,随时面临着破产、倒闭的风险。分析一个企业的盈利能力仅看一两个会计年度是不够的,它仅仅反映了企业的短期经营成果,要将其若干年度的盈利情况进行比较分析,才能客观地判断企业持续稳定的获利水平和创造能力。因此,盈利能力分析是判断企业是否存在筹资风险的前提条件,也是资信评估中首要考虑的因素之一。

(二)分析企业偿债能力及其可靠性

企业由于自有资金不足,经常要靠举债筹集其所需的资金,企业如果生产经营活动能正常进行,能够及时归还其债务本息,就不至于造成财务风险,而且企业还能从举债经营中获得盈利;但是如果缺乏按时偿还债务的准备和能力,企业便会陷入"举债—再举债—债上加债"的恶性循环之中,以致危及企业的生存。在我国资信评估指标体系中评价偿债能力的指标占了较大的比重,这也说明偿债能力分析也是判断是否存在筹资风险的一个重要方面。

(三)分析企业资本结构及其稳健性

企业要进行正常的生产经营活动必须拥有一定资本金,并通过最初资本金的运用获得盈利和积累,以扩大和增强企业的实力。企业资本金不仅要有稳定的来源,同时要有合理的构成,且符合国家有关方针、政策和法律法规的规定,符合企业有关章程、制度的规定,满足企业生产经营的需要,符合企业发展方向,体现稳健经营、减少风险的原则;反之如果企业资金来源及构成混乱,企业的内部功能便会减弱,各种风险便会滋生、蔓延。如一个企业接受的投资多数为小轿车、室内装修、高级办公用品等非生产性资产,这种方式虽然增强了企业的实力,扩大了企业固定资产比重,但是企业实际生产能力并没有提高,反而降低了企业的资金利用率,相对减少其盈利,进而增加其财务风险。

(四)分析企业资金分布及其合理性

企业经营资金总是分布在生产经营过程的各个环节中,企业经营的好坏并不完全取决于其筹资能力,更重要的是能否将其筹集的资金合理地运用到经营各个环节,使资金得到充分利用。也就是说,加快企业资金周转速度,以最少的资金量获得最大的收益,使企业增强抗风险的能力。一旦企业的资金在某个环节出现停滞,就会引起其整体经营状况恶化,进而引发财务风险。

(五)分析企业成长能力及其持续性

成长能力是指企业生产经营发展后劲和持续力,包括企业生产经营的安全性、营利性、应变性和竞争力及抗风险能力。对企业成长能力的分析往往是对其综合能力的分析,其分析方法有企业市场开发和占有率、生产经营管理组织、技术进步状况、企业管理人员和职工的综合素质、企业产品及其优势等详细分析。一般来说,成长性好的企业抗风险能力强,在激烈竞争中立于不败之地。

四、应对筹资风险的措施

分析筹资风险成因的目的,就是要在明确其发生规律和程度的基础上,采取科学的应对措施及时加以规避或防范,从而确保企业经营过程中理财的安全性。由于企业筹资风险的类别不同,产生成因对企业财务的影响也有差别,为此,实务中应根据不同类别的筹资风险提出不同的规避和防范对策。

(一)现金性筹资风险

对于现金性筹资风险,从其产生的根源着手,应侧重资金运用与负债的合理期限搭配,科学安排企业的现金流量。如果企业的负债期限与负债周期做到与生产经营周期相匹配的话,则企业总能利用借款来满足其资金的需要。所以,按资金运用期限的长短来安排和筹集相应期限的负债资金,是规避风险的对策之一。企业如果能做到此点,不但可以产生适宜的现金流量,而且还可以在规避风险的同时,提高企业的利润。当然要想科学合理地达到上述要求,企业就必须采取适当的筹资政策,即尽量用所有者权益和长期负债来满足企业永久性流动资产及固定资产的需要,而临时性流动资产的需要则通过短期负债,由此既避免了冒险型政策下的高风险压力,又避免了稳健型政策下的资金闲置和浪费。当然,在实际工作中,不同企业或同一企业在不同时期面临的情况可能有所不同,这就要求决策人员在总的原则指导下,选择更适合于当时条件下的对策。

(二)收支性筹资风险

对于收支性筹资风险,必须从其产生的根源出发来寻求其具体对策,一般而言,应主要从两方面来设计应对措施:(1)从财务上看,资本结构状况是产生收支性筹资风险的前提,因此,要想从总体上规避和防范风险,首先应从优化资本结构入手,因为,资本结构安排不当是形成收支性风险的主要原因之一。而资本结构的优化应从静态和动态两个方面入手。从静态角度而言,应主要是增加主权资本与负债的比率,从而达到降低总体风险的目的。从动态角度出发,应以资产利润率和负债率二者的比较出发,强化财务杠杆的约束机制,自觉地调节资本结构中主权资本与负债的比例关系,即在资产利润率上升时,调高负债率,提高杠杆系数,充分发挥杠杆效益;当资产利润率下降时,适时调低负债比率,以防范其风险。当然,通过调整结构来规避和防范风险,必须建立在科学基础上,既不可以为了规避风险而丧失杠杆效益,也不可以为了追求杠杆效益而提高杠杆系数加剧风险;(2)债务重组。在实际工作中,一旦企业面临风险,所有者和债权人的利益都将面临风险,如果处理不当,双方均将受到损失,因此,在此种情况下,企业应采取积极措施做好债权人的工作,避免其采取不当措施,使其明确企业持续经营是保护其权益的最佳选择,从而动员债权人将企业部分债务转作投资或降低利率,即进行债务重组,适时进行债务重组是降低企业筹资风险,避免债权人因企业破产而造成损失的较好对策。当然重组计划能否实施,关键取决于对重组和破产的理解,以及对企业重组后持续经营的信心。

综上所述,筹资风险是企业债务到期偿还的不确定性和经营风险延伸造成的结果。因此,研究筹资风险与企业经营风险应综合考虑,并由此探寻其规避和防范措施,是现代企业理财中不可回避的重要课题。

五、筹资风险管理

(一)树立正确的风险观念

企业在日常财务活动中必须居安思危,树立风险观念,强化风险意识,抓好以下几项工作:(1)认真分析财务管理的宏观环境变化情况,使企业在生产经营和理财活动中能保持灵活的适应能力;(2)提高风险价值观念;(3)设置高效的财务管理机构,配置高素质的财务管理人员,健全财务管理规章制度,强化财务管理的各项工作;(4)理顺企业内部财务关系,不断提高财务管理人员的风险意识。

（二）确定最佳资本结构

所谓最佳资本结构是指在企业可接受的最大筹资风险以内，总资本成本最低的资本结构。一个企业只有股权资本而没有负债资本，虽然没有筹资风险，但是资金成本较高，收益也不能最大化。反之，如果没有股权资本，企业也不可能接收到负债性资本。如果负债资本多，企业的资金成本虽然可以降低，收益可以提高，但风险却加大了。因此，应确定一个最佳资本结构，在筹资风险和筹资成本之间进行权衡，使企业价值最大化。

（三）合理安排筹资期限组合方式

筹措长期资本，成本较大、弹性小、风险小，而短期资本则与之相反。因此，企业在安排长、短期筹资方式的比例时，必须在风险与收益之间进行权衡。一般来说，企业对筹资期限结构的安排主要有两种方式：中庸筹资法和保守筹资法。

1. 中庸筹资法

这是经常用到的筹资方法，是指企业根据资产的变现日期，安排相应的筹资期限结构，使资产的偿付日期与资产的变现日期相匹配。在采用中庸筹资方法的情况下，企业流动资产的短期性变动部分与季节性变动部分用短期负债筹措资金，长期性流动资产与固定资产则通过长期负债、股东权益等长期性资金予以解决。企业在采用中庸筹资法时，在当年，除安排长期借款外，就无需在淡季进行短期借款了，短期借款将用多余的现金偿还。当企业经营进入旺季需要资金时，可以进行短期借款，这样企业只有在需要资金的场合才去筹资。采用此种筹资政策，可使企业降低其无法偿还即将到期负债的风险。

2. 保守筹资法

采用保守筹资法，企业不但以长期资金来满足永久性流动资产和固定资产，而且还以长期资金来满足由于季节性或循环性波动而产生的部分或全部暂时性资产的资金需求。这样，企业在淡季时，由于对资金的需求下降，可以将闲置的资金投到短期有价证券上。通过这种方式，企业不但可以赚到若干报酬，还可以将其部分变现，储存起来以备旺季时使用。但在旺季时，资金需求增加，因此，这时除了出售企业所储存的有价证券外，仍然还要使用少量的短期信用才能筹措到足够的资金，以满足其临时性资金的需求。

（四）科学预测利率及汇率的变动

利率变动主要是由货币的供求关系变动和物价上涨率以及政策干预引起的。利率的经常变动给企业的筹资带来很大的风险。这就需要根据利率的走势，认真研究资金市场的供求情况，作出相应的筹资安排。在利率处于高水平时期，尽量少筹资或只筹急需的短期资金。在利率处于由高向低过渡时期，也尽量少筹资，不得不筹的资金，应采用浮动利率的计量方式。在利率处于低水平时,筹资较为有利,在利率由低向高过渡时期,应积极筹措长期资金并尽量采用固定利率的计息方式。

当筹资不利时,应尽量少筹资或只筹措经营急需的短期资金。当利率处于由低向高过渡时期,应根据资金需求量筹措长期资金,尽量采用固定利率的计息方式来保持较低的资金成本。另外,因经济全球化,资金在国际自由流动,国际的经济交往日益增多,汇率变动对企业财务风险的影响也越来越大。所以,从事进出口贸易的企业,应根据汇率的变动情况及时调整筹资方案。

另外,应积极使用金融工具规避利率变动带来的筹资风险,如利率互换,远期利率合约,利率期货和利率期权。

金融市场上影响汇率变动的基本因素主要是货币所代表的价值量的变化和货币供求状况的变化。因此从预测汇率变动趋势入手,制定外汇风险管理战略,规避筹资过程中汇率变动带来的风险。第一是注意债务分散,即借款和还款时间不要过于集中,以防止汇率短时间内的突然变化而造成债务增加。另外,债务的币种结构要合理,尽可能分散为几种货币。第二是实行"配对管理",尽可能使借款货币、用款货币与还款货币相一致。第三是妥善选择筹资中的货币,并注意货币币种与汇率的搭配选择,争取借"硬"货币,还"软"货币。第四是在合同中加保值条款。五是运用金融工具如货币互换,远期外汇合约和货币期货交易来规避汇率变动带来的风险。

(五) 先内后外的融资策略

内源融资是指企业内部通过计提固定资产折旧、无形资产摊销而形成的资金来源和产生留存收益而增加的资金来源。企业如有资金需求,应按照先内后外、先债后股的融资顺序,即:先考虑内源融资,然后才考虑外源融资;外部融资时,先考虑债务融资,然后才考虑股权融资。自有资本充足与否体现了企业盈利能力的强弱和获取现金能力的高低。自有资本越充足,企业的财务基础越稳固,抵御财务风险的能力就越强。自有资本多,也可增加企业筹资的弹性。当企业面临较好的投资机会而外部融资的约束条件又比较苛刻时,有充足的自有资本就不会因此而丧失良好的投资机会。

风险与机遇并存,在激烈的竞争条件下,企业只有加强经营管理,提高自己的竞争能力、盈利能力,才能降低筹资风险。

(六) 进行多角经营,分散投资风险

即将企业筹集来的资金投放于多个项目,这样就能使各个盈利和亏损程度不同的投资项目互相弥补,减少风险。这种分散风险的思想体现在生活的各个方面,但是在企业的经营管理中,这种防范方法还需要企业领导者谨慎行事。

(七) 制定合理的风险政策、保持良好的财务状况

由于企业某项投资活动,如:扩大再生产、固定资产更新改造等项目周期长、成本高,使

企业实现的经营成果虽然比较好,但是资金却紧张,从而影响企业的财务状况。这种情况的恶化最终会导致财务危机。因此,企业经营管理者应该实时监控企业财务状况,及时制定合理的风险防范政策,及时收回各种款项,同时制订合理的资金使用计划,保证企业正常运转对资金的需要。

(八) 建立财务风险预警机制,构筑防范财务风险的屏障

1. 要建立完善的风险防范体系

第一是要抓好企业内控制度建设,确保财务风险预警和监控制度健全有效,筑起防范和化解财务风险的第一道防线。第二是要明确企业财务风险监管职责,落实好分级负责制。第三是要建立和规范企业财务风险报表分析制度,搞好月份流动性分析、季度资产质量和负债率分析及年度会计、审计报告制度,完善风险预警系统。第四是要充分发挥会计师事务所、律师事务所以及资产评估事务所等社会中介机构在财务风险监管中的积极作用。

2. 企业需建立实时、全面、动态的财务预警系统,对企业在经营管理活动中的潜在风险进行实时监控

财务预警系统贯穿于企业经营活动的全过程,以企业的财务报表、经营计划及其他相关的财务资料为依据,利用财会、金融、企业管理、市场营销等理论,采用比例分析、数学模型等方法,发现企业存在的风险,并向经营者示警。该系统不仅应包括流动比率、速动比率、资产负债率等财务指标,还应包括企业经营中一系列诸如产品合格率、市场占有率等指标,对财务管理实施全过程监控,一旦发现某种异常征兆及时采取应变措施,以避免和减少风险损失。

财务风险是企业日常管理工作中不可忽视的问题,然而企业的经营管理是个复杂的问题,面临各种各样不同的风险,主要有企业内部风险:财务风险、经营风险,外部风险:自然风险、社会风险、经济风险、政治风险等。这些不同的风险构成了企业需要面对的复杂的风险系统。各种不同的风险之间也不是孤立的,它们之间相互联系共同作用于企业。例如当企业面临的外部风险增大时,企业经营风险和财务风险也有增大的趋势,因此企业的经营管理者应该全面分析各种不同的风险产生原因,增强企业抵御风险和防范风险的能力,提高企业的市场的竞争力,从而使企业立于不败之地。

第二节　债务筹资风险管理

一、债务筹资风险的识别

(一) 债务筹资风险的类型

债务筹资风险是指企业的举债经营而导致偿债能力的丧失或企业举债后资金使用不

当导致企业遭受损失及到期不能偿还债务的可能性。对于向债权人的筹资企业须按约定偿还本金、支付利息，否则，债权人将行使债权控制权，对企业财产提出追偿权，企业将面临诉讼甚至破产的威胁，遭受严重损失。

1. 支付性债务筹资风险

支付性债务筹资风险是指在某一特定的时点上，负债经营的企业现金流出量超过现金流入量，从而造成企业没有现金或没有足够的现金偿还到期债务的可能性。

视频　第二豆：债务筹资风险

其具有以下特点：

（1）它是一种个别风险，表现为对某项债务不能及时偿还，造成对企业信誉的负面影响；

（2）它是一种现金风险，只牵涉企业一时的现金不足，与企业的盈余状况并没有直接的联系；

（3）它是一种企业理财不当的风险，表现为现金预算与实际情况不符而导致的支付危机，或者说是由于资本结构安排不当而引起的较高的债务成本与较低的获利能力所造成的偿付困难的风险。

2. 经营性债务筹资风险

经营性债务筹资风险是指企业在收不抵支的情况下而出现的不能偿还到期债务的风险。

一般来说，企业收不抵支意味着经营出现了亏损，亏损额必然要抵消企业相应的净资产，从而减少可以作为偿债保障的资产总量。在负债不变的情况下，企业亏损越多，则用自身资产来偿还债务的能力就越低。如果企业不能及时扭转亏损状况，势必会产生终极经营性债务筹资风险，从而陷入财务困境，最终导致企业破产，具体表现为企业破产清算时的剩余资产不足以支付债务。导致经营性债务筹资风险主要存在两个方面的责任：一是企业的经营获利能力低下；二是企业的财务管理不当。

（二）筹资风险的影响因素

企业债务筹资风险的形成既受企业举债筹资的影响，也受举债之外因素的影响。举债筹资的影响因素主要有负债规模、利息率、期限结构、债种结构、利率结构以及企业的投资决策等，我们把这类因素统称为筹资风险的内部因素；举债筹资之外的因素主要是指企业所处环境的变化因素，我们把这类因素统称为债务筹资风险的外部因素。

1. 内部因素

（1）负债规模

负债经营能给企业的投资者带来收益上的好处，但同时又增大了经营风险。负债比例低，企业的偿债和抗风险能力较强，但盈利能力受到影响。将这些风险收益因素进行权衡，企业应该存在一个能在一定风险条件下获取最大收益的资本结构,即最佳资本结构。在理论分析中,最佳资本结构的确定往往以加权平均资金成本最低和企业价值最大为依据。

（2）利息率

在负债等量的条件下,负债的利息率越高,企业发生的偿付风险越大。不仅如此,在息税前、在负债前利润一定的条件下,负债的利息率越高,财务杠杆作用越大,股东受影响的程度也越大。因此,债务的利息率与企业的筹资风险程度呈同正方向变化。

（3）期限结构

期限结构是指企业所拥有的长短期负债的相对比重,即(短期借款＋平均应付款＋平均应付票据＋应付工资＋应交税金＋应付利润＋平均其他应付款＋预提费用)÷(长期借款＋应付债券＋其他长期应付款项)。若负债的期限结构安排不合理,例如企业需要长期资金但却采用了短期借款,或者相反,都会增加企业的债务筹资风险。但一般来说,企业所用的债务资金到期日越短,其不能偿还本息的债务筹资风险就越大;债务资金到期日越长,企业的债务筹资风险就越小。

（4）债种结构

债种结构是指企业采用不同的筹资渠道所筹集来的资金比例关系。从大的方面考虑,即银行贷款、发行债券、融资租赁、商业信用这四种负债方式所筹资金各自所占的比例之间的关系。不同的筹资方式,取得资金的难易程度不同,所以其资本成本的水平不一,对企业约束程度也就不同,对企业受益的影响肯定也是不同的,因此,债务筹资风险的程度也就不同。

（5）利率结构

负债的利率结构是指企业以不同的利率借入的资金之间不同的比例关系。通常在企业负债中,银行贷款利率比相应的公司债券利率、融资租赁利率要低,但比商业信用成本高;银行贷款利率一般为浮动利率,债券、融资租赁一般为固定利率。

2. 外部因素

企业外部环境的不确定性对企业债务筹资活动有重大影响。例如宏观经济政策、利率的变动、汇率的变动等。例如,2008 年到来的金融危机,中小企业融资具有很大风险。为了缓解中小企业融资难题,中国财政部密集出台了一系列扶持政策,如增加对中小企业的资金支持,2008 年用于中小企业的专项资金将达到 35.1 亿元。此外政府还通过降低税率、扩大信贷优惠幅度来扶持中小企业发展。新出台的贷款优惠措施也规定,对纳入全国试点范围的非营利性中小企业信用担保、再担保机构 3 年内免征营业税。劳动密集型小企业新发放的小额担保贷款的最高额度从 100 万元提高到 200 万元。同时政府还将建立贷款奖励和风险补偿机制,进一步发挥小额担保贷款的政策效应。

(三) 债务筹资的优缺点

一般来说,负债资金成本低于所有者权益资金成本,因此,企业喜欢选择负债资金;但是,负债的增加又会增加企业的财务风险。因此,企业要协调收益与风险之间的关系,选择适当的资金来源和筹资方式。

1. 债务筹资的优点

(1) 筹资速度较快;

(2) 筹资弹性大;

(3) 资本成本负担较轻;

(4) 可以利用财务杠杆;

(5) 稳定公司的控制权;

(6) 信息沟通等代理成本较低。

2. 负债筹资的缺点

(1) 不能形成企业稳定的资本基础;

(2) 财务风险较大;

(3) 筹资数额有限。

(四) 债务筹资风险的识别

债务筹资风险的识别方法很多,在这里主要介绍资产负债表结构识别方法。企业资产负债表结构主要有三种类型:保守型、稳健型、风险型。企业管理者可根据不同的结构类型来识别债务筹资风险程度的高低。

1. 保守型资产负债表结构

这种类型的资产负债表在企业的实际业务中并不多见。企业用长期负债来满足短期资金的需要,投资者投入资金来满足长期资金需要。这种情况下,企业的整体风险较低,但资本成本最高,相对而言使企业的收益达到最低,而且企业的资本结构的弹性非常弱,具有很强的刚性,很难调整。

2. 稳健型资产负债表结构

拥有这种类型资产负债表的企业比较多见,企业用短期负债和部分的长期负债投资于流动资产,而用剩余的长期负债和股权投资于长期资产。一般采用该种资金使用方式的企业会保持一个良好的财务信用,而且其资本成本具有可调性,其中包括了对企业债务筹资风险的调整,并且相对于保守型来说,因为有了流动负债,其资本结构就具有了一定的弹性。

3. 风险型资产负债表结构

很明显,拥有该种类型资产负债表的企业的筹资风险比较明显,其流动资产变现后并不能全部清偿流动负债,那么企业便会被要求用长期资产变现来满足短期债务偿还的需要,风险就此产生。

二、债务筹资风险的评估

债务筹资风险的评估有很多方法,常见的有杠杆分析、概率分析、指标分析法、未来现金支付能力分析。

概率分析就是用债务筹资风险发生的概率与风险损失程度来衡量。债务筹资风险事件的发生与否具有不确定性,在概率中称为随机事件,其发生的可能性通常用概率进行评估。

因此,债务筹资风险评估的方法就是运用概率度量的方法。从理论上讲,发生损失的概率越大,财务风险也就越大;概率越小,债务筹资风险也就越小。同时,债务筹资风险的大小还与它的结果的概率分布密集程度有很大的关系,这种概率分布密集程度通常用标准差和变异系数来描述。

未来现金支付能力分析是分析企业的未来现金支付能力、支付意愿,可通过企业的市场地位、企业历史偿债记录、产品市场空间等进行分析。例如,2010 年 9 月 14 日,微软计划在 2011 年发行债券,通过债券出售筹集来的资金支付股利并为回购公司股票融资。之所以有此举措是因为微软目前大部分现金都在海外。由于大量海外现金无法使用,微软此次将尽可能筹集多的资金,但同时尽最大可能确保该公司 AAA 的股票评级不受影响。微软可能会发行总价值达 60 亿美元的债券。微软 CEO 史蒂夫·鲍尔默(Steve Ballmer)当前正面临着极大的筹资压力。因为微软必须确保能够支付分红和股票回购的形式给予投资者回报。就目前而言,微软共有现金为 368 亿美元,但其中很大一部分在海外,如果直接转移至美国需要承担纳税带来的成本。由于当前借贷利率处于历史低位,若通过借贷方式筹资那么微软的筹资成本较低。因此在权衡再三后,微软计划发行债券。

三、债务筹资风险的管理策略

债务筹资风险的管理策略主要有债务筹资风险的防范、债务筹资风险的控制、债务筹资风险的规避与转移。

(一)债务筹资风险的防范

企业要真正达到防范债务筹资风险的目的,要切实从自身情况出发建立相应的企业债务筹资风险管理责任制度,在企业财务部门下设立债务筹资风险管理小组。小组的主要职责是分析企业债务的结构,编制债务现金流量表,分析债务筹资风险的来源,拟定风险的管理策略,建立债务筹资风险管理体系等。

同时企业需要建立一套完善的风险预防机制和财务信息网络,及时地对财务风险进行预测和防范,制定适合企业实际情况的风险规避方案。

（二）债务筹资风险的控制

"企业进行杠杆融资就像驾驭着一辆轿车，其方向盘中心正有个锐刺直指你的心脏。只要公路平稳，不会有什么问题。但一旦路上有点颠簸，你可能就会丧命。"（——美国花旗银行前董事长沃尔特·瑞斯敦）风险管理与控制包括借、用、还三个环节，注重债务资本的流动性、经济性和安全性。债务筹资风险控制分事前控制、事中控制、事后控制。

针对债务资本的流动性，企业筹资需要长期债务与短期债务相结合，债务期限与投资期限相结合。针对债务资本的经济性，企业筹资需要债务资本成本与投资收益率相结合，债务筹资与股权筹资相结合。针对债务筹资的安全性，企业筹资需要考虑债务增长率与收益增长率及债务筹资保险。

1. 债务筹资风险的事前控制内容

（1）树立筹资风险意识，建立有效的风险预警机制；

（2）完善企业治理结构，加强预算控制；

（3）提高企业的盈利能力和现金获取能力，确保到期偿还债务；

（4）制定科学的利润分配政策；

（5）追求增量筹资的同时更加注重存量筹资；

（6）确定最佳资本结构，减少企业筹资风险；

（7）注重最佳筹资机会的选择。

2. 债务筹资风险的事中控制的内容

（1）加强企业现金管理，降低财务风险；

（2）加强采购和存货管理，提高存货周转率；

（3）加强应收账款管理，加速资金回笼；

（4）保持适当还款额度，减少资金使用风险。

3. 债务筹资风险的事后控制的内容

加强对某项筹资整个过程的分析。企业筹集资金的目的是投资的需要，而投资又是为了获得利润。

（三）债务筹资风险的规避

1. 重新安排支付现金流量

企业可利用新型证券，使其风险更低或将风险从一类投资者重新分配到另一类对风险不很敏感的投资者，以降低投资者要求的风险补偿，从而降低资本成本。这些证券主要有：指数债券、浮动利息债券、可赎回债券、可退回债券、可转换债券等。

2002 年 5 月 10 日，华润控股公司宣布以零票面利率发行 2 亿美元的可转换债券，于2006 年到期，转股价为 15 元（按照 5 月 9 日报收价 12.70 元有 18.1% 的溢价），到期时如果有人没有兑换,企业将以本金额的121.8%的价格赎回,相当于到期利息率为每年3.84%。当时,市场认购情况非常之好,一天之内全部发行完毕。

华润公司实现零成本筹资,5年后虽然有义务按照高于票面的21.8%赎回,但是大部分已经转股,即使有个别未转,也相当于付出年息3.84%的微小成本。它的成功之处在于充分利用投资人对企业未来发展的良好预期。

2. 尽量降低筹资费用

筹资费用主要包含:注册费、委托金融机构的代办费、手续费等。证券发行的交易成本越低,企业收到的发行净收入就越高。企业可通过设计一种承销费较低的新证券,以降低筹资成本。

3. 尽量降低筹资的代理成本

如果企业能够设计一种能降低代理成本的证券,就会相应地降低筹资成本。主要包括:(1)由于过多的非货币收益消费引起的代理问题可以通过发行可转换债券来解决;(2)由于股东不愿意承担风险的动机所引起的代理问题,也可以通过发行可转换债券解决;(3)由于信息在内部人和市场之间的不对称分布所引起的剩余损失,可以通过发行可赎回债券来解决。

4. 使用金融衍生工具规避风险

金融衍生工具是指在传统或基础的金融工具(包括债券、股票、外汇等)基础上衍生出来的新的金融工具。有关期货合约、远期合约、期权合约和互换规避及转移债务筹资风险。

5. 科学预测利率及汇率的变动

在利率处于高水平时期,尽量少筹资或只筹急需的短期资金;在利率处于由高向低过渡时期也尽量少筹资,不得不筹的资金,应采用浮动利率的计量方式;在利率处于低水平时,筹资较为有利;在利率由低向高过渡时期,应积极筹措长期资金并尽量采用固定利率的计息方式。

(四)债务筹资风险的转移

企业的筹资费用总和可能会超过企业的财务负担。在这种情况下,通常的做法就是转移风险。第一是开展专业化协作,将一些风险较大的项目承包给能力较强的企业去完成。第二是通过保险分散风险,可以稳定企业的资金结构,避免过多的债务输入和过高的资金支出,缓解企业资金紧张、风险恶化的局势。

第三节 股票筹资风险管理

一、股票的种类及优缺点

股票按照其权利不同可以分为优先股和普通股两种。由于不同种类的股票有不同的特点,因此企业在发行该种股票的时候要结合其特点及企业的实际情况作出决策。

（一）普通股与优先股的主要区别

（1）普通股股东享有公司的经营参与权，而优先股股东一般不享有公司的经营参与权；

（2）普通股股东的收益要视公司的盈利状况而定，而优先股的收益是固定的；

（3）普通股股东不能退股，只能在二级市场上变现，而优先股股东可依照优先股股票上所附的赎回条款要求公司将股票赎回；

（4）优先股票是特殊股票中最主要的一种，在公司盈利和剩余财产的分配上享有优先权；

（5）优先股只有在公司有盈利的情况下才会分配红利，如果公司不盈利，是不会分配红利的；

（6）由于优先股的股息派发率是固定的，不随公司业绩好坏而波动，因此相对于普通股，优先股的价格波动一向不大。

（二）普通股融资的优点

与其他筹资方式相比，普通股筹措资本具有如下优点。

（1）发行普通股筹措资本具有永久性，无到期日，不需归还，这对保证公司对资本的最低需要、维持公司长期稳定发展极为有益；

（2）发行普通股筹资没有固定的股利负担，股利的支付与否和支付多少，视公司有无盈利和经营需要而定，经营波动给公司带来的财务负担相对较小，由于普通股筹资没有固定的到期还本付息的压力，所以筹资风险较小；

（3）行普通股筹集的资本是公司最基本的资金来源，它反映了公司的实力，可作为其他方式筹资的基础，尤其可为债权人提供保障，增强公司的举债能力；

（4）由于普通股的预期收益较高并可一定程度地抵消通货膨胀的影响（通常在通货膨胀期间，不动产升值时普通股也随之升值），因此普通股筹资容易吸收资金。

（三）普通股融资的缺点

但是，运用普通股筹措资本也有一些缺点。

1. 普通股的资本成本较高

首先，从投资者的角度讲，投资于普通股风险较高，相应地要求有较高的投资报酬率。其次，对于筹资公司来讲，普通股股利从税后利润中支付，不像债券利息那样作为费用从税前支付，因而不具备抵税作用。此外，普通股的发行费用一般也高于其他证券。

2. 以普通股筹资会增加新股东，这可能会分散公司的控制权

此外，新股东分享公司未发行新股前积累的盈余，会降低普通股的每股净收益，从而可能引发股价的下跌。

二、股票筹资风险

中国上市公司在进行长期筹资决策时普遍存在"轻债重股"的筹资偏好,即拟上市公司上市之前,有着极其强烈的冲动去谋求公司首次公开发行股票并成功上市;公司上市之后,在再筹资方式的选择上,往往不顾一切地选择配股或增发等股权融资方式,以致在过去的不同时期一度形成所谓的上市公司集中性的配股热或增发热。针对这一现象,大多数的理论与实证分析都是从中国资本市场发展、筹资成本、公司治理结构等方面进行解释,很少有人从股票筹资风险进行分析。事实上,企业进行股票筹资,在获取社会资源这只"馅饼"的同时,也可能存在风险这一"陷阱"。

从狭义的角度讲,股票筹资风险是指发行股票筹资时,由于发行数量、发行时机、筹资成本等原因给企业造成损失的可能性。

从广义的角度讲,股票筹资风险还包括筹资后资金营运风险和退市风险等。

三、首次发行股票筹资风险的防范

(一)股票发行的数量

股票发行数量或股票发行规模,具体地说就是股份有限公司通过发行股票所筹集资金的数量,也就是股份有限公司的股本总额。

视频　第三豆:股票筹资风险

关于股票发行的数量,除了要符合国家有关股票发行数量最低限额的规定外,还要注意:

(1)与企业实际的资金需要量相符;

(2)企业的资本结构;

(3)企业控制权变化;

(4)股票发行数量还影响到股票的定价;

(5)股票发行市场的需求和经济景气循环以及投资周期是有密切关联的。

(二)股票筹资品种创新

股票按其权利不同可以分为优先股和普通股两种,对于上市公司而言,进行决策时要考虑以下几个方面:

(1)投资者的偏好;

(2)考虑资本成本的大小;

(3)对原有股权的影响;

(4)筹资品种的影响。

（三）股票发行的方式

股票在上市发行前,上市公司与股票的代理发行证券商签订代理发行合同,确定股票发行的方式,明确各方面的责任。

股票代理发行的方式按发行承担的风险不同,一般分为包销发行方式和代销发行方式。

证券包销发行是指证券公司将发行人的证券按照协议全部购入或者在承销结束时将售后剩余证券全部自行购入的承销方式。

证券代销方式是指证券公司代发行人发售证券,在承销期结束时,将未售出的证券全部退还给发行人的承销方式。

我国法律规定,企业在公开发行股票时应当由证券机构承销,因此企业在决定采用包销还是代销方式上应考虑以下影响因素:

1. 企业自身的社会知名度和影响力;

2. 对发行成本的考虑;

3. 企业自身对资金需求的缓急。

（四）股票发行价格

股票发行价格有以下几种:面值发行、时价发行、中间价发行和折价发行等。

1. 面值发行:即按股票的票面金额为发行价格;

2. 时价发行:即不是以面额,而是以流通市场上的股票价格(即时价)为基础确定发行价格;

3. 中间价发行:即股票的发行价格取票面额和市场价格的中间值;

4. 折价发行:即发行价格不到票面额,是打了折扣的。我国《公司法》规定,企业不得折价发行股票。

（五）股票发行时机

在选择股票发行时机时应考虑的主要因素有:

1. 股市行情

企业在选择股票发行时机时应选择股票交易活跃、价格上涨的时机。

2. 社会经济阶段

股票发行应选择经济繁荣、政府经济政策宽松时期。

3. 银行利率水平

投资者的资金是有限的,在银行利率水平较高的情况下,会吸引投资者将大量的资金存入银行;当银行利率较低的时候,一部分投资者就会将其资金投放到股市上来。

（六）证券承销机构

企业在选择证券承销机构时应考虑以下因素：

1. 证券承销机构的资本实力；

2. 证券承销机构的销售网络；

3. 承销机构员工的整体素质。

四、资本运营风险与防范

这里的资本运营风险是指企业筹得股权资本后,由于使用不当发生损失的可能性。

1. 部分上市公司筹集到资金后,轻易地把资金投到自己毫不熟悉、与主业毫不相关的产业中；在项目环境发生变化后,又随意地变更投资方向；

2. 上市公司在发行新股或配股中,没有考虑所投项目对资金的实际需求,融资活动中往往最大限度地多筹资金；

3. 很多上市公司改变筹集资金投向,进行证券投资；有的用配股资金还贷；或被大股东占用等。

五、退市风险与防范

绩效差的上市公司持续亏损与巨额亏损是股票市场存在的客观事实,当上市公司出现以下情况时,其股票就应该终止交易：

1. 股票失去内在价值；

2. 公司处于不同的行业周期。当旧行业被新兴的行业所渐渐代替时,按照市场经济规律来说,已经衰退的公司将被市场所淘汰；

3. 公司严重违反上市规则。

即练即测

 讨论案例6-1

南方航空只升不降的财务费用

2020 年 1 月下旬,疫情在全球蔓延,亚洲、欧洲、美洲等多个地区为阻止疫情进一步扩散,航空公司陆续采取了旅行限制措施,导致全球航空需求锐减。

2020 年,南方航空推出了"随心飞"相关飞行套餐,希望提振营业收入,但没有观察到获得明显成效。在这看来,"随心飞"只是一个工具,传统航空公司要想盈利,必须压低单位成本,改变成本结构。

2019 年开始,低成本航空公司不断开辟国内基地,加大中短途国际市场开拓力度,以快于世界平均水平的增速发展,其发达市场和新兴经济体的市场份额在持续增长;中国出境游市场持续火热,二三线城市大量新开直飞国际航线,对北上广三大门户枢纽造成一定冲击。

截至 2020 年底,根据中国铁路总公司公布数据显示,全国铁路旅客运输量达 216694 万人。到 2025 年铁路通车里程将达到 17.5 万公里,其中高铁 3.8 万公里,八纵八横高铁网络将全面覆盖我国经济发达的东南沿海地区、人口密集的中部地区和西部主要城市。南方航空公司与高铁网络重合的航线(特别是 800 公里以下的航线)的经营业绩在未来将受到一定影响。

2019 年,南方航空公司引进飞机 54 架,其中经营租赁飞机 22 架、融资租赁飞机 28 架,自购飞机 4 架,退出飞机 32 架,机队总规模达到 862 架,较上年期末净增加 22 架。新引进飞机增加固定资产及使用权资产原值合计人民币约 309.29 亿元。

2020 年,南方航空公司引进飞机 8 架,其中融资租赁飞机 6 架、自购飞机 2 架,退出飞机 13 架(均为经营租赁飞机)。新增引进的租赁飞机及自购飞机导致固定资产及使用权资产原值合计增加人民币 45.19 亿元。

南方航空公司大量的租赁负债、银行及其他贷款承担以外币为单位,主要是美元、欧元及日元,2019 年,由于执行了新租赁准则,租赁负债利息支出上升,财务费用为人民币 74.6 亿元,比上年同期上升 46.05%。

2020 年上半年,航空运输量减少,受美元汇率波动影响,南方航空公司财务费用为人民币 45 128 亿元,同比增加人民币 12.85 亿元。

资料来源:南方航空公司 2020 年上半年度报告,http://www.cninfo.com,2020 年 8 月 29 日.

讨论问题

南方航空将会面临什么风险?

案例分析

第七章

生产风险管理

引导案例

江苏响水天嘉宜化工有限公司"3·21"特别重大爆炸事故

国务院 2019 年 11 月批复江苏响水天嘉宜化工有限公司"3·21"特别重大爆炸事故调查报告。经国务院调查组认定,江苏响水天嘉宜化工有限公司"3·21"特别重大爆炸事故是一起长期违法贮存危险废物导致自燃进而引发爆炸的特别重大生产安全责任事故。

2019 年 3 月 21 日 14 时 48 分许,位于江苏省盐城市响水化工园区的天嘉宜化工有限公司发生特别重大爆炸事故,造成 78 人死亡、76 人重伤,640 人住院治疗,直接经济损失 19.86 亿元。

事故调查组查明,事故的直接原因是天嘉宜公司旧固废库内长期违法贮存的硝化废料持续积热升温导致自燃,燃烧引发爆炸。事故调查组认定,天嘉宜公司无视国家环境保护和安全生产法律法规,刻意瞒报、违法贮存、违法处置硝化废料,安全环保管理混乱,日常检查弄虚作假,固废仓库等工程未批先建。相关环评、安评等中介服务机构严重违法违规,出具虚假失实评价报告。

事故调查组同时认定,江苏省各级应急管理部门履行安全生产综合监管职责不到位,生态环境部门未认真履行危险废物监管职责,工信、市场监管、规划、住建和消防等部门也不同程度存在违规行为。

江苏天嘉宜化工有限公司"3·21"特别重大爆炸事故发生后,党中央、国务院高度重视,第一时间对抢险救援、伤员救治和事故调查处置等作出部署。江苏省纪检监察机关按照干部管理权限,依规依纪依法对事故中涉嫌违纪违法问题的 61 名公职人员进行严肃问责。同时,江苏省公安机关对涉嫌违法问题的 44 名企业和中介机构人员立案侦查并采取刑事强制措施。

(资料来源:江苏响水"3·21"特别重大爆炸事故调查报告公布,新华网,http://news.cctv.com/, 2019-11-15.)

导言

我们很多企业用同样的原材料、同样的工艺与设备,生产出同样的产品,只因产品质量

的不同而在市场销售时产生了冷与热的差别,以及价格高与低的差别,而这些差别之间的距离往往是很大的,这就是产品的生产风险问题所在。产品的生产风险涵盖的内容十分广泛,因原材料、生产工艺、产品质量导致的生产风险问题最为突出。本章主要阐述产品质量风险管理、原材料管理、安全生产风险管理,旨在通过学习,识别生产风险,正确衡量风险,提出有效管理措施。

◈ 古人风险管理智慧专栏

建久安之势,成长治之业,以承祖庙,以奉六亲,至孝也。

——《汉书·贾谊传》

久安与长治,是一种最终的状态,并非像安全管理的人想象的一样"长治久安",长治是久安的条件。"承祖庙、奉六亲"是安全风险管理的目标,长治是风险管理的措施。安全管理要想达到长治久安的状态,需要企业全体员工将企业安全目标变成自己的安全行动,有了安全的过程才能期许安全的结果。

第一节　生产风险概述

一、生产风险的概念

企业的生产系统是根据系统工程的思想,应用现代管理技术,对给定的生产输入(人、财、物、信息等),进行合理的组织和设计,经过一系列生产过程,最终达到最优输出。不论是制造类企业还是服务类企业,企业的生产过程均是投入→转换→产出的过程,企业的投入主要是人力、财力、物料、设备、技术、信息、能源、土地等,不同企业的转换过程不同,物理过程、位置变化过程、交易过程、存储过程、生理过程、信息过程,产出为产品或服务。

视频　生产风险的大珠小珠落玉盘

企业生产管理是对各项生产活动的计划、组织和控制工作。

狭义:生产管理是以生产产品或提供服务的生产过程为对象的管理。主要包括:生产过程的组织,生产能力的核定,生产计划的编制实施,日常的生产准备等。

广义:生产管理是对全部生产活动的管理。除包括狭义的内容外,还包括:确定企业生产方向的规模,工厂布置,能源管理,劳动组织和成本、费用控制、生产风险管理等。

总之,企业的生产风险管理是企业生产管理的其中一部分。

生产风险是指企业在原材料、设备、技术人员、生产工艺、生产安全及生产组织等方面难以预料的障碍存在。生产风险就引起企业生产无法按预定成本完成生产计划,给企业带来不确定的风险。

二、生产风险的主要影响因素分析

1．原材料

原材料持续、稳定的供给应能得到保证,要防止原材料价格的变化对生产可能带来的不利影响。

2．安全生产

企业现有的生产满足新产品生产的要求,以及企业获得新产品生产所必需的专用设备是决定企业生产能否正常进行的关键。生产设备的正确选择对产品的生产效率及安全有着重大影响。工人的安全生产意识也会成为影响企业安全生产的关键。

3．产品质量

产品的生产应根据产品具体的性能要求,同时也应考虑经济效益指标的情况下制定。如果生产管理不当,可能使产品的次品率升高,产品质量下降。

三、生产风险管理的分类

1．产品质量风险管理

产品质量风险管理是指一个系统化的过程,是对产品在整个生命周期过程中,对风险的识别、衡量、处理以及评价的过程。产品的生命周期包括产品从最初的研究、生产、市场销售一直到最终从市场消失的全部过程。生产企业防范生产过程中的产品质量风险,首先应该明确产品的特征,根据特征分析影响这些特征的关键因素,进而确定风险的大小,根据风险的大小确定企业管理资源的投入和控制的方法。

2．原材料风险管理

原材料风险管理是企业主要关注企业所购买原材料价格、质量,采用事前控制措施,防范原材料价格带来产品成本增加,导致企业效益下降的风险,或者由于原材料质量未达到企业规定,导致企业产品质量下降的风险。

3．安全生产风险管理

安全生产风险管理是以风险控制为主线,提出风险控制与管理内容,关注事前的风险分析与评估,超前控制风险,把安全防范的关口前移,实现动态的、主动和超前的安全生产风险管理。

四、生产风险的控制策略

1．生产目标管理

制订出严密的生产计划和生产作业计划,明确生产及其管理的具体要求。

2．对生产要素的组织

使各生产要素在生产过程中能迅速有效地结合起来，形成一个有效的整体。

3．生产过程管理

根据已有计划，按照其具体要求组织生产。

4．信息管理

为生产风险防范指示方向。

第二节　产品质量风险管理

产品质量关系到的生存与发展，这个是众所周知的道理，可是我们每天还时不时地听到、看到某某企业产品出现了质量问题，给他人造成了巨大的损失，给自己带来灭顶之灾，在惨痛的事实和教训之中，我们可以看到虽然很多情况与企业非法利益驱使有关，但是还有很多情况与我们每个人法律意识直接相关，这与企业每个成员的质量意识直接相关。

随着经济的增长以及人们收入水平的提高，消费者对产品的质量越来越重视。作为产品生产企业，为了适应市场的要求，必须对生产过程中的产品质量风险进行管理。

产品质量问题一直是老百姓十分关注的问题。产品质量主要在于其内在质量。从产品设计到产品到消费者口中，影响产品内在质量的要素主要包括原料、辅料、加工设备、加工工艺以及贮存时间等。

一、产品质量风险管理的概念

风险是一种不确定性，是损益发生的可能性，一般是指损失发生的可能性以及后果的危害性。产品的质量是企业的生命。影响产品质量的因素很多，从风险源来讲，导致产品质量风险的风险源很多。产品质量风险管理是一个系统化的过程，是对产品在整个生命周期过程中，对风险的识别、衡量、控制以及评价的过程。产品的生命周期包括产品从最初的研究、生产、市场销售一直到最终从市场消失的全部过程。产品生产企业防范产品生产过程中的产品质量风险，首先应该明确产品的特征，根据特征分析影响这些特征的关键因素，进而确定风险的大小，根据风险的大小确定企业管理资源的投入和控制的方法。

二、产品质量风险管理

任何产品都有其相对复杂的加工技术。在确定好工艺路线后，在产品制造过程中的风险管理通常包括风险识别、风险衡量和风险处理以及评价等阶段。质量与风险等相关职能管理部门应根据质量

视频　大珠之一产品质量风险

风险管理流程加强产品质量风险管理。

1．风险识别

风险识别是指风险管理部门运用一定的方法,系统地、连续地认识所面临的各种风险以及分析风险事故发生的潜在原因的行为。风险识别过程包含两个环节:一是感知风险,即了解客观存在的各种风险——可能发生的事故;二是分析风险,即分析引起风险事故的各种因素。一般性风险识别方法包括保险调查法、保单对照法以及资产损失分析法等。个性化的风险识别方法有财务报表分析法及流程图分析法等。

产品生产企业在风险识别产品质量风险时应参考以下几个方面的资料,以达到有效识别风险的目的。第一,根据产品生产与加工的过程,从理论上分析哪些步骤是影响产品质量的关键因素,把这些关键因素作为重点识别对象。第二,历史生产数据,对于在产品生产历史过程中经常出现偏差项目的影响因素可以确定为有风险。第三,消费者关心的指标,产品最终要卖给消费者,市场是指挥棒。因此,企业应特别关注消费者特别关心的某项指标,把该指标作为风险进行控制。第四,产品的控制指标,对于产品,通常需要控制的指标是确定的,在进行识别时可以按照需要控制的指标进行倒推,找出影响这些指标的因素,这些影响因素就是识别出的风险。

2．风险衡量

风险衡量是在风险识别的基础上,进行风险分析和风险评估。在进行风险衡量时应该特别关注两个方面的问题:一是风险发生的可能性;二是风险产生的后果。对于风险衡量,产品生产企业首先应建立一个包括从研发、生产、销售在内的全过程识别制度。重点监控工艺质量,吸收各方面专业人士组成评估团队,团队的负责人应对质量风险管理的概念有很好的理解,并能够协调各专业的工作。风险衡量是对于已经识别的风险进行风险性评估,应采取定性与定量相结合的方法。通常根据该风险事件的严重性、发生概率和检测概率进行汇总分析。针对不同的事件按照德尔菲法的方式进行专家打分,结合企业内部可以承受的水平,确定一个承受值,将相应的得分相乘,可以确定每一个风险事件的风险水平,进而确定其风险等级。企业可以按照已识别出的风险控制项目为主线,进行风险程度的评价。

3．风险处理

风险管理的根本目的在于尽可能将风险损失控制在可以接受的范围内。管理者在进行风险衡量后,可以分析风险是否在控制之中,风险发生的概率是否可以进一步降低。

对于产品质量风险处理环节,应关注以下几个问题:一是识别出的风险发生概率及发生后导致的损失是否在可以接受的水平。如果在可接受的水平,那么企业在日常工作中需要建立并不断完善相关的控制程序,使得风险不会增加。二是综合考虑利益、风险和资源。从利益、风险和资源三方面寻求平衡点理论上说,如果投入足够的资源,任何可控风险都可以将其发生概率降为零。但对于企业来说,在确保产品质量的各项指标和质量风险得到控制的前提下,降低成本是其主要的工作。三是企业抗风险的能力,风险管理者在风险识别完成以后,衡量风险的大小,评估本企业应对该风险的能力。在现有的控制水平下,如具有降低风险的能力,那么企业应该制订相应的计划,以降低风险发生概率及其带来的损失乃至消除该风险。如果没有能力承担该风险,应采取保险或其他途径转移风险。

4. 风险评价

在风险处理分析之后,一个重要的工作就是对风险控制的情况进行审查和评价。观察系统是否有超出当时风险衡量所在状态的情况,是否有必要通过技术改进或采取其他措施降低风险。产品生产企业应该建立年度的风险审查制度,全面、系统分析一年来的产品质量各项指标以及风险控制情况,总结偏差特点和趋势,建立风险降低的改进计划。此外,企业还应该在以下情况发生时,对质量风险进行再评价:一是原料产地或辅料发生变化;二是工艺或设备发生变更;三是法律法规或技术要求发生变更;四是企业的管理层或客户提出对质量更高的要求。

在完成风险识别、衡量并采取相应处理手段以后,企业需要对整个质量风险管理的执行情况及年度风险审查的结果和改进计划在组织内部进行协商与沟通。协商与沟通主要应该包括以下几个方面:一是将识别的结果以文件的形式固定下来,并得到质量负责人的批准;二是对包括一线操作人员在内的全体管理与技术人员进行培训和考核,使其掌握生产过程中需要控制的关键环节。质量监督人员与风险管理人员对生产过程中的质量风险的控制情况进行监督,发现偏差进行及时的记录和处理。三是在确保识别出的风险因素全部得到控制的情况下,对生产出的产品指标检测情况、生产过程的工艺控制情况和生产过程中发生的偏差以及偏差的处理等信息进行分析,确认是否出现新的或原来没有识别出的偏差。如果有,则重新执行风险识别的过程。

产品质量管理经历了质量检验阶段、统计质量阶段和全面质量管理阶段。事实证明全面质量管理能够最大限度保证产品质量。在防范产品质量风险时,应该实施全面风险管理。全面风险管理是由企业董事会、管理层和所有员工所共同参与的,目的就是要把风险控制在企业承受范围之内,并增进企业价值的过程,也就是要将风险意识转化为全体员工的共同认识和自觉行动。全面风险管理需要风险管理专业人才、系统科学的方法来实施,以确保所有的风险都得到识别,让识别的风险都得以有效控制。正如前文所述,产品的质量主要是内在质量,应该重点控制内在质量风险。但产品的生产与加工经历多个环节,应采取全面质量管理和全面风险管理相结合的办法来防范产品质量风险。产品生产企业首先要从原料与辅料供应、生产过程监控、生产技术支持和企业管理等各个方面采取切实有效措施,为产品的生产与加工提供必要的生产条件;其次,企业应建立健全统一的质量保证体系,对异地生产的产品实行统一的工艺技术标准和质量检测标准,使企业在统一标准的保证下生产相同品牌的产品,确保产品质量的稳定;第三要强化全体员工的质量意识,加强对有关员工的培训工作,切实把好产品品牌的质量关。

产品质量问题时有发生,但人们对质量的要求越来越苛刻,产品质量问题与消费者维权行为可谓形影相随。如果产品出现质量问题,必然对企业产生不利影响。产品作为特殊的产品,其质量问题虽与其他商品不能同类而语,但从单个企业而言,仍然存在市场竞争,必然不能忽视产品的质量,对质量风险更是高度重视。如果企业根据风险管理流程、结合全面质量管理和全面风险管理,可以有效防范产品质量风险。作为中国的产品生产企业,只有认真加强质量风险管理,才能尽快缩小同世界发达国家的差距,更好地保证产品质量。

第三节　原材料风险管理

一、原材料风险概念

原材料风险主要是原材料质量风险及原材料价格风险。原材料质量风险在质量风险管理中有所阐述,本节主要讲授原材料价格风险。

原材料价格风险是指企业由于原材料价格的上涨,引起生产成本价格上升,最终造成企业利润下降的风险。越来越多的公司对原材料价格变化感到束手无策。

价格的风险管理已经成为企业高管间经常讨论的话题,然而可惜的是,只有在某种关键商品出现剧烈波动时,大家才会引起重视。风险管理其实需要财务、风险管理、战略采购、销售、供应链管理以及运营等各职能的通力合作。

关于对供求形势和价格走向的预测,虽不可能达到百分之百的准确,却也可以为量化风险提供基础。公司除了可在客户方和供应方采取短期的防范措施,还应适当关注可以影响供求关系的中长期战略举措。

二、原材料风险的衡量

如果想要有效管理原材料价格,首先必须准确衡量价格变动带来的风险。不幸的是,说得容易,做起来难:目前,仅有19%的企业运用衡量指标量化风险。在被调查的公司中,仅有28%的公司利用了"情景规划法"预测商品价格走向。

视频　小珠之一　原材料风险

鉴于此,企业应当度量风险、预测价格和产品供应趋势。步骤包括:估算原材料总成本;分析供应商和客户的合同;建立模型预测供求动态,预估价格;通过情景分析和敏感性分析,量化公司的风险敞口。

综合以上各步骤结果,企业将形成对风险的整体认识,并预测出不同场景下的盈利能力。这样的分析将帮助公司统一并认可对未来的预期,从而为公司的战略行动提供依据。

三、原材料风险的管理策略

（一）一般控制策略

针对原材料,应主要考虑的风险有 4 种:(1)在材料供应上的原材料、成品、半成品的供货不足或拖延,数量差错,质量规格有问题的风险;(2)对材料数量预算不准,材料成本上升风险;(3)对项目地材料价格预算不准,材料成本上升风险;(4)对项目地材料运输成本预算不准,材料成本上升风险。

针对上述风险,企业应采取相应管理措施,第一,认真调研项目原材料数量、价格、产地、运输成本、竞标产生原材料供应商。第二,有原材料所在地较偏远,地域广阔,新疆、内蒙古等地,材料运输成本不好把握,材料运输的风险采取的风险管理策略就是风险转移,与当地原材料供应商签订原材料采购合同时,尽量选择靠近项目地的原材料供应商,原材料的运输由供应商负责,供应商是当地人,对运输方式及运输时天气的把握好。第三,职能部门每月均对项目材料使用情况进行检查,原材料具体使用单位每月向材料科申报项目材料使用明细,同时提出具体的下月材料预算,材料科审核后方可执行。第四,与原材料具体使用单位签订《目标经营责任书》对物资采购管理提出明确要求,材料的节约与材料的使用人员及管理人员薪酬直接挂钩。

（二）特殊控制策略

1. 管理供求平衡

虽然大部分企业都致力于将价格变动风险转嫁到采购或销售上去(各占 91％和 79％),却仅有 9％的企业想到了纵向整合和制定自制或外购的战略决策。至于考虑到运用一整套战略举措来影响供求平衡的企业,更是少之又少。

最佳实践的企业会首先在战略层面上定义企业风险控制目标。整体风险控制目标一旦确定,它将引导企业对供应方和需求方采取相应的措施。

供应方:摆脱瓶颈。企业应采取加强供应链控制的方法,比如发展供应商或纵向整合。

还有一些简单有效的方法能确保供应。企业购买供应商的设施使用权,以此确保能以合理的价格获得稳定的供应。还有一些企业则通过形成联盟来确保供应。

与供应商订立的合同期限以及条款的灵活性是最需要考虑的因素。比如,商品价格是否固定,是否封顶,还是采用与市场价格挂钩的定价法?

需求方:杜绝浪费,转向新的市场。一些企业对产品设计进行战略性调整,以此避免不利的供求关系;其他企业则采取简化物料规格或者将规格调整更加灵活的方法来降低来自供应市场产量和供给变动的影响;企业还可以利用"反周期需求"来规避风险;除了这些长期战略,企业还可以在短期战略上做文章,比如竭尽全力探求减少废料、减少浪费的方法。

2.套期保值,规避剩余风险

实际上,有些企业甚至鼓励其采购部门采取短期的成本削减措施,而不考虑风险防范策略,这种做法是相当危险的。

金融对冲交易可以降低成本,加强对预算的管控,保障预算的合规性。最佳实践的企业不仅仅在商品价格预计将要大幅度上涨时,才临时买进金融衍生产品,而且是随时监控企业暴露的风险敞口并研究任何可能导致形势变化的指标。因此,在商品市场价格大幅变动时,这些企业仍能保持稳定的现金流。

第四节　安全生产风险管理

一、安全生产风险管理概念

2015 年 8 月 12 日 23:30 左右,位于天津市滨海新区天津港的瑞海公司危险品仓库发生火灾爆炸事故,造成 165 人遇难,798 人受伤。

2019 年江苏省盐城市响水天嘉宜公司"3·21"特别重大爆炸事故,截至 23 日 7 时,遇难人数 64 人,危重 21 人,重伤 73 人,还有部分群众不同程度受伤。

2019 年江苏省苏州市,3 月 31 日上午 7:12 左右,昆山综保区汉鼎精密金属有限公司加工中心车间室外场地上存放废金属的一个集装箱发生一起燃爆,引起车间起火,导致 7 人死亡,1 人重伤,4 人轻伤。触目惊心,不忍直视。安全生产风险事故你永远不知道什么候会发生。

视频　大珠之二　安全生产风险

事情总是如此相似,悲剧总是不断重演。单就火灾而言,仅在新世纪的头四年中,我们已经经历了河南洛阳东都大厦大火、河南焦作天堂影视厅大火、四川南充副食品批发市场大火、北京"蓝极速"网吧大火、湖南衡阳的两场大火……每场火灾都给许多个家庭带来无法补偿的痛苦,每次事故之后都必然伴随着有关部门对安全生产问题的"重视"与"强调";然而,"重视"与"强调"并没有有效地扼住灾难与事故的源头。

国家应急管理部多次强调落实安全生产责任制与加强安全执法检查工作的重要性,这固然是负责任的举动,但是,安全监督工作始终落在事故的后面,人们似乎总是在被动地"吸取教训"——安全监管工作往往是典型的"反应性"管理,而不是未雨绸缪式的"前瞻性"管理;是典型的"即时性"管理,而不是贯穿日常工作的"程序化"管理;是典型的"对策性"管理,而不是影响长远的"战略性"管理。为了真正实现"防患于未然",企业安全监管部门必须在安全生产监督工作中引入安全生产风险管理这一新型管理模式。

安全生产风险管理是以风险控制为主线,提出风险控制与管理内容,关注事前的风险分析与衡量,超前控制风险,政府监管、企业全员参与,把安全防范的关口前移,实现动态的、主动和超前的安全生产风险管理。

二、安全生产风险管理措施

安全生产管理不仅是一个系统工程,而且是一个复杂和巨大的工程,更是需要人人都参与的群众工程,一个制度、一个体系的建立,它需要理论者,同时更需要实践者,只有通过这两者的有机结合,才能使制度、体系得以完善并能有效地执行下去。企业的安全生产管理体系旨在为企业的安全生产提出管理内容和管理要求,为企业提供一个安全生产管理框架。我们在应用安全生产风险管理体系中,还需要开展许许多多的技术培训对它进行强有力的支撑,让它很饱满,做到有血有肉。比如危害辨识与风险管理、安全区代表、任务观察、内审员以及体系文件编制等等相关的培训,这些需要人人能参与,通过大家在实践中去慢慢探索与创新,去发现问题和找出关键之处,使之得以解决,这正好体现和发挥了体系持续改进的特点。譬如作为一名安全区代表,应是一个班组安全方面的"领头羊",当对其经过对口的专业培训后,其所在生产班组的员工在安全生产风险管理的思想认识上也有了方向,而在具体的工作中,能为他们提供一些智力支持,再譬如作为一名内审员,经过有效的专业培训后,可用专业的眼光在内部审定本单位安全生产风险管理体系时的每一子标准时,会对它的实用性和可操作性提出意见和建议,让每一管理要素、每一个管理节点更加完善、更加人性化。只有把安全生产风险宣传、培训到位,安全生产风险管理体系人人参与才不会是一句空话!

(一)强化安全教育与培训

成立安全教育与培训主管部门,负责日常安全教育与培训科目的管理、实施与监督。安全教育和培训必须具有针对性与可操作性,安全教育与安全培训计划、方案必须基于企业安全生产的需求及员工的文化水平现状科学、精细的制定,且要严格的落实到位。

建立教学设备齐全、一流的安全教育和培训基地,聘请理论知识渊博、现场经验丰富的专业人员进行安全培训。加强受训双方的交流互动,认真对待一线操作工人反映的现场实际情况。转变安全培训模式,丰富、改善培训手段和方式。

对于参加安全教育与安全培训的员工进行严格的毕业考核,成绩不达标的不予毕业,继续参与安全教育与安全培训直至成绩合格方能毕业,授予上岗资格证。定期对一线生产人员进行安全生产专题培训,实行岗位轮换培训,特殊工种必须接受严格的特种作业培训并通过考试考核方能上岗。

(二)构建本质安全化的生产保障体系

随着生产过程的展开,不确定的危险因素在逐步增多,安全生产保障措施的针对性与可操作性要求也在不断提高。总而言之,生产的危险性与难度不断增大,对于安全生产技术与装备的要求也越来越高。故而,构建本质安全化的生产保障体系显然成为解决企业安全生产问题的关键。

(三) 提高企业安全监管监察能力与水平

国家有关部门应当细化、明确地方企业安全监管部门的职权和责任划分,实现监管监察部门"权、责、利"的统一,避免、杜绝多头执法、令出多门的现象。

加强基层安全监管监察的"双基"建设,加大资金投入力度,提高装备的数量与质量,强化对安全监管监察队伍的业务技能培训,制定严格的人员选拔与招聘制度,组建专业素质强、能力水平高的安全监管监察队伍,提升监管监察的科学性、有效性。实行严格的安全核准制度,完善安全生产违法企业"黑名单"制度,定期向社会公布发生重特大事故、存在重大隐患整改不力的企业。

(四) 转变安全管理模式和提升安全管理水平

转变安全管理模式,变事后管理为事前与事后管理相结合,变被动管理为主动管理,牢牢掌握安全管理的主动权;强化超前管理意识和主动性,提高安全管理的透明度,给予一线生产人员更多自主权,高度重视一线员工的诉求与建议,激发全员参与安全管理的积极性;允许经验丰富的一线人员参与安全生产措施的制定和安全生产的管理,提升各级人员参与安全管理的责任意识,明确各级人员在安全管理方面的权责利;在安全管理方面积极、主动的强化与国际、国内大型企业的合作交流,强化安全管理移植力度,因地制宜地进行安全管理的创新。

视频 全面质量管理切勿千呼万唤始出来

即练即测

强化安全管理主体责任意识,企业安全管理人员加强安全管理技术与安全管理方法等方面的系统学习,提高安全管理的理论修养与水平,用科学的管理方法替代个人经验进行安全管理,真正树立"以人为本,生命至上"的安全管理理念,推行科学、高效的安全管理。引入聘用竞争机制,实行中基层安全管理人员合同聘用制度,建立绩效考核机制,完善绩效考核细节,以此来推动安全管理水平的提升。

讨论案例7-1

宝骏汽车就"宝骏560故障频发"致歉:不惜代价负责到底

作为被央视2020年"3·15"晚会点名的唯一汽车品牌,曾有神车之名的宝骏560让一些车主伤心了,花了14万元买的车结果变速箱多次故障都修不好,2018年突然停产,投诉就更无门了。

　　上汽通用五菱的宝骏560,从2015年7月上市到2018年4月退出历史舞台,近3年一共交付了超61万辆,但其中19680辆匹配6挡DCT变速箱的车型因为质量缺陷,屡遭用户投诉,成为上汽通用五菱心底难以沉下的石头。

　　宝骏是首次登上"3·15"晚会,但关于宝骏560的6DCT问题并不是首次被媒体曝光。在该车型停产后的一年多时间里,不少地方媒体、电视台都对此事进行过报道。宝骏官方也非常关注,并于2019年6月5日起对所涉及的19680辆2017款宝骏560 DCT车型进行召回,原因是发动机控制模块(ECU)软件标定问题,宝骏为用户免费升级ECU软件并更换变速箱离合减震模块。

　　动力及传动系统的标定匹配正是问题所在。而出现同样问题的还有20406辆2018款宝骏530 DCT车型、12252辆2017款宝骏730 DCT车型,这些车辆均已实施了召回。

　　资料来源:宝骏汽车就"宝骏560故障频发"致歉:不惜代价负责到底,人民网,http://paper.people.com.cn/,2020-07-16.

讨论问题

　　假如你是上汽通用五菱相关负责人,公司的产品出现产品质量问题被"3·15"晚会报道,应该采取什么措施?

案例分析

第 八 章

人力资源风险管理

引导案例

"清华才女"破北斗，"北斗女神"科研科普全能高手

2020 年 6 月 23 日，我国"北斗三号"卫星发射成功，完美收官！

这是"北斗三号"卫星系统的第 30 颗卫星，就在 2020 年 6 月 23 日，"北斗三号"最后一颗全球组网卫星在西昌卫星发射中心点火升空，承载我们的梦想，飞向太空，成功入轨！我国将进行北斗全系统联调联试，在确保系统运行稳定可靠、性能指标优异基础上，择机面向用户提供全天时、全天候、高精度全球定位导航授时服务，以及星基增强、短报文通信、精密单点定位等特色服务。

2007 年，我国发射了"北斗一号"系统的首颗地球中轨道卫星，当时的北斗系统对军事导航的定位起着非常关键的作用，同时这项技能目前只属于中国，美国对此垂涎已久。为了得到美国的肯定，高杏欣抓住了这次难得的"机会"，准备大展身手。

不久后，她便成功破解出中国北斗卫星的底层编辑码生成器，接着发表了关于成果的多项论文，还因此获得了美国航空无线电委员会的高度表扬。凭借在美国取得的一系列杰出成就，高杏欣不仅获得了华盛顿最高奖项，还如愿以偿拿到了绿卡。看着在领奖台上意气风发的高杏欣，祖国大地伤透了心。

高杏欣当时破解的只是北斗卫星的民用信号，被称为"伪密码"，当年，这样的"伪密码"对美国来说没什么价值，因此美国要求她继续破解，但也别小瞧了中国的科技实力，我们的密码哪里是那么轻易就被破解掉的，我们还有"北斗女神"徐颖的守护，还有以徐颖为代表的北斗人的坚守和保护。

2006 年，在导师的带领下，徐颖开始参与"北斗二号"卫星系统的研究工作。3 年后，她博士毕业，进入中科院工作。2015 年，32 岁的徐颖成为中科院最年轻的博士生导师；现在，徐颖正领导中国科学院的一支科研团队研发北斗卫星系统的地面导航增强技术。

徐颖是一位罕见的在科研和科普方面都取得卓越成就的年轻科学家。

"北斗"系统的特点之一是可以为数百万用户提供短信服务。"大家都看过《鲁滨孙漂流记》吧，如果有一天一个人漂流到了孤岛上，怎么办？这时他若选择的是 GPS，他只能知道自己在什么位置，无法通知别人前来救援，所以他只能在荒岛求生。如果我们用的是"北

斗系统,情况完全不一样了,我们既可以知道自己位置在哪里,而且还能把我们的位置发送到身处方圆几十公里、几百公里甚至千里之外的人。"徐颖说。"相信我,如果你选择了北斗定位系统,你很快就能在救援船上和手持 GPS 的小伙伴说拜拜了。"

徐颖说北斗系统完全不输 GPS。"北斗"为民用和军用用户提供信号,但那个学生(高杏欣破解出中国北斗卫星的底层编辑码生成器事件)只是破解了民用密码,而这些民用密码实际上并没有加密,破解民码既没有技术难度,也不会对系统产生任何风险。"如果有人想破解军码系统,我们可能建议一些更简单的方式。那就是造时空穿越机,穿越到'北斗'军码,设计的时候让它在旁边偷听。这个技术难度比破解北斗军码更容易一些。"

科学是没有国界的,因为它属于全人类的财富,是照亮世界的火把;但学者属于祖国。科技对于一个国家来说起着至关重要的作用,科技是国家的第一生产力。

(资料来源:北斗女神徐颖:科研科普全能高手,新浪新闻,https://news.sina.com.cn/,2019-09-09.)

导言

现代企业正处在一个充满变革和高度不确定的时代,每个企业在人力资源管理中都会遇到风险,这些风险都会给企业的正常运转带来不同程度的影响,严重的甚至会对企业造成致命的打击。本章阐述了人力资源风险管理的重要性,分析了企业人力资源管理风险存在的原因,对导致人力资源风险的因素进行有效识别,在识别的基础上对风险影响因素进行衡量,提出了企业人力资源风险管理的对策和建议,还用一节内容重点阐述核心员工流失风险管理。

古人风险管理智慧专栏

魏文王问扁鹊曰:"子昆弟三人其孰最善为医?"扁鹊曰:"长兄最善,中兄次之,扁鹊最为下。"魏文侯曰:"可得闻邪?"扁鹊曰:"长兄于病视神,未有形而除之,故名不出于家。中兄治病,其在毫毛,故名不出于间。若扁鹊者,镵血脉,投毒药,副肌肤间,而名出闻于诸侯。"

——《鹖冠子·卷下·世贤第十六》

魏文王问名医扁鹊说:"你们家兄弟三人,都精于医术,到底哪一位最好呢?"扁鹊答说:"长兄最好,中兄次之,我最差。"文王再问:"那么为什么你最出名呢?"扁鹊答说:"我长兄治病,是治病于病情发作之前。由于一般人不知道他事先能铲除病因,所以他的名气无法传出去,只有我们家的人才知道。我中兄治病,是治病于病情初起之时。一般人以为他只能治轻微的小病,所以他的名气只及于本乡里。而我扁鹊治病,是治病于病情严重之时。一般人都看到我在经脉上穿钊管来放血、在皮肤上敷药等大手术,所以以为我的医术高明,名气因此响遍全国。"

第一节 人力资源风险管理

一、人力资源风险管理的概念

在知识经济的大背景下,人力资本不仅是现代型企业高产出的资本,更是高风险的资本。现代型企业的生存很大程度上依赖于人力资本,无论是决策风险、人员流动风险,还是道德风险,都给企业带来重大损失的可能。

企业普遍认识到,有效的人力资源风险管理机制的建立将有助于企业保留、吸引和激励人才,并有效防范人才使用中的种种风险。当一个企业在人力资源管理质量和结构方面超越了对手,同时能够有效控制人员任用、管理中的风险时,这个企业也就具备了在市场中成功的实力。正如 IBM 公司创办人老汤玛斯·J. 华生所说:"就算你没收我的工厂,烧毁我的建筑物,但只要留给我企业的员工,我将重建我的王国。"

人力资源风险管理是指在招聘、工作分析、职业计划、绩效考评、工作评估、薪金管理、福利、激励、员工培训、员工管理等各个环节中进行风险管理,防范人力资源管理中的风险发生和风险发生后的补救工作。研究表明,人力资源管理风险是企业管理的主要风险之一,人力资源管理的风险来自于人力资源管理各个阶段。具体包括人力资源管理的人事风险、外部环境风险、工作分析风险、招聘风险、绩效管理风险、薪酬管理风险、培训管理风险、员工关系管理风险和跨文化管理风险等。

二、企业人力资源风险管理的必要性

随着市场竞争的日益加剧,由人力资源形成的人力资本所凝聚的核心竞争力,成为现代型企业赢得竞争的根本所在。人力资源管理得到越来越广泛的关注,对人力资源管理中的各环节如招聘、培训、考评、薪酬等进行积极地改革实践。然而,风险管理也应得到充分关注,而且,更要将它作为人力资源管理的一个重要环节,上升到战略层面统一规划。这将对现代型企业应对复杂环境变化产生重要意义。

1. 可以提高人力资源管理的整体性效果

人力资源管理各模块之间具有密切联系,是一个不可分割的整体。然而,每个环节又具有各自特征,存在不同风险。将风险管理运用其中,在保证各环节顺利进行的前提下,更进一步加强彼此的联系,使它们在战略的整合下共同发挥作用,支持企业的经营管理。

2. 具有支持性,使人力资源战略更好地支持企业战略

人力资源战略的出发点和落脚点,是从人的角度支持企业战略的实现。人力资源战略

管理是一个与企业战略动态匹配的过程。人力资源战略要真正支持企业战略,那么也应该具备风险管理意识。

3. 提高人力资源战略的适应性

风险管理有助于人力资源战略适应环境的变化。战略的确定,以对未来变化的预见为依据;战略形成之后,也不是一成不变的,而要视宏观和微观环境的变化,及时进行战略调整。风险管理的一个重要意义在于,能够保持对环境变化的敏感,使人力资源管理主动地适应环境的变化。

由此可见,在知识经济的大背景下,人力资本不仅是现代型企业高产出的资本,更是其高风险的资本,如果现代型企业缺失了风险管理,其后果将是毁灭性的灾难。风险管理作为现代型企业人力资源管理的重要环节,直接影响企业战略发展。

三、企业人力资源管理风险的成因分析

关于人力资源风险的起因,应该从非人为的和人为的两个方面来考虑和分析,即人为因素和非人为因素。这是从人力资源管理对象的角度进行划分的。非人为因素在于人的心理、生理的复杂性。人为因素关键在于人力资源中单个劳动力所具有的人力资本产权。而正是人力资本产权的自主性、排他性和可交易性的特征导致了人才外流或无所作为这样的风险。从人力资源管理过程的角度分析,人力资源管理的风险一方面是来自于人力资源本身的特性;另一方面是来自于人力资源管理过程。

1. 人力资源本身的风险

人力资源这一概念最初由美国管理学家德鲁克在 1954 年提出,他指出人力资源和其他所有资源相比较而言,唯一的区别就是他是人,也正是由于人的特殊性决定了人力资源本身的风险。

(1)同其他有形资源不一样的是,人力资源是一种主动资源。人力资源潜在能量的发挥,取决于其载体——人的主观能动性的发挥程度,除体力、体质等生理状态外,与人的经济、政治、社会、信仰等满足程度有关,与企业文化、环境、制度特别是人力资源的管理、开发、激励等手段有直接关系。这种资源可以通过激励实现资源价值的不断增长,但也可能由于激励不当,导致消极价值的产生,甚至影响组织的发展。

(2)人力资源的流动性。人力资源的能动性和动态性又决定了人力资源的流动性,具体表现在不可"压榨性"。人力资源作为天然的个人私产,当今社会,企业很难拥有终身雇员,而雇员也很难"从一而终"。重新选择企业、重新选择职业的现象在西方发达国家尤为突出。这说明企业人力资源是一种流动性资源,而且,在市场经济愈发达的国家,这种流动性愈强。

2. 人力资源管理过程的风险

所谓的人力资源管理过程风险主要是因为对人力资源管理的科学性、复杂性和系统性的认识不足,而在具体实施人力资源的工作设计与工作分析、招募、甄选、绩效管理,以及晋升、培训等各个环节中管理不当所造成可能性危害。企业竞争环境的变化使得企业的人力资源管理工作变得更加复杂。复杂多变的经济全球化环境,使得管理的不确定性大大增加,这些都加大了人力资源管理中的风险。由于信息的不对称,员工的行为具有不可测性,很难准确测度工作人员的行为,加上人力资本的产权特性,就构成了人力资源管理风险的原因。工作人员靠他们自身的人力资源取得收益。其利己动机或者称为投机动机是普遍存在的,当信息的不对称存在时,这种动机就有可能行为化。从而产生一种管理者与被管理者非协作、非效率的"道德风险"。

视频　个税解读

四、人力资源风险识别

要想防范风险,首先要进行风险识别。识别风险就是主动地去寻找风险。比如员工管理中,技术骨干离职风险可能会由以下几个方面产生。

(1) 待遇:他是否对他的待遇满意?

(2) 工作成就感:他是否有工作成就感?

(3) 自我发展:他是否在工作中提高了自己的能力?

(4) 人际关系:他在公司是否有良好的人际关系?

(5) 公平感:他是否感到公司对他与别人是公平的?

(6) 地位:他是否认为他在公司的地位与他对公司的贡献成正比?

(7) 信心:他是否对公司的发展和个人在公司的发展充满了信心?

(8) 沟通:他是否有机会与大家沟通、交流?

(9) 关心:他是否能得到公司和员工的关心?

(10) 认同:他是否认同企业的管理方式、企业文化、发展战略?

(11) 其他:他是否有可能因为结婚、出国留学、继续深造等原因离职?

人事经理要认真了解客观情况,对可能发生的风险进行有效识别,这是防范风险的第一步。

五、人力资源风险衡量

风险衡量是对风险可能造成的灾害进行分析。主要通过以下几个步骤进行评估。

(1) 根据风险识别的类型有针对性地进行调研;

(2) 根据调研结果和经验,预测发生的可能性,并用百分比表示发生可能性的程度;

（3）根据程度排定优先队列。

比如说，人事经理可以通过与当事人交谈、发调查表等形式进行调研，并根据调研结果和经验，确定该员工在各风险识别条目中离职的可能性。

结果如下：(1)10％(2)20％(3)10％(4)0％(5)50％(6)20％(7)0％(8)30％(9)0％(10)0％(11)0％。

优先队列是：(5)、(8)、(2)、(6)、(1)、(3)、(4)、(7)、(9)、(10)、(11)。

人事经理可以发现，该员工对公平、沟通较为不满，由于公平问题而离职的可能性最大，其次是沟通问题。

六、人力资源风险处理

风险处理是解决风险衡量中发现的问题，从而消除预知风险。它一般由以下几个步骤构成。

（1）针对预知风险进行进一步调研；

（2）根据调研结果，草拟消除风险方案；

（3）将该方案与相关人员讨论，并报上级批准；

（4）实施该方案。

人事经理可针对公平问题和沟通问题，进行专项交谈或调查，找出问题的根源，并草拟相应的方案。

在一段时间以后，要对风险进行再分析，确保对风险制定的处理方案能够切实有效地进行。并且要对执行中的问题进行再评估。另外要注意总结经验，为将来的风险管理提供数据。

人力资源管理在企业管理中显得越来越重要并已转变成为企业管理的核心内容，其作用也发生了重要的转变。人力资源管理中的风险管理是指在招聘、工作分析、职业计划、绩效考评、工作评估、薪金管理、福利、员工培训、员工管理等各个环节中进行风险管理，防范人力资源管理中的风险发生。然而，我们知道人力资源有着其自身的特点，如人力资本的能动性、投资的连续性、不可转让性，以及人力资本的异质性使得人力资本投资收益的不确定性较大，投资的回收期较长，这就意味着人力资源投资的风险较大。一旦人力资本投资失败，这些事件会影响公司的正常运转，甚至会对公司造成致命的打击。企业人力资源管理的风险及防范问题，是我们应该而且十分迫切研究的一个问题。

第二节　核心员工流失风险管理

一、核心员工流失风险识别

企业要想吸引和留住核心员工，首先必须知道哪些员工是自己需要的核心人才。复旦大学张文贤教授在其所著《人力资源总监》一书中提出,核心员工是指那些终日与顾客直接面对面打交道或通过电话与客户进行各种业务洽谈,因而可以称之为公司的"形象大使"或"形象代言人"的一群人;核心员工还包括那些从事与企业的生死存亡休戚相关的核心业务的人。一般来说,企业核心员工是指那些拥有专门技术、掌握核心业务、控制关键资源、对企业会产生深远影响的员工。他们一般具有以下特征:创造、发展企业的核心技术;建立和推动企业的技术和管理升级;扩大企业的市场占有和提高企业的经济效益;务实、忠诚、积极和有牺牲精神。

视频　识别核心员工"一士"

企业核心员工是企业的核心和代表,是企业的灵魂和骨干。但同时,核心员工也是人才市场上主要的争夺对象,他们"跳槽"的机会最多、可能性最大,他们一旦"跳槽",对企业造成的损失往往难以估量。因此,企业应明确自己核心员工的名单,并根据实际情况制定有针对性的培养和留人计划。

通过对员工满意度,离职率,员工士气,组织内部沟通、缺勤率、请假率等观察,进行离职风险的识别,尽可能在离职危机没有发生前,启动预防方案,努力将离职危险扼杀在初始阶段。

二、防范核心员工流失风险管理措施

防范核心员工流失风险的管理措施从事前控制措施、事后控制措施两方面来谈。

视频　识别"一士"核心员工流失风险

1. 事前控制措施

在核心员工流失风险没有发生前,企业的人力资源管理应该有核心员工流失风险的意识,并制定相关的预防措施和应对方案,这样就不至于当有核心员工流失时不知所措,可谓之未雨绸缪。

（1）培育核心员工对企业的认同

视频　核心员工流失风险管理措施

妨碍核心员工业绩提高的一个因素是在一线员工中缺乏关于企业的真正的和有意义的信息。大多数的企业并未将信息共享放在一个优先地位。因此,许多一线员工对企业究竟取得什么样的收益,自己如何能为企业做出更大的贡献等只有一个笼统而模糊的概念。通过各种信息平台如企业简报、论坛、"草根会议"、内部网站等,使核心员工更多地了解企业的运营状况、企业的理念,让他们对企业感到更多的骄傲以及增进他们对公司客户需求的认识和了解才能有效地达到"双赢"。

（2）提供多种升迁和培训的机会,创造员工成长和发展的空间

随着社会物质文化水平的提高,优厚的薪水已不再是企业调动核心员工积极性的主要手段,其他的如福利、住房补助、员工持股计划等起了一段时间的促进作用后也日趋平淡。

企业如何为核心员工创造一个学习及职业成长的工作环境,如何为员工提供升迁和发展的机会,将成为企业留住核心员工的关键措施。企业可采用如内部职位招聘,后备人才考评培养制度,具体为员工通过考试、面试、一年培养期、内部轮岗、通过主管或者经理资格考试等一系列考核培养过程,为员工提供公开平等的升迁机会。企业还可以为员工提供免费的职业培训,具体表现为,企业送员工参与如职称、学历、技术等培训,只需在与核心员工签订的培训合同书中,单独款项注明培训结束后企业为员工报销培训费用比例,同时培训结束核心员工为企业服务年限。

企业应根据自身的实际情况,关注核心员工的职业生涯发展,提供职业生涯机会的评估,帮助员工设定职业生涯目标,制定具体的行动计划和措施,营造企业与员工共同成长的组织氛围,即使是制造工厂一线的操作工人,也要让其明确自身的职业发展规划,职业生涯发展规划最好由员工参与制定,让员工人人明确,人人认可,使核心员工对未来充满信心和希望。

(3)建立动态的绩效评估体系,提供有竞争力的薪酬水平

核心员工一般都希望自己的能力能够得到充分的发挥,自己的工作能够得到企业的及时认可,在事业上有成就感和满足感。因此,我们需要建立一套完整的员工绩效评估体系,及时对核心员工的工作进行评价。该评估系统必须由以往的关注员工的工作态度转移到工作业绩上,能够对员工的工作给予客观公正、全面准确的评价,让员工及时了解自己的业绩情况,从而极大地激发员工的工作热情。整个绩效评估体系中最重要的是要建立评价会见机制,考核的执行者应不断保持与员工的交流,制造一个开放的环境。双向沟通是考核双方双赢的前提,是绩效考核的生命线。

薪酬已不再是激励核心员工的最重要因素,但员工仍希望能够得到与其业绩相符的薪酬,因为这也是衡量自我价值的尺度之一。人力资源管理部门需进行年度薪酬及福利调查,重点与同类型竞争企业相类似岗位对比,参考 GDP 增长率,每年对核心员工有 8%～10% 的比率调整薪酬。

2.事后控制措施

核心员工的工作对企业总体目标的达成重要性不言而喻,但企业有时事前控制措施做的再周密,也难免有员工因这样或那样的原因离职。

(1)建立岗位接替制度及员工洗涤期

在对核心员工考核中发现员工缺勤异常、员工满意度降低、员工已经向其直接领导表述离意时,企业需要立即启动核心员工流失风险管理预案,首先根据其职位由相关职能部门负责人同其谈话,了解其离职原因及去向,一线核心操作工人由人力资源部门普通职员面谈;普通核心管理人员由人力资源部部门经理面谈;中层核心管理人员由人力资源部门负责人面谈;高层管理人员由企业高层管理者面谈。谈话内容也因职位级别不同而不同。

在谈话结束后确定无法挽留的,启动岗位接替制度及员工洗涤期。核心员工因掌握企业客户、市场、技术等关键机密无形资产,所以,在核心员工在岗时企业早就建立了岗位接

替制度,秘密为其岗位设置了接替者,在岗者称为A角,将来的接替者称为B角,现有B角直接转化为A角。由新的A角将核心员工的市场、客户、技术等信息全面接管,在核心员工正式被批准离开企业前,原核心员工在企业正式被洗涤,洗涤期间其不得再接触企业核心机密,直到新A角完全接替其工作时为止。企业人力资源管理部门对已经离职的核心员工也需定期回访,了解其新工作情况,同时完善公司管理体系。

(2)加强企业人力资源管理,降低核心员工流失率

针对企业核心员工流失风险管理,企业内部要设立专门的危机管理部门,更新人力资源风险管理理念,并不断健全和完善部门制度。

人力资源风险管理实践的得失成败主要取决于管理者对人力资源风险管理思想精髓的认识。在"人才瓶颈"的背后,真正限制人力资源风险管理体系建设的障碍在于"观念瓶颈"。许多企业之所以人才流失严重,最主要是犯了善"堵"而不善"疏"的理念错误。

企业的人力资源风险管理当然也不能离开制度化的理性原则,它也要在一套行之有效的制度下实施管理。所以,缺乏现代人力资源风险管理理念指导下的制度,或者制度本身的不健全、制度的不系统都会造成人力资源管理的风险。人力资源管理的各项职能是一个整体的系统,而不是简单的堆加。制度的系统性就是要使人力资源管理的各项制度包括工作分析、招聘、考核、激励、薪资、晋升、奖惩、风险等要形成一个完整的体系,不可把任何一项割裂开来。

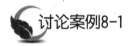
即练即测

企业只有认识到了在管理中人力资源管理中核心员工流失风险控制的重要性,而且越来越多的企业在核心员工风险管理方面增强了风险防范意识。可以确信的是,随着风险控制理念的不断推广,企业的风险防范水平将得到很大的提升。

 讨论案例8-1

他的离职会影响到我国载人登月重大战略计划?

2018年9月,一篇名为《离职能直接影响中国登月的人才,只配待在国企底层?》的网络文章引发热议。据文中公布的一份"张小平参与我所型号研制情况"文件,航天研究员张小平此前任职单位——西安航天动力研究所称他是相关火箭发动机项目的灵魂人物,其离职甚至"会影响到我国载人登月重大战略计划。"

1. 事件简介

张小平1994年入职西安航天动力研究所;2011年8月取得研究员资格;2015年3月起担任低温推进剂发动机型号副主任设计师,从事液氧煤油高压补燃和液氧甲烷发动机系统设计,参与了多项低温发动机项目论证。

9月27日,张小平离职后前往的新公司——北京蓝箭空间科技有限公司(下称蓝箭航天)。就在"张小平离职影响中国登月事件"引发热议的同一天,蓝箭航天自主研发的国内

首台80吨液氧甲烷发动机天鹊(TQ-12)短喷管推力室在其湖州自主建设的试车台进行了20秒的短程点火试车并取得成功。蓝箭航天CEO张昌武表示蓝箭航天只是搭建了一个好的平台,任何的平台都会适合或不适合一个人,部分工程师在原科研院所有很多积累,但也许会有一些更多的想法和抱负,蓝箭航天就会帮助他们实现,但终究没有脱离中国航天事业这个大背景。

为回应张小平离职事件,西安航天动力研究所就张小平离职事件进行情况说明:未履行脱秘义务。解释承办人因急于达到让其回所脱密的目的,在材料中措辞失当,夸大了张小平在所参与研制项目中的地位和作用。中国航天科技集团公司第六研究院院长刘志让也对《北京青年报》坦承,该文件为了起到挽留张小平的作用,夸大了对其作用和贡献的表述,张小平的离职不存在影响任务的问题。

2. 事件后续

一个如此重要的人为何留不住?为何失去了又如此追悔莫及?网友的讨论基点都放在了"正视人才的价值"上。

"张小平离职"事件在网络上引起热烈讨论,9月27日,微信公众号"人民日报评论"发表何鼎鼎的文章:《什么比"留住张小平"更重要?》。当晚,人民日报微信公众号以《人民日报评"张小平离职":这三种用人倾向要不得》为题,转发了这篇文章。三种用人倾向第一种是:日常工作中,人才得不到应有的重视;第二种是:日常爱留不留,发现了才追悔莫及,又极尽可能阻止人才自由流动;第三种倾向就是,用人"情感管理"的缺失。

张小平的离职以及引发的讨论,无非是再次给"人才观"敲响警钟:只有完善人才管理、使用、激励机制,真正为每一个人才提供干事创业的舞台,才能留得住人。这不仅要从根本上扭转"你不干有的是人干"的土围子思想,还要进一步推动企业管理思想的更新。不仅要推崇绩效管理,也要学会情感管理,让每一个人才都有被需要的职业尊荣感。这恰恰是国有企业的好传统啊!

人才培养,确实有代价,流失很可惜。有这么个说法:培养一个飞行员,要用与其身体等重的黄金。我们理解损失一个张小平的焦虑,但更认可人才的自由流动,崇尚人才管理在制度框架之内进行。比如,对于体制内的人才流失,一些政府重要部门人员的离职,可以设立避嫌的"过冷河"机制,防止利益旋转门,对于一些掌握专利与核心技术的人才,可以也应该签署竞业禁止协议,防止核心技术流失。换句话说,面对人才的自由流动,应该有一种制度化的、镇定自若的应对方式。否则,每有人离职就闹得满城风雨,那只能说明人才要素市场还太不健全。

资料来源:西安航天动力研究所官网,人民日报评论整理,2018-09-28.

讨论问题

结合案例阐述,应采取什么措施留住核心员工?

案例分析

第九章

市场营销风险管理

引导案例

山姆会员商店的人气靠什么聚拢？

2020年5月28日上午，山姆中国旗舰店项目在上海外高桥保税区正式开工建设，这距离其签约落地仅过去两个多月时间。根据计划，预计到2022年底，山姆在中国将有40～45家开业及在建门店。在线下零售受到线上零售严重的冲击之下，也没有阻挡山姆在中国的扩张步伐。

山姆新店的开业总能在当地引起不小的新闻事件，山姆是靠什么聚拢如此高的人气的？

山姆会员商店是世界500强企业沃尔玛旗下的高端会员制商店，截至2020年7月，山姆已在中国开设了28家商店，山姆开发了在线购物平台和移动端App"山姆会员商店"，并通过山姆京东旗舰店，为会员提供更多网上购买渠道。

购物环境宽敞舒适，利用全球采购资源，为顾客提供国内外畅销商品，交通便捷，超大停车场，商品大包装及复合型包装，节省购物时间，努力贴近本土会员的消费习惯，例如：增加生鲜食品在商品中的比例，会员制，同时面向商业会员与个人会员，会员卡全球通用，帮助企业会员建立有效的廉政采购系统。

进入中国以来，山姆会员店一直坚守"优质优价在山姆"的承诺，通过以下三个方面的不懈努力获得会员的一致认可。

第一，高品质的商品。山姆会员店多年来致力于为会员提供世界各地进口名牌、绿色有机认证、地方名优特色，最新科技潮流等各类高品质特色寻宝商品。

第二，有竞争力的价格。山姆店通过大量采购提高与供应商的议价能力，大部分商品都以大包装为主，在价格上比小包装商品更有优势，多买多省，降低了采购和营运成本，使会员直接受益。山姆会员店的使命就是在会员经常购买的商品上帮他们省钱，同时在购物过程中给他们带来意外的惊喜。

第三，热情高效的会员服务。每家山姆会员店都拥有宽敞舒适的购物环境，充足的停车位，个人会员及商业会员一次购物满2000元或以上可享受48小时内指定区域免费送货服务，对商业会员还可提供专业的商业采购解决方案。

（资料来源：山姆模式可复制吗？会员制头号玩家大声说不。根据网络新闻资料整理。黑龙江网，https://www.chinahlj.cn/news/445623.html，2020-12-08.）

 导言

市场营销风险是企业经营风险中的重要内容，本章依照 4P 理论，通过对市场营销风险含义、成因及类型的阐述，重点解析面对不同类型市场营销风险的防范与控制措施。

古人风险管理智慧专栏

若敕政责躬，杜渐防萌，则凶妖消灭，害除福凑矣。

——《后汉书·丁鸿传》

"防微杜渐"的思想指在错误或危险刚萌发时，就加以预防制止，使其不能发展、蔓延。

第一节　市场营销风险概述

一、4P 营销理论

1. 4P 营销理论

4P 理论是一种营销理论，4P 指产品（product）、价格（price）、渠道（place）、传销（promotion）。

1960 年，杰瑞·麦卡锡（Jerry McCarthy）教授在其《营销学》（*Marketing*，第一版，出版于 1960 年左右）这本书中最早提出了 4P 理论。1967 年，菲利普·科特勒在其畅销书《营销管理：分析、规划与控制》第一版，进一步确认了以 4P 为核心的营销组合方法，将 4P 理论发扬光大。在 4P 营销理论的指引下，营销理论层出不穷，如以顾客为中心的 4C 理论、以关系为中心的 4R 理论；还有后来的大市场营销概念的 6P 理论、市场营销策略的 10P 理论等。

视频　4P 营销理论之好风吹

4P 营销理论被更多的作为分析实际企业的市场营销策略，为企业开始市场营销活动做管理理论决策支撑。

（1）产品

从市场营销的角度来看，产品是指能够提供给市场被人们使用和消费并满足人们某种需要的任何东西，包括有形产品、服务、人员、组织、观念或它们的组合。

（2）价格

价格是指顾客购买产品时的价格，包括折扣、支付期限等。价格或价格决策，关系到企业的利润、成本补偿及是否有利于产品销售、促销等问题。

（3）渠道

销售渠道是指在商品从生产企业流转到消费者手上的全过程中所经历的各个环节和推动力量之和。

电子商务是销售渠道之下，是相对于传统的线下渠道的线上渠道，随着网络技术、网络支付、人们消费习惯的转变，电子商务得到充分的发展。

（4）促销

促销是包括品牌宣传(广告)、公关、促销等一系列的营销行为。

二、市场营销风险的含义

影响企业市场营销活动及其目标实现的各种因素和力量构成了企业赖以生存的市场营销环境，这些因素和力量直接影响营销管理者成功地保持和发展同其目标市场顾客交换的能力。不管企业的营销活动规划得多么完美，都不可能在真空中实施，都要受到市场环境的影响。因此可见，市场营销环境是企业生存和发展的条件，企业如同自然生物一样，要得到生存和发展，就必须与它的生存环境相适应。在市场经济条件下，市场营销环境总是不断地发生着变化，而这种变化基本上可以分为两大类：一类是市场营销机会；另一类是环境威胁，即市场营销风险。不断变化的市场环境，既给企业的市场营销活动提供机会，也可能带来威胁(营销风险)。同一环境发生变化，对某些企业是机会，对另一些企业则可能是威胁(营销风险)。企业必须随着环境的变化而不断地调整自身的组织、战略和方法等一切可以控制的因素，以达到与周围环境的平衡。

综上所述，市场营销风险是指企业在开展市场营销活动过程中，由于出现不利的环境因素而导致市场营销活动受损甚至失败的状态。企业在开展市场营销活动过程中，必须分析市场营销可能出现的风险，并努力加以预防，设置控制措施和方案，最终实现企业的营销目标。

三、市场营销风险的成因

从实质上分析，市场营销风险的成因主要有两种：一种是企业主观因素造成的；另一种是市场环境的客观因素形成的。

（一）市场营销风险的主观因素成因

1. 企业仍然保持传统的市场营销观念

传统的营销观念奉行的是以产定销原则，企业生产什么样商品，顾客就消费什么样的产品。现代市场营销观念奉行按需生产、以销定产原则，强调根据市场需求组织生产经营活动。在现代市场经济条件下,商品供应相对过剩,消费是一种属于消费者主权的行为。企业营销观念错误,必然导致行为错误,错误的行为就会产生风险。

2．企业决策者习惯于凭主观想象作出营销决策

企业决策者习惯于凭主观想象作出营销决策,最终将会导致产品积压,资金搁浅。

3．企业营销管理者和营销人员不了解市场规则、规范或法规,也极易引发市场营销风险

在市场经济体制下,为了维护公平的竞争环境,长期以来形成了一系列规则规范、法律法规(如国家有关的法律法规、行业行为规范、惯例等),如果某一企业的营销活动违反了市场规则规范,重者则受到国家法律的制裁,轻者则受到同行其他企业的抵制、封杀和联合反击,最终使企业败北。市场经济的运行有内在的规律和机制,如供求规律、价格规律、价格机制和竞争机制等,企业营销行为若违背了市场经济规律,或不能合理有效地运用这些规律,就会产生营销风险。

4．企业缺乏处理市场营销风险的经验和知识

当企业产生营销风险后,由于缺乏处理营销风险的经验和知识,风险就不能被及时控制并化险为夷。

5．企业对市场营销风险的危害认识不足

在我国企业组织机构中,很难找到有关处理风险危机的机构,企业营销管理中关于风险危机的管理也往往被轻视,这些都是对风险危害缺乏警惕的表现。浙江绍兴生产的"会稽山"牌黄酒是国内名牌货,在日本也大受欢迎。在长期的销售过程中,竟然没有认识到不申请注册商标会产生的风险,结果被人在日本国抢先注册,进而导致企业在日本的销售受制于人,最终花费10万美元买回本来属于自己的商标。

6．企业信息不灵,也是产生风险的重要原因

企业没有及时足量地了解搜集用户、中间商、竞争者等有关信息资料,没有对交易对象进行信誉调查,盲目发生业务往来,最终产生风险。当前市场上发生的大量受骗上当的事例都属此列。

(二)市场营销风险的客观因素成因

市场营销活动受到企业外部各种环境因素的影响和干扰,并由此而引发市场营销的风险。对此类原因,企业必须加以研究。

1．市场需求变化的客观性是导致市场营销风险客观存在的首要因素

随着我国市场经济体制的建立、发展和完善,企业的生产经营活动愈来愈受制于市场需求。而市场需求则是一个不断发生变化的不可控因素。我国企业所面对的市场需求,已经由数量型需求转变为质量型需求,并且正朝着个性化需求演进。市场需求的这种变化,一方面是经济发展的必然结果,同时,又进一步促进了社会经济的发展。当企业市场营销

活动不适应市场需求变化时,就会产生营销风险。市场需求由低层次向高层次变化、由数量型向质量型变化、由群体共同性向个体独特性变化,是一种客观存在的趋势,不充分认识其客观性,并努力调整市场营销活动,就不可避免地产生营销风险。

2. 经济形势与经济政策变化产生市场营销风险

近 40 年来,我国的社会经济形势可以说发生了翻天覆地的变化。纵观我国经济的方方面面,无一不在快速变化中,并继续快速变化着。从全球经济形势看,各国经济之间的相互联系度和影响度也在进一步上升,世界上某一国家的经济形势的变化,也导致其他国家的经济形势发生变化。

3. 科技进步是导致市场营销风险的又一因素

科学技术的变革,对企业的市场营销活动具有双重作用:一方面,科技进步为企业的市场营销活动提供了新的机遇、新的方式和方法,丰富和发展了企业的市场营销活动;另一方面,每一次新技术的变革,同时也意味着原有技术的淘汰,从这个角度上讲,也给企业的市场营销活动带来了威胁。

4. 外部的其他因素

政治因素、军事因素等都会间接产生市场营销风险,国家内部的政局稳定与否,国家与国家间的外交与合作关系等,也都会影响并产生国内市场营销风险和国际市场营销风险。

四、市场营销风险的内容

(一) 产品风险

产品风险是指产品在市场上处于不适销对路时的状态。产品风险又包括产品设计风险、产品功能质量风险、产品入市时机选择风险和产品市场定位风险、产品品牌商标风险等。

1. 产品设计风险,是指企业所设计的产品过时或者过于超前,不适应市场顾客的需要。

2. 产品功能质量风险,主要是指企业所销售的产品,功能质量不足或产品功能质量过剩,不能完全满足用户需求。

3. 产品入市时机选择风险,是指产品进入市场时间的选择出现不当。

4. 产品市场定位风险,是指产品的特色等与市场顾客要求不相符合。

5. 产品品牌商标风险,是指名牌产品被侵权或维护不当,使名牌产品信誉受损害时的状态。其表现一是被外部企业或个人侵权;二是品牌未经及时注册而被别人抢注;三是名牌形成后疏于维护或维护不当而使信誉受损等。

(二) 定价风险

定价风险是指企业为产品所制订的价格不当导致市场竞争加剧,或用户利益受损,或企业利润受损的状态。定价风险包括：低价风险、高价风险、价格变动的风险。

1. 低价风险

低价是指将产品的价格定得较低。从表面上看,低价有利于销售,但定低价并不是在任何时候、对任何产品都行得通。相反地,产品定低价,一方面会使消费者怀疑产品的质量;另一方面使企业营销活动中价格降低的空间缩小,销售难度增加。其次是产品订低价依赖于消费需求量的广泛且较长时间内稳定不变。而实际上,消费者需求每时每刻都在变动之中,因此企业这种价格的依赖性是非常脆弱的。

2. 高价风险

高价是指企业将产品价格定得较高,单件产品盈利较大。高价产品的风险主要表现为：一是高价招至市场竞争程度白炽化,从而导致高价目标失效;二是高价为产品营销制造了困难,因为低收入者会因商品价高而望而却步;三是订高价也容易使顾客利益受损,尤其是对前期消费者的积极性伤害较大。

视频　市场营销风险的内容

3. 价格变动的风险

价格变动主要有三种形式,其一是由高价往低价变动,即降价;其二是商品价格由低价往高价变动,即提价;其三是因市场竞争产品价格发生变动,本企业的产品价格维持不变。在企业营销活动中,实施价格变动时,若处置不当,往往也会产生不利的局面,如降价行为会引发竞争对手的恶性价格战,提价会使消费者转买其竞争对手产品进而导致顾客流失等。

（三）渠道风险

渠道风险是指企业所选择的分销渠道不能履行分销责任和不能满足分销目标及由此造成的一系列不良后果。分销渠道风险包括分销商风险、储运风险和货款回收风险等。

1. 分销商风险

大多数企业都选择分销商销售产品,企业在选择分销商时若出现失误,将难以达到预期的目的。分销商风险主要表现为：分销商的实力不适应企业产品销售条件、分销商的地理位置不好、各分销商之间不能协调甚至相互倾轧、分销商的其他违约行为等。

2. 储运风险

储运风险主要是指由于商品在储运、运输过程中导致的商品损失。主要表现为三种形式：一是商品数量上的损失;二是质量上的损失;三是供应时间上的损失。

3. 货款回收风险

主要是指企业不能按约从分销商处及时地收回货款而产生的货款被占用、损失等现象。货款回收风险是目前我国大多数企业所面临的十分棘手的问题。其主要表现有：分销商恶意拖欠和侵占货款、分销商因经营发生困难而无力支持等。

(四)促销风险

主要是指企业在开展促销活动过程中,由于促销行为不当或干扰促销活动的不利因素的出现,而导致企业促销活动受阻、受损甚至失败的状态。促销风险包括广告风险、人员推销风险、营业推广风险及公共关系风险等。

1. 广告风险。

主要是指企业利用广告进行促销而没有达到预期结果。企业进行广告促销必须向广告发布公司支付一定的费用。企业所支付的这些费用具有特殊性,即费用所产生的效果不可衡量性。虽然大量的事例证明广告能促进销售,但这仅是事后的证明,能否促销及能在多大程度上促进销售,事前并不能估计。

2. 人员推销风险

主要是指由于主客观因素造成推销人员推销产品不成功的状态。人员推销风险包括推销人员知识、技巧、责任心等方面的不完备而呈现的各种状态。人员推销虽然是一种传统有效的促销方式,如使用不当,同样会给企业带来损失。尤其是在大多数企业对推销人员按销售业绩计酬的情况下,更容易出现问题。

3. 营销推广风险

营销推广是指企业为在短期内招徕顾客、刺激购买而采取的一种促销措施。企业营销推广的内容、方式及时间若选择不当,则难以达到预期的效果。

3. 公共关系风险

企业开展公共关系,目的是为企业或其产品树立一个良好的社会形象,为市场营销开辟一个宽松的社会环境空间。开展公共关系需要支付成本,如果该费用支出达不到预期的效果,甚至无效果或负效果,则形成公共关系风险。

第二节　市场营销风险的防范与控制

一、产品风险的防范与控制

产品风险主要包括产品入市时机选择风险、产品市场定位风险等。特别是产品市场定位风险防范尤其要注意,产品定位清晰确定后,要坚持。产品质量管理是企业管理的王道,仅仅有好的销售渠道、好的广告,但缺乏高质量的产品,消费者就无法产生产品高性能带来的满意感,没有满意感就很难引起购买欲望,更不可能产生对品牌的忠诚,企业一切管理都是空谈。

二、价格风险的防范与控制

价格风险是市场营销第二大风险,不仅因为价格对企业利润至关重要,更重要的是在当前资源和市场两大约束条件下,企业对价格的自主权几乎丧失殆尽。但是企业在价格风险管理方面并非就无所作为,建立企业上下游产业的战略联盟就是一条思路,比如"农超对接"。

农超对接指的是农户和商家签订意向性协议书,由农户向超市、菜市场和便民店直供农产品的新型流通方式,主要是为优质农产品进入超市搭建平台。农超对接的本质是将现代流通方式引向广阔农村,将千家万户的小生产与千变万化的大市场对接起来,构建市场经济条件下的产销一体化链条,实现商家、农民、消费者共赢。即农产品与超市直接对接,市场需要什么,农民就生产什么,既可避免生产的盲目性,稳定农产品销售渠道和价格,同时还可减少流通环节,降低流通成本。

视频　不同市场营销风险
内容的防范措施

有的企业利用价格风险给企业创造了发展机遇。如江苏省的一家化工原料企业建立了缜密的市场价格监测网,能从一些蛛丝马迹中准确判断价格走势,多年来,以一个行业内中型企业的地位领先众多大企业做到了"领涨领跌",先人一步,在价格上涨时通过领涨最大化企业利润,在价格下跌时通过领跌争取了新客户。

从企业内部来说,要长期制定降低成本的规划,要通过价值工程、设计创新等方式保持企业成本领先的地位,为应对价格风险提供较大的空间。

三、渠道风险的防范与控制

为降低分销商风险,企业除了要进行严格的选拔外,还要针对性地采取措施。

进行信用调查,挑选合适的经销商,与经销商建立长期、稳定、互信、互利的合作机制,严格挑选新经销商,规范与经销商的业务关系,制定自己的赊销政策。

1. 进行信用调查,挑选合适的经销商

对那些有不良交易记录;应收款较多,付款能力较差;资本构成不合理,经营风险较大;以及经营状况不好的经销商,坚决不能合作。

2. 与经销商建立长期、稳定、互信、互利的合作机制

这不仅能大大降低交易成本,而且能大大降低商业风险。

3. 严格挑选新经销商

对新经销商,要把握"从小到大"的合作原则,即先从低业务量做起,尽可能降低经销商资金占用,当对该经销商的资信状况了解透了,再开展大业务。有些新经销商,一开口就要

做大生意,而且不问质量,不问价格,不提任何附加条件,对厂家提出的所有要求都满口应承,这样的经销商风险是非常大的。因此,对不了解商业信用的新经销商,在交易条件和交易程序上要严格进行控制,避免风险发生。

4．制定自己的赊销政策

包括:赊销条件、赊销期、收款策略、现金折扣等。最重要的是对赊销总规模进行控制,可制定应收款警戒线。

四、促销风险的防范与控制

对于一个正常的企业来讲,每年要针对不同的产品实施不同的促销策略,针对同一产品也要采用不同的促销工具。要对促销进行整合。促销效果整合就是在计划中对不同的沟通形式,如广告、人员促销、营销推广、公共关系等的战略地位作出估计,并通过对分散的信息加以综合,将以上形式结合起来,从而达到明确的、一致的,以达到最大程度的沟通效果。

以广告促销为例,世界著名品牌的产生,都是和大量的广告投入联系在一起的。

防范广告促销风险应以科学的方法研究广告投入力度,以最低限度的资金和人力资源的投入使一个品牌成功,减少广告资金的浪费。尤其是传统的企业中,由于产品间差异性不大,彼此的竞争更多地集中于广告宣传,借助广告在顾客心目中制造出产品的差异,从而使产品具有其独特的个性,并"制造"出相应的消费群体。

第三节　电子商务风险

一、电子商务概述

电子商务是指利用互联网及现代通信技术开展的各项商业贸易活动。电子商务属于市场营销的一种类型。

电子商务有广义和狭义之分。狭义的电子商务(electronic commerce)是指通过使用互联网等电子工具(这些工具包括电报、电话、广播、电视、传真、计算机、计算机网络、移动通信等)在全球范围内进行的商务贸易活动。是以计算机网络为基础所进行的各种商务活动,包括商品和服务的提供者、广告商、消费者、中介商等有关各方行为的总和。人们一般理解的电子商务是指狭义上的电子商务。

广义的电子商务(electronic business)是指通过电子手段进行的商业事务活动。通过使用互联网等电子工具,使公司内部、供应商、客户和合作伙伴之间,利用电子业务共享信息,实现企业间业务流程的电子化,配合企业内部的电子化生产管理系统,提高企业的生产、库存、流通和资金等各个环节的效率。

各国政府、学者、企业界人士根据自己所处的地位和对电子商务参与的角度和程度的不同,给出了许多不同的定义。但是电子商务即使在各国或不同的领域有不同的定义,其关键依然是依靠着电子设备和网络技术进行的商业模式,随着电子商务的高速发展,它已不仅仅包括其购物的主要内涵,还应包括了物流配送等附带服务。电子商务包括电子货币交换、供应链管理、电子交易市场、网络营销、在线事务处理、电子数据交换(EDI)、存货管理和自动数据收集系统。在此过程中,利用到的信息技术包括:互联网、外联网、电子邮件、数据库、电子目录和移动电话。

电子商务常见的类型主要分为:B2B、B2C、C2C、O2O 四类电子商务模式等。

B2B(business to business)是指企业与企业之间的电子商务,即企业与企业之间通过互联网进行产品、服务及信息的交换。通俗的说法是指进行电子商务交易的供需双方都是企业,它们使用了互联网技术或各种商务网络平台,完成商务交易的过程。这些过程包括:发布供求信息,订货及确认订货,支付过程及票据的签发、传送和接收,确定配送方案并监控配送过程等。有时写作 B to B,但为了简便干脆用其谐音 B2B(2 即 to)。

B2C(business to customer)是指企业与消费者之间的电子商务,B2C 是我国最早产生的电子商务模式,以 8848 网上商城正式运营为标志,如今的 B2C 电子商务网站非常的多,比较大型的有京东商城等。

C2C(consumer to consumer)是消费者与消费者之间的电子商务,C2C 商务平台就是通过为买卖双方提供一个在线交易平台,使卖方可以主动提供商品上网拍卖,而买方可以自行选择商品进行竞价。

O2O(online to offline)是指将线下商务的机会与互联网结合在了一起,让互联网成为线下交易的前台。这样线下服务就可以用线上来揽客,消费者可以用线上筛选服务、线上成交、在线结算,很快达到规模。

二、电子商务风险概述

电子商务的出现改变了企业的传统经营模式,企业可以利用电子商务降低交易成本,减少中间环节,适用变幻莫测的市场需求,增加商机,但是由于交易双方无须见面即可完成交易,因此不了解虚拟环境下的交易主体的信用等信息,势必引发的风险。电子商务风险包括企业内部风险、企业外部风险、企业与企业之间的风险三种类型。

(一)企业内部风险

企业内部风险是指企业实施电子商务的过程中在企业内部出现的与企业自身的技术水平、员工素质、经营管理水平、资金实力等有直接关系的风险。它又细分为以下三种风险。

1. 物理风险

电子商务的物理风险表现在电子商务信息系统硬件选配的不合适,其主要体现在 8 个方面:

(1) 对硬件设备没有从电子商务应用的需求出发而给予足够的重视,其设计和选型考虑不周,致使系统功能发挥受阻,影响系统的可靠性和扩充性;

(2) 选配、购置的硬件为质量低下的产品,导致系统不稳定及失败;

(3) 系统的工作环境、电源、地线等不符合要求,直接影响了系统的可靠性,甚至损坏系统设备;

(4) 系统设备安装不规范,走线不合理,缺乏紧固措施,使系统运行不稳定;

(5) 系统设计不规范、不合理,缺少风险防范措施;电子商务软件的安装、维护不善;

(6) 系统的管理制度不健全,如缺少日常维护、数据备份管理、用户权限管理、软件的维护等措施,这些都会对电子商务信息系统构成严重的威胁;

(7) 对计算机病毒的侵蚀不重视,没有必要的防范措施,一旦病毒蔓延将对系统造成极大的损失;

(8) 防火、防水、防震措施不落实。

这些风险轻者使电子商务信息系统工作不稳定,重者可造成电子商务信息系统的瘫痪,造成不可挽回的损失。

2. 逻辑风险

电子商务的逻辑风险表现在以下三个方面。

(1) 对商务信息保密性的破坏。从技术上说,在电子商务信息系统中,任何传输线路,包括电缆、光缆、微波和卫星,都是有可能被窃听的。对商务信息的截取也不一定是非法分子,也包括某些合法用户采用不正当手段读取本人权限以外的信息。对于同轴电缆、微波、卫星通信中同时传输大量的信息,要窃听其中指定一路的信息是很困难的,但从安全的角度来说,总是假定没有绝对安全的通信线路。利用公共交换网的广域网保密性当然受到影响,即使对于局域网来说,在结构上无论是总线型还是环型,也不管媒体存取控制采用竞争方式还是令牌方式,都运用了广播传输的方法。因此,也具有潜在的不安全性。

(2) 对商务信息完整性的破坏。是指破坏商务信息完整性,其原因有人为和非人为的因素。人为因素包括两种:①有意危害,如非法分子对电子商务信息系统的侵入、合法用户越权对系统内商务数据的处理以及隐藏程序对商务数据的破坏等,计算机病毒、逻辑炸弹等都属于隐藏程序;②无意危害,如操作失误和使用不当等。非人为因素包括通信传输中的干扰与噪声、系统硬件或软件的差错等。

(3) 对系统运行的干扰。对电子商务信息系统运行的干扰包括合法的用户不能正常访问系统的资源和有严格时间要求的服务不能得到及时的响应。干扰电子商务信息系统正常运行的因素包括人为与非人为的两种。前者如非法占用系统资源、切断或阻塞系统通信、通过计算机病毒或蠕虫降低系统性能,甚至使系统瘫痪等等;后者如灾害事故和系统死锁、系统故障等。

3.技术风险

技术风险指电子商务的技术原因造成企业效率损失的风险。其主要包括技术选择风险、数据存取的风险、网络环境风险等。

(1)技术选择风险

信息科技特别是网络技术的快速进步,有可能使电子商务面临技术选择风险。一旦电子商务的创立者选择了一种最后被技术变革所淘汰的技术方案,则可能使其所经营的电子商务处于技术陈旧、网络过时的竞争劣势。

(2)数据存取风险

由于系统、数据或信息的存取不当而导致的风险。这种风险主要来自于企业内部。一是企业不合理的责任分工,未经授权的人员进入系统的数据库修改、删除数据或企业重要数据的泄密;二是企业工作人员操作失误,收集错误的数据而带来的风险。

(3)网络环境风险

网络系统是电子商务的依托,网络本身存在的不足会给电子商务带来风险,造成威胁;表 9-1 反映了网络安全所涉及的各方面。在网络安全问题中,最重要的是内部网与外部网之间的访问控制问题,在这个环节上经常发生问题,这也是网络黑客最容易攻击的地方,网络黑客入侵并破坏网络系统或窃取商业机密或盗取"资金";另外一个问题是内部网不同网络安全域的访问控制问题。不同内部网具有重要性不同的信息资料,因而,内部犯罪人员,如企业从前的雇员,也可能是在职员工往往利用内部网管理上的漏洞,寻找盗窃或破坏的机会。其风险形式体现为金融诈骗、文件或数据盗取等。金融诈骗是指更改企业计算机内财务方面的记录,以骗得企业的钱财、减免税等。这种风险的作案手段很多,有采用黑客程序的,更多的则是贿赂有关操作人员;盗取文件或数据实际就是窃取商业机密,此外如何防止犯罪分子利用电子商务进行洗钱也是电子商务面临的一大难题。安全保障是电子商务的核心问题,不解决此难题就大大限制电子商务发展。

表 9-1　网络安全所涉及的各方面

	硬 件 安 全	软 件 安 全	安 全 手 段	安 全 设 计
系统	系统(主机、服务器)安全	反病毒	系统安全检测	审计分析
运行	网络运行安全	备份与恢复	应急	
控制	局域网、子网安全	访问控制(防火墙)	网络安全检测	

(4)电子商务网站自身的安全问题

我国的电子商务网站的安全问题存在很大隐患。国内大部分网站把主要精力放在网站的结构和内容建设上,忽略了网站的安全防护,这使得安全事故未能得到有效遏制。

随着电子商务的发展以及因特网消费的普及,网络仿冒成为网络欺诈的常见方式之一。大型电子商务网站、大型金融机构网站、第三方在线支付站点、大型社区交友网站是网络仿冒的主要对象,黑客伪造与原站点高度相似的网站页面诱使用户登录,套取账户信息以及其他个人私密信息,进而造成用户直接经济损失。

电子商务出现的技术风险对企业的威胁有:中央系统安全性会被破坏;入侵者假冒合法用户改变用户数据,接触用户订单或生成虚假订单;客户商业秘密被其竞争者获悉;消费者提交订单后不付款;竞争者可检索企业的产品状况;不诚实的竞争者以他人的名义来订购商品,从而了解有关商品的状况和货物的库存状况;获取他人的机密数据。

4. 企业管理风险

企业长远的战略目标要求电子商务能够带来效益,但短期未必都能做到。因此,企业在电子商务进程中难免会遇到效益下降的风险,关键是企业在战略规划中对此必须有足够的考虑,而且应该在可以预见的某一时刻改变这一状况。企业管理风险包括以下方面。

(1) 项目管理风险

项目管理风险发生在实施电子商务应用项目的过程中,企业高层领导如对电子商务过程中企业文化的转变等问题没有深刻的认识和战略考虑,不能充分协调不同应用项目管理之间的矛盾和冲突,项目的实施很难在预计范围内按期完成,而电子商务集成要做到全部由最佳方案组合并不易。此外,适当应用数据集成标准和中介软件可在一定程度上实现对不同部门的最佳方案进行组合。

(2) 企业文化风险

电子商务会给企业文化带来巨大的冲击,流程的整合和自动化顾客关系处理方式的改变,采购方式的转变,合作伙伴协作式工作模式的实施以及企业管理方式的创新等都将影响企业现有的文化,员工需要大量的培训和较长时间才能适应这些变化。目前人们已普遍认识到,电子商务的阻力往往不是来自技术问题,更多的是来自员工和企业文化的惯性,因此,处理好传统企业文化和电子商务的结合问题,可减少企业文化对电子商务发展的阻碍作用。

5. 投资风险

企业采用电子商务这种新交易模式,所面临的投资风险主要表现在以下几方面。

(1) 电子商务相关的固定资产折旧快,淘汰率高。随着电子技术的飞速发展,作为电子商务相关的固定资产的硬件设施如电脑、复印机、打印机和路由器等,技术和经济寿命较短,变现能力差,需要持续不断的后续投资,加大了企业的运营成本,增加了企业的投资风险。

(2) 电子商务无形资产投资比重大。由于网络经济的快速发展,新技术变革日新月异,使得传统企业电子商务要获得生存发展必须在信息和技术两个方面跟上整个行业的发展,稍微落后即遭淘汰,企业需要不断的投入资金进行技术开发,这更增加了传统企业发展电子商务的投资风险性。

（3）电子商务收益的增加是长期的、逐步的，企业在短期内很难收回投资。而且收益只能在电子商务项目建成之后从其运作过程中所能节省的运营成本中体现出来，具有不可估算性。这些都使得电子商务投资的回报难以确定，加大了传统企业的投资风险。

6. 战略风险

战略是组织为了参与竞争而制定出的内容、广泛的规则和方案，包括组织的目标以及为实现这些目标所实施的计划和政策。战略意味着寻求创新，以求显著改变现状和塑造未来。战略风险主要来自于错误的战略导向，对某些供应商、购买方等的过分信任与依赖，不恰当的公司文化，信息的缺乏等。其结果可能导致某些产品积压，某些产品供不应求。传统企业往往存在以下几种战略风险：

（1）企业对自身的优势及劣势不能正确认识，会出现高估优势低估劣势；低估优势高估劣势；

（2）企业对外界的机会和威胁缺乏全面掌握，将导致高估机会低估威胁；低估机会高估威胁。

当出现高估优势低估劣势、高估机会低估威胁两种情况时，企业会对交易过于看好，而采取激进的商务策略，往往导致冒险交易，使企业的交易风险较高，这种风险我们称之为激进战略风险；当出现低估优势高估劣势、低估机会高估威胁两种情况时，企业会对交易产生悲观预期，交易时过于保守，往往会错失良机，不利于企业利润增长，这种风险我们称为滞后战略风险。特别是在电子商务时代，战略决策的失误可能是瞬间发生，同时，网上交易不像人为交易那样灵活，决策失误往往是不可逆转的，这就加大了战略风险。战略是企业交易的第一步，错误的战略会使企业满盘皆输，因此，战略风险的防范应放在传统企业风险防范的首位。

7. 企业流程再造风险

电子商务是一种基于互联网的商务活动过程。传统企业在采用电子商务模式或进行"e化"的进程中，势必对组织内部以及组织之间的商务流程进行重新的设计和建立，以达到资源及时准确地共享的目的，从而降低成本，提高效率和质量。可以这样认为，电子商务流程再造是传统企业实施电子商务成功的关键因素之一。

如果把企业开展电子商务简单地理解成用电子的手段来从事商务就显得过于简单。电子商务不仅仅意味着通过网络来采购和处理订单，还会涉及企业更深层次的变革，即原有业务流程的改变。要达到通过减少中间环节、节约成本来取得收益的目的，电子商务必须实现物流、资金流和信息流的高度统一和完善，传统企业必须将原有以产品、生产和企业内部营运为中心的企业产供销内部业务流程，向以客户为中心，一切为了满足客户要求的现代企业内部业务流程转变。这一步对于传统企业能否真正实现电子商务至关重要。它决定了企业内部产品研发、设计、生产、采购和库存管理、销售和客户关系等工作能否形成一条流通顺畅的企业内部业务流程链，决定了企业能否对客户需求产生及时快速的反应，在最短时间内调动企业各方面的力量满足客户的要求。但是这一步也是困难最多,充满风险的一步。同时,由于对业务流程的改造会触及某些个人、部门的自身利益,会遭到来自各方的抵制,而这种抵制必然会影响到传统企业开展电子商务的进程和效果,有时甚至会使整个工作陷入瘫痪状态。

8. 人才风险

知识经济时代,知识成为财富的主要来源。作为知识载体的人才已经成为企业关注的焦点,人才的风险表现为全球范围的人力资源政策竞争。传统企业人力资源管理薄弱日益严重,人力资源风险不可避免地成为企业风险的中心。首先,传统企业不重视企业家的培养和造就,对管理者缺乏有计划地进行知识技能的更新、提高,严重的官本位思想使企业不能知人善用,对电子商务缺乏必要的了解和足够的重视,使得企业领导层缺乏具有科技成果的科技实业家和复合型、高素质的知识型企业家。其次,缺乏高效率的人力资源管理体制,员工不能获得良好的培训,这往往不能提高员工的技能和对企业的忠诚度。同时,落后的管理思想使员工不能够公平竞争,人才能不能合理流动,优秀人才大量流失。特别是企业参与开发、管理电子商务的相关人员,是集网络技术、企业管理知识于一身的复合型人才,但是由于我国传统企业内部人才激励机制不健全,同类企业间人才流动率高,致使人力资源成本比较高。这种高人才流动率一方面使企业人员稳定性降低,不利于电子商务技术的推广及应用,相对降低了系统的稳定性;另一方面造成企业内部的商业信息和技术秘密的泄露,有可能给企业带来巨大的损失。

(二)企业外部风险

1. 财务、金融风险

(1)财务风险

在网络财务环境中,存在更为隐蔽的财务会计信息失真的风险,在这种情况下,网络财务的分布式操作使得网络系统受到内部和外部地攻击。商品的交易成为"无纸化",改变了传统财务会计的顺序化处理模式,这样信息失真的风险更加隐蔽。

(2)金融风险

由于金融电子化后,可以在短时间内完成大规模的资金调动,再加上新的立法跟不上,政府有可能对此失去监控。其中包括:①利率风险,即电子商务因利率变动而蒙受损失的可能性,提供电子货币的电子商务因为利率的不利变动,其资产相对于负债可能会发生贬值,电子商务因此将承担相当高的利率风险;②汇率风险,即电子商务因汇率变动而蒙受损失的可能性,电子商务的全天候无边界特性,有可能使其经营者更倾向于从事跨国界交易和国际金融业务,当外汇汇率变动时,可能使其资产负债表中的项目出现亏损,从而面临更大的汇率风险;③流动性风险,即资产在到期时不能无损失变现的风险。

2. 外部环境风险

外部环境风险包括信用风险、信息风险、法律风险、交易安全风险及竞争风险。

（1）信用风险

电子商务是虚拟世界，交易双方不直接见面，在身份的判别确认、违约责任的追究等方面都存有很大困难。因此，信用风险远较传统业务中发生的概率大。信用风险是指商品买卖双方不能按事先达成的协议履行其义务的潜在可能性。其有两方面含义一是指对方不履行金融义务而使企业发生损失；二是指企业不能及时地、准确地、按质按量地完成订单，而是失信于客户，使市场占有率降低。

（2）信息风险

信息风险指信息虚假、信息滞后、信息不完善、信息过滥、信息垄断等有可能带来的损失。在信息传递过程中，如果市场行为主体不能及时得到完备的信息，就无法对信息进行正确的分析和判断，无法做出符合理性的决策。

从买卖双方自身的角度观察，网络交易中的信息风险来源于用户以合法身份进入系统后，买卖双方都可能在网络上发布虚假的供求信息，或以过期的信息冒充现在的信息，以骗取对方的钱款或货物。虚假信息包含与事实不符合、夸大事实两个方面。虚假事实可能是所宣传的商品或服务本身的性能、质量、技术标准等，也可能是政府批文、权威机构的检验证明、荣誉证书和统计资料等，还可能是不能兑现的允诺。夸大事实则对原有的事实加以粉饰，掩盖其缺点。

（3）法律风险

电子商务法律和政策方面的风险，主要起因于相关电子商务立法的滞后和全球化环境下各国法律和制度的差异。立法的滞后严重制约电子商务的发展，在法律不健全的条件下，企业只能做到尽量不违背现行法律，但企业会担心今后遇到法律冲突。另外，企业即使能够完全做到符合本国法律和制度，也难免会与他国法律发生冲突，各国法律和制度的差异使企业陷于风险中。法律风险具体表现在以下三方面。

① 电子商务交易法律风险

由于电子商务是在虚拟的网络空间进行，电子商务交易可以看作是无纸贸易，这样就容易引发种种新的法律问题，如电子合同、电子签名、电子商务认证、电子数据证据、网上交易与支付、电子商务管辖权及在线争议解决等。而规范这些数字交易的法律体制尚不成熟，使得某些合同、签名和承诺的合法性难以保证，给企业带来了新的风险。

② 隐私风险

电子商务时代，消费者的隐私受到前所未有的威胁。由于网络可以联接到世界各地乃至每一个家庭，各种信息将呈开放或者无序状态，并且直接涉及并威胁到每个家庭和个人的信息（隐私）。如何有效制止利用传输信息的信息网络，公开或者侵犯他人的隐私等现象，将是电子商务面临的重要法律问题之一。

③ 知识产权风险

在电子商务时代,知识产权风险主要表现为,电子商务时代信息的新特性与知识产权具有的特征的强烈冲突。比如,知识产权最突出的特征之一就是它的"专有性",而网络上应受到知识产权保护的信息则是公开的、公用的,也很难受到权利人的控制。"地域性"是知识产权的又一特征,而网络传输的特点则是"无国界性"。正因如此,电子商务活动涉及的知识产权风险就应引起企业的重视。一般来讲作为电子商务活动涉及的知识产权问题包括:域名、网页上各种各样的文章、图像、多媒体、数据库、软件及菜单设计等元素都会牵涉到专利权、商标权、版权、著作权等知识产权问题,造成了多种权利互相重叠和冲突的问题。

(4)交易安全风险

由于因特网运用 TCP/IP 协议和开放的体系结构,强调高效和通信而不强调安全性,所以网上交易安全也使传统企业发展电子商务普遍关心的问题之一。若不妥善解决安全性问题,则电子商务很难推广。

首先,从网上交易来看,电子商务给人类带来的最大风险是由于网上交易极大程度依赖于电脑和软件,经其进行的交易大多是瞬间的、不受地理距离限制的,控制传统经济行为的那些理论和方法对软件往往不再适用或不起作用,从而有可能使周期性的经济动荡变得更为频繁,幅度更大,还可能引发灾难性的价格战。其次,网上交易有着极大的不确定性,交易数据的更改、交易信息的泄露、交易流程的破坏,都很大程度上依赖于网络交易的安全保证。第三,实行电子商务后,可以在短时间内完成大规模的资金调运,政府可能对此完全失去监控。电子商务使交易更为便捷,随之而来的网上交易安全问题也更加突出。

(5)竞争风险

所有的企业都希望在市场中取得竞争优势。但是,当一个企业将电子商务作为取得竞争优势的一个战略时,可能会产生预想不到的不良结果。竞争风险产生的来源之一是许多企业实施电子商务战略是在这个时代被迫上马,没有认真分析消费者和市场的实际情况和需要,匆忙地上电子商务项目。改变了自己竞争的基础,又没有持续创新的观念和持续的人、财、物实际投入的能力。其结果是自己在竞争的环境中创造了一个潜在的不利变化,并使自己处于不利的竞争边缘。

竞争风险的第二个来源是实施电子商务战略的传统企业为了使其战略能更好地得以实施,经常对客户或供应商提供有关培训和工具,帮助其提高合作能力。然而,当有些竞争者带来了更好的机会时,客户或供应商却有可能转向与后来的企业竞争者合作。其结果是前面投入电子商务战略的企业为他人做嫁衣,自己反而没有获得应有的回报。

竞争风险的第三个来源是新进入者所带来的威胁。从竞争优势的观点来看新进入者比原有企业具有独特优势。老企业已经形成了一些守旧的公司文化和制度,容易拒绝变革现有的产品线,并且害怕承担创新市场的风险。新的市场进入者常常更容易看到机会,实施电子商务战略的行动也更快。

（三）企业与企业之间的风险

企业与企业之间的风险主要有运行风险和对其他企业依赖性风险。

1. 运行风险

运行风险主要来自三方面，即与商业伙伴的协同运行、对系统运行专业人员的管理以及系统的升级调整。JIT 制造，第三方物流和零库存管理电子商务应用都需要合作伙伴的参与才能平稳运行。为此，培植整个运行系统的协作精神就显得非常重要。如果企业电子商务技术掌握在少数专业人员手中，一旦他们的"跳槽"将给企业致命的打击。

2. 对其他企业依赖性风险

随着电子商务进程的深入，企业需要将部分商务流程扩展到合作伙伴，而且这些流程要求企业间共同运作和控制。同时企业的部分业务（如网络设施的运行、物流等）可能需要外包，这些都将导致企业对于合作伙伴过于依赖的风险。

三、电子商务风险管理

我们在充分了解了电子商务的风险之后，接下来做的事就是要对这些风险进行管理和控制，也就是建立电子商务风险管理机制。首先企业应该在对电子商务产生的风险进行识别、预测、评价的基础之上，优化各种风险处理技术，以一定的风险处理成本达到有效的控制和处理风险的目的，这也就是风险管理过程。电子商务风险管理过程主要包括风险识别、风险衡量、风险处理三大环节。

（一）风险识别

它是管理风险的第一步，即识别整个项目过程中可能存在的风险。作为从事电子商务的企业，在开展电子商务业务或进行电子商务过程改进时，必须结合企业自身的特点，根据电子商务的性质，从潜在的事件及其产生的后果和潜在的后果及其产生的原因来检查风险。收集、整理电子商务可能的风险并充分征求各方意见就形成项目的风险列表。

（二）风险衡量

风险衡量的目的是确定每种风险对企业影响的大小，一般是对已经识别出来的电子商务风险进行量化估计，这里量化的概念主要指风险影响指标，风险概率以及风险值。

（三）风险处理

完成了风险分析后，就已经确定了电子商务项目中存在的风险以及它们发生的可能性和对项目的风险冲击，并可排出风险的优先级。比如说作为一个 B2C 电子商务网站的建设,网站的安全交易风险就要高于知识产权保护的风险。所以在风险应对阶段也就风险控制阶段,可以根据风险性质和企业对风险的承受能力制定相应的防范计划,即风险应对。制定风险应对策略主要考虑以下四个方面的因素:可规避性、可转移性、可缓解性、可接受性。确定风险的应对策略后,就可编制风险应对计划。

1. 从技术层面规避与防范风险

针对电子商务存在的技术风险,我们首先应建立企业的安全策略,掌握保障安全性所需的基础技术,并规划好发生特定安全事故时企业应该采取的解决方案。一般来说,安全策略包括总体的安全策略和具体的规则。

总体安全策略制定一个企业的战略性安全指导方针,并为实现这个方针分配必要的人力和物力。具体的安全规则要求针对所有已衡量的技术风险制定有效并可操作的解决方案。所有的安全策略必须由一套完善的管理控制架构所支持,其中最重要的要素是要建立完整的、能够有效地降低和避免风险的安全性解决方案。该方案涉及安全核心系统、虚拟专用网络、物理隔离、内部网络安全、远程访问控制、病毒防护、防火墙、认证、信息加密与数字签名技术,以及主动监测方式。

安全核心系统可以在实现一个完整或较完整的安全系统的同时与传统的网络协议保持一致;虚拟专用网络利用公共网络(如 Internet)作为基本传输媒介,使用授权身份认证、数据加密传输等技术将远程用户、分支机构和合作伙伴等连接起来,能够提供高安全性、传输稳定性和信道独占等专用网络性能的服务;通过进行物理隔离,使企业内部网不直接或间接地连接公共网,保护路由器、工作站、网络服务器等硬件实体和通信链路免受自然灾害、人为破坏和搭线窃听攻击;内部网络安全为特定文件或应用设定密码保护,能够将访问限制在授权用户范围内;远程访问控制针对远程用户,在内部网络中配置用户身份认证服务器。

在技术上通过对接入的用户进行身份和密码验证,并对所有的用户机器的 MAC 地址进行注册,采用 IP 地址与 MAC 地址的动态绑定,以保证非授权用户不能进入;培养企业的集体防毒意识,部署统一的防毒策略,高效、及时地应对病毒的入侵;设置位于企业内部网与外部之间的防火墙,能够对所有企图进入内部网络的流量进行监控。

目前技术最为复杂而且安全级别最高的防火墙是隐蔽智能网关,它将网关隐藏在公共系统之后使其免遭直接攻击;身份认证技术用于保证连接双方身份的真实性和确定性,信息加密技术则帮助网络传输中的数据不被窃取、篡改;主动监测方式用于维护各种网络攻击的数据库,一般用于对网络安全要求较高的网络系统中。

2. 建立企业的投资风险防范与内部控制机制

在企业投资于电子商务的决策活动中,首先应从财务的角度预测风险,企业的各项预测信息,最终要体现在财务收益预测上,因此各职能部门,都应当分析本部门工作中可能产生的风险,报告给财务部门,以便防范。其次应建立风险识别系统,这是风险规避的基础。

当风险即将发生时,企业应当做出灵敏的反应,企业某一环节出现问题,应及时沟通情报,避免问题成堆。再者,对于投资过程中可能出现的风险,应有一系列预备方案,当投资风险发生时,可启用备用方案。同时,风险发生以后,应当由有关部门、有关人员组织衡量,从中总结经验,吸取教训,并反馈给有关部门,以防风险再次发生。在内部控制中,企业应弄清楚企业内部网及服务器的确切数量、了解企业内部网上的数据与处理方法、确定企业内部网上哪些数据和处理方法包括在审计保证职能的范围之内、了解各项参数设置与网络内部基础设施以及测评企业内部网在其数据读取方面所采取的安全措施,包括保护措施和防范恶意编码的策略等。

3．加强信用风险的防范

电子商务与传统经济的一个重要区别在于交易双方的匿名性。为了最大限度地杜绝由于身份匿名而带来的欺诈行为,提供电子市场交易的网站可以要求交易双方采用实名制,例如淘宝网就设有卖家实名制认证。通过这种身份审核,电子商务中介能够在一定程度上掌握交易双方的真实信息,防止欺诈行为,并在发生欺诈行为后能够做出相应的追溯行动。同时由于电子商务中,买卖双方通常会在不完全信息环境下进行多次交易,电子商务企业需要建立完善的信用评级及信息披露制度。通过设定完善的信用评价标准,根据评价标准,可以客观公正的评价每个交易者的信用水准,由此可以相应的赋予或者剥夺某些交易权限,可以降低或者提高其所需要的保证金额度,可以宽限或者缩短其交易的期限等。及时对相关交易信息进行披露,可以形成社会的群体约束力,约束双方的交易行为。建立信用评级及信息披露制度不仅为交易双方提供参考,还可以有效的激励诚信交易,这对电子商务参与者防范信用风险非常重要。

此外可以建立失信严惩机制,追求功利最大化是诚信缺失的根源,而要扼制失信者的不诚信就要强制性建设有效的制度,进行外在约束。严格信用监督和失信惩戒机制,对遵守信用者应进行褒奖,对失信者进行惩罚,是社会信用保障体系得以健康发展的重要前提。对失信者进行行政或司法处罚,并将受到行政或司法处罚的企业和个人披露于相关的经济和社会领域,从而对其生存和发展带来负面影响。通过打击社会经济生活中失信违法现象来提高社会整体信用等级,这样企业和公民的信用意识才会不断提高,信用制度和信用体系才将不断完善。

4．加强客户安全意识与风险防范

客户的风险防范归纳起来主要应从三个方面加强:首先设定的密码最好避免使用生日等容易被别人破译的密码号,而且应经常更改口令,防止密码被盗,或减少密码被盗用的可能性;其次注意在不同的网址使用不同的密码,而且在选择网络服务提供商时,应该注意选择信誉好、可靠性高的公司;再者不要轻易将密码告诉他人,尤其不要轻信所谓的系统管理员要询问你的账号、密码来维护系统。

5. 加强宏观层面的防范与控制

宏观层次上的风险防范和控制主要是指国家层面的电子商务风险控制,主要是为电子商务的健康发展提供良好的环境和平台。具体说来,应尽力发展我国先进的信息技术,提高网络安全性能,包括各种计算机设备、通信设备、系统软件、加密算法等,以防范电子商务的安全风险。在国外,对网络安全性能的掌控,主要包括公共钥匙基础设施(PKI)、加密技术制度、电子签名技术等;加快法制建设步伐,尽快出台有关网上交易和电子商务的法律法规。在按照鼓励,扶持的政策思想指导下,可规定税收中性原则、税收优惠原则,建立电子商务税务登记制度,完善现行税法,将支付行为作为征税环节,加强对电子商务涉税问题的研究。如在国外对电子商务的立法是对网上交易采用税收中立政策,免征网上交易税,这极大地促进了网络经济的发展,对我国立法具有借鉴作用;应充分运用政策手段,通过政策选择去激励电子商务按健康的发展方向开展业务;还应提升整个社会的信用水平,这是一个综合的系统工程,必须运用法律、经济、道德等各种手段来提升整个社会的信用水平,建立完善的信用制度。对于信用风险的控制必须建立一个信用体系环境,这需要全社会的努力。

6. 加强企业与企业之间风险的防范

即练即测

针对运行风险,企业必须培养必要的人力资源,建立一套运行维护的技术指导和规范,以解决运行中可能出现的问题。一般操作人员可以根据这些规范来解决常见问题。这样就可以减少相应的风险。针对其他企业依赖性风险,除了要求企业间有很好的合作机制,彼此信任,对合作伙伴夜要有适当的评价和监测手段,商业利益分配也要尽可能合理。

讨论案例9-1

锦江酒店疫情风波

1. 疫情影响乍现

万万没想到,2020 年来了,庚子新年会以这样的方式打开,突发的新型冠状病毒感染的肺炎疫情,让一切变得不同寻常。

受国内疫情影响,2020 年第一季度锦江酒店公司营业收入 21.89 亿元,相比 2019 年第一节度营业收入同期下降 34.41%,业绩亏损 9363 万元,对公司整体业绩影响较大。

2. 锦江酒店的简介

锦江酒店是中国主要酒店服务供应商之一,主要从事经济型酒店营运与特许经营、星级酒店营运与管理以及餐厅营运等业务。锦江酒店是中国经济型酒店行业的先驱,自 1997 年起将经济型酒店业务作为独立的业务经营,时至今日,"锦江之星"品牌已成为中国主要经济型酒店品牌之一,为国内商务和休闲旅客提供价格合理而整洁舒适的住宿服务。

3. 2020 年疫情影响下的锦江酒店

2020 年,疫情对全球经济造成了巨大冲击。从世界范围看,经济弱周期遇上疫情冲击,导致全球性经济活动近乎停摆,市场几乎被冷冻,产业链、供应链严重受阻甚至中断。在这个大背景下,锦江酒店的发展受到一定的打击,又可以说是中国酒店业都面临着重重危机。

作为龙头标杆的锦江酒店,其发展进程也受到一定程度的影响。锦江酒店的经营范围很广泛,其中的酒店服务是其主要营业收入之一。根据 2019 年下半年的财务报告和 2020 年上半年的财务报告来看,其酒店客房收入从 74.82 亿元下降到 18.38 亿元。酒店客房收入相差甚大,且其在营业收入中占比较大,因此,整个锦江酒店的营业利润呈现下降趋势。

酒店市场竞争日益激烈,锦江酒店在营销工作上不够深入细致。研究发现,锦江酒店仍旧是以会员制促销、统一价格等策略来留住客户。相比其他同等级的酒店,在疫情暴发后,会根据各地的经济情况来适当调整自身的价格,并适时做促销活动等。疫情影响下的酒店发展,要考虑到顾客的消费能力是否有所下降,而非仅仅分析酒店的内部发展。疫情下,整个消费市场下沉,消费者消费能力和消费观念与往常也有所不同。对于锦江酒店来说,价格战是非常重要的一个环节。其次,锦江酒店的内部环境没有进行相适应的整改,有消费者反映锦江酒店陈设老旧,房间设计没有更新换代,不能够满足消费者的需求。

资料来源:锦江酒店官网 http://www.jinjianghotels.com/,2021-01-28.

讨论问题

1. 从市场营销 4P 角度,分析案例中反映出锦江酒店面临哪些市场营销风险?

2. 锦江酒店应采取什么措施处理该风险?

案例分析

第十章

信用风险管理

引导案例

首付交了,因为贷款没办下来,赔了 40 多万元!

2020 年济南的张利房子没买成,还白白地搭进去 40 多万元!

几年前,济南市民张利通过中介看上了位于济南市中区舜德路的一套房子,房主是刘森和王红,房屋总价款为 217 万元。双方很快签订了《房屋买卖合同》,合同约定,双方在合同签订当日,张利支付定金 2 万元,而刘森和王红把房产证和合同等相关资料原件交给中介保管,用于办理后续手续。

此外,双方同意通过银行按揭贷款的方式付款,张利一方保证无不良信用记录、刘森和王红一方保证积极配合准备贷款所需材料,如果张利在贷款资料均齐全的情况下,因自身原因导致贷款手续无法办理,应在接到银行通知之日起 60 日内一次性交齐该房款,否则属违约。

合同约定,张利于产权过户当日支付人民币 67 万元整(含定金)作为首付款,剩余尾款 150 万元于银行发放贷款之日由银行直接支付。

按照合同约定,在合同存续期间,张利一方反悔不购买房产或因其原因导致违约,则刘森一方有权单方面解除合同,同时张利应按照本合同约定总房款的 20% 向刘森一方支付违约金。

刘森和王红把房屋钥匙交给了张利,张利也住了进去。然而,8 个月后,张利却搬了出来,并把房屋钥匙归还了刘森。

这期间发生的事情,可以说是双方始料未及的。合同签订后,张利向刘森和王红支付了定金 2 万元,又支付首付款 27.5 万元,但剩余房款始终未支付。

刘森和王红多次催促张利付款,张利在无法付款的情况下,提出已无力购买这一房屋。中介机构组织双方协商解决房屋买卖事宜,张利再次表示,因个人征信问题无法办理贷款,因此无力购买此房。之后中介机构再次通知双方到中介机构场所就解除合同违约等事宜协商,但张利没有到场,协商未果。

刘森和王红只能起诉到了法院。他们表示,涉诉合同无法继续履行,是张利未能如约支付购房款,逾期超过 30 天,应由张利承担违约责任,支付违约金 43.4 万元(217 万元×20%)。

依照相关法律规定,法院判决《房产买卖合同》解除。被告张利向原告刘森、王红支付违约金 43.4 万元。

个人征信在日常生活中的使用愈来愈广泛,个人征信报告俨然一张经济身份证! 一定要维护好自己的个人征信,否则可能"后患无穷"。

(资料来源:首付交了,因为贷款没办下来,结果赔了 40 多万元! 买房者当心! 根据网络新闻资料整理。搜狐新闻,https://www.sohu.com/a/229562478_349372,2018-04-26.)

导言

本章首先阐述企业信用风险管理的概念、基本理论,其次阐述加强信用风险管理,必须形成良好的信用风险防范的管理体制,由企业高层管理者推动,建立高效的信用风险管理机构和队伍,健全信用风险管理制度,详细阐述信用风险不同的识别方法、信用风险评价体系,最后,提出适合我国国情的企业信用风险管理实务。

古人风险管理智慧专栏

得黄金百斤,不如得季布一诺。

——(西汉)司马迁《史记·季布栾布列传》

秦朝末年,楚国有一个叫季布的人,他这个人个性耿直,而且非常讲信用,只要他答应的事,就一定会努力做到,也因此他受到许多人的称赞,大家都很尊敬他。

他曾经在项羽的军中当过将领,而且率兵多次打败刘邦,所以当刘邦建立汉朝,当上皇帝的时候,便下令捉拿季布,并且宣布:凡是抓到季布的人,赐黄金千两,藏匿他的人则遭到灭门三族的惩罚。可是,季布为人正直而且时常行侠仗义,所以大家都想保护他。起初季布躲在好友的家中,过了一段时间,捉拿他的风声更紧了,他的朋友就把他的头发剃光,化装成奴隶和几十个家僮一起卖给了鲁国的朱家当劳工。朱家主人很欣赏季布,于是专程去洛阳请刘邦的好朋友汝阴侯滕公向刘邦说情,希望能撤销追杀季布的通缉令,后来刘邦果真赦免了季布,而且还给了他一个官职。

第一节　信用风险概述

信用是以偿还为条件的价值运动,多产生于融资行为和商品交易的赊销或预付之中,如银行信用、商业信用等。信用风险(credit risk)是指债务人或交易对手未能履行合同所规定的义务或信用质量发生变化,影响金融价值,从而给债权人或金融产品持有人造成经济损失的风险。

一、违约风险、信用评级降级风险和信用价差增大风险

按照信用风险的性质,可将信用风险分为违约风险、信用评级降级风险和信用价差增

大风险。违约风险(default risk)是指借款人或交易对手违约给金融机构带来的风险。信用评级降级风险(credit rating downgrade risk)是指由于借款人信用评级变动造成的债务市场价值变化的不确定性。信用差价增大风险是指由于资产收益率波动、市场利率等因素变动导致信用差价增大所带来的风险。

二、表内风险与表外风险

按照信用风险所涉及的业务种类,可将信用风险分为表内风险与表外风险。源于表内业务的信用风险称为表内风险(risk from business in the balance sheet),如传统的信贷风险;而源于表外业务的信用风险称为表外风险(risk from business outside the balance sheet),如商业票据承兑可能带来的风险。

三、本金风险和重置风险

按照信用风险所发生的部位,可将信用风险分为本金风险和重置风险。当交易对手不按约定足额交付资产或价款时,金融机构可能收不到或不能全部收到应得的资产或价款而面临损失的可能性,这称为本金风险;当交易对手违约而造成交易不能实现时,未违约方为购得金融资产或进行变现就需要再次交易,这将可能遭受因市场价格不利变化而带来损失的可能性,这就是重置风险。

四、系统性信用风险和非系统性信用风险

按照信用风险是否可以分散,又可以分为系统性信用风险和非系统性信用风险。系统性信用风险(systemic credit risk)源于系统风险因素,如经济危机导致借款人无力偿还贷款;非系统性信用风险(non-systemic credit risk)是指特定行业或公司的特殊因素导致借款人不愿或无法履行合同给金融机构带来的信用风险。

视频　三杯吐然诺,防止失于信

信用风险是经济主体信用活动中的风险,即存在于企业、个人的商业信用中,更多存在于银行信用、国家信用当中。对大多数公司来说,贷款是最大、最明显的信用风险来源。此外,信用风险还存在于债券投资等表内业务中,也存在于信用担保、贷款承诺等表外业务及衍生产品交易中。但是,公司正面临着越来越多除贷款之外的其他金融工具中所包含的信用风险,包括承兑、同业交易、贸易融资、外汇交易、债券、股权、金融期货、互换、期权、承诺和担保以及交易的结算等。

第二节　信用风险识别

按照业务特点和风险特性的不同,公司的客户可划分为法人客户与个人客户。法人客户根据其机构性质可以分为公司类客户和机构类客户,公司类客户根据其组织形式不同又可以划分为单一法人客户和集团法人客户。

一、单一法人客户的信用风险识别

(一) 基本信息分析

在对单一法人客户进行信用风险识别和分析时,公司必须对客户的基本情况和与公司业务相关的信息进行全面了解,以判断客户的类型(公司法人还是机构法人)、基本经营情况(业务范围、盈利情况)、信用状况(有无违约记录)等。为此,公司应要求客户提供基本资料,并对客户提供的身份证明、授信主体资格、财务状况等资料的合法性、真实性和有效性进行认真核实,并将核实过程和结果以书面形式记载。对于中长期授信,公司还需要考察资金来源及使用情况、预计的资产负债情况、损益情况、项目建设进度及营运计划和其他相关文件。

(二) 财务分析

财务分析是通过对公司的经营成果、财务状况以及现金流量情况的分析,达到评价公司经营管理者的管理业绩、经营效率,进而识别公司信用风险的目的。财务分析是一项系统工程,对任何指标或数值的单独理解都不利于分析目标的实现,因此,必须建立以到期还本付息能力为核心的系统分析框架。财务分析主要包括财务报表分析、财务预测分析以及现金流量分析。

(三) 非财务因素分析

非财务因素分析是信用风险分析过程中的一个重要组成部分,与财务分析相互印证、相互补充。考察和分析公司的非财务因素,主要从管理层风险、行业风险、生产与经营风险、宏观经济与自然环境等方面进行分析和判断。

1. 管理层风险分析

管理层风险分析重点考核公司管理人员的人品、诚信度、授信动机、经营能力及道德水准;历史经营记录及其经验;经营者相对于所有者的独立性;品德与诚信度;影响其决策的相关人员的情况;决策过程;所有者关系、内部控制机制是否完备及运行正常;领导后备力量和中层主管人员的素质;管理的政策、计划、实施和控制。

2．行业风险分析

每个借款人都处于某一特定的行业中,每一特定行业因所处的发展阶段不同而具有独特的行业风险。尽管这种风险具有一定的阶段性特征,但在同一行业中的借款人可能需要共同面对某些基本一致的风险。一般而言,行业风险分析的主要内容有行业特征及定位分析、行业成熟期分析、行业周期性分析、行业的成本及盈利性分析、行业依赖性分析、行业竞争力及替代性分析、行业成功的关键因素分析以及行业监管政策和有关环境分析。

3．生产与经营风险分析

行业风险分析只能帮助公司对行业整体的共性风险有所认识,但行业中的每个公司又都有其独特的自身特点。就国内公司而言,存在的最突出问题是经营管理不善。通常,公司的生产与经营风险可以从以下几方面进行分析。

(1) 总体经营风险:公司在行业中的地位、公司整体特征、公司的目标及战略等因素。

(2) 产品风险:特征与定位(是不是核心产品)、消费对象(分散度与集中度)、替代品及产品研发等。

(3) 原料供应风险:渠道及依赖性、稳定性、议价能力及市场动态等。

(4) 生产风险:流程(劳动密集/资本密集)、设备状况、技术状况及劳资关系等。

(5) 销售风险:市场份额及渠道、竞争程度、销售量及库存和竞价能力。

4．宏观经济与自然环境分析

经济环境、法律环境、科技进步以及战争、自然灾害和人口等各种自然和社会因素的变化,均可能给借款人带来意外风险,对借款人的还款能力产生不同程度的影响。

(四) 担保分析

担保是指为维护债权人和其他当事人的合法权益,提高贷款或者货款偿还的可能性,或者降低风险损失,由借款人或第三方对贷款本息的偿还或其他授信产品提供的一种附加保障,是可以影响或控制的潜在还款来源。公司与债务人及第三方签订担保协议后,当交易对手财务状况恶化、违反合同或无法偿还贷款本息时,公司可以通过执行担保来争取贷款本息的最终偿还或减少损失。担保方式主要有保证、抵押、质押、留置和定金。

保证是指保证人和债权人约定,当债务人不履行债务时,保证人按照约定履行债务或者承担责任的行为。贷款保证的目的是通过第三方为借款人按约足额偿还贷款提供支持。在对贷款保证进行分析时,公司最关心的是保证的有效性,因此对贷款的保证人应从以下几方面进行考察:保证人的资格;保证人的财务实力;保证人的保证意愿;保证人履约的经济动机及其与借款人之间的关系;保证的法律责任。

抵押是指债务人或第三方不转移对财产的占有,将该财产作为债权的担保,债务人不履行债务时,债权人有权依照法律规定以该财产折价或者以拍卖、变卖该财产的价款优先受偿。债务人或第三方为抵押人,债权人为抵押权人,提供担保的财产为抵押物。抵押应注意以下方面：

（1）可以作为抵押品的财产的范围及种类。

（2）抵押合同应包括的基本内容：被担保的主债权种类、数额；债务的期限；抵押品的名称、数量、质量、状况、所在地、所有权权属或者使用权权属；抵押担保的范围；当事人认为需要约定的其他事项等。

（3）抵押物的所有权转移。根据我国现行《担保法》的相关规定，订立抵押合同时，抵押权人和抵押人在合同中不得约定在债务履行期届满抵押权人未受清偿时，抵押物的所有权转移为债权人所有。

（4）抵押物登记。

（5）抵押权的实现。

质押又称动产质押，是指债务人或第三方将其动产移交债权人占有，将该动产作为债权的担保。债务人不履行债务时，债权人有权依照法律规定以该动产折价或者以拍卖、变卖该动产的价款优先受偿。在动产质押中，债务人或第三方为出质人，债权人为质权人，移交的动产为质物。对动产质押应注意以下方面：订立形式；质押合同时效；合同应当包括的内容是否齐全；质物的所有权转移；质押担保的范围；出质人对质物承担的权利、债务和责任；债务履行期届满时质物的处理；权利质押的资格范围；权利质押物的权利行使日与债务履行期不一致的处理；权利质押的生效及转让。

留置是指债权人按照合同约定占有债务人的动产，债务人不按照合同约定的期限履行债务的，债权人有权依照法律规定留置该资产，以该资产折价或者以拍卖、变卖该财产的价款优先受偿。留置担保的范围包括主债权及利息、违约金、损害赔偿金、留置物保管费用和实现留置权的费用。留置这一担保形式主要应用于保管合同、运输合同和加工承揽合同等主合同。

定金是指当事人可以约定一方向对方给付定金作为债权的担保。债务人履行债务后，定金应当抵作价款或者收回。给付定金的一方不履行约定的债务的，无权要求返还定金；收受定金的一方不履行约定的债务的，应当双倍返还定金。公司业务中一般极少采用留置与定金作为担保方式。

二、集团法人客户的信用风险识别

（一）整体状况分析

公司集团是指由相互之间存在直接或间接控制关系，或其他重大影响关系的关联方组成的法人客户群。确定为同一集团法人客户内的关联方可称为成员单位。

公司可以参照上述的单一法人客户风险分析方法，对集团法人客户的基本信息、财务状况、非财务因素以及担保等整体状况进行逐项分析，以识别其潜在的信用风险。此外还要重点分析集团内的关联交易情况。

关联交易是指发生在集团内关联方之间的有关转移权利或义务的事项安排。关联方是指在财务和经营决策中,与他方之间存在直接或间接控制关系或重大影响关系的企、事业法人。分析公司集团内的关联交易时,应先全面了解集团的股权结构,找到公司集团的最终控制人和所有关联方,然后对关联方之间的交易是否属于正常交易进行判断。

(二)信用风险特征分析

集团法人客户的信用风险通常是由于公司对集团法人客户多头授信、盲目/过度授信、不适当分配授信额度,或集团法人客户经营不善,或集团法人客户通过关联交易、资产重组等手段在内部关联方之间不按公允价格原则转移资产或利润等原因造成的。与单一法人客户相比,集团法人客户的信用风险特征主要表现有:内部关联交易频繁;连环担保十分普遍;财务报表真实性差;系统性风险较高;风险识别和贷后监督难度较大。

三、个人客户的信用风险识别

(一)基本信息分析

与法人授信业务相对应,个人信贷业务所面对的客户主要是自然人,其特点表现为单笔业务资金规模小但业务复杂而且数量巨大。个人客户信用风险主要表现为个人作为债务人在信贷业务中的违约,或在表外业务中自行违约或作为保证人为其他债务人/交易方提供担保过程中的违约。

公司在对个人客户的信用风险进行识别和分析时,需要收集、核查个人客户提供的能够证明个人年龄、职业、收入、财产、信用记录、教育背景等基本情况的相关资料。

(二)个人信贷产品风险分析

个人信贷产品可以基本划分为个人住宅抵押贷款、个人零售贷款和循环零售贷款三大类。

1. 个人住宅抵押贷款的风险分析

(1)经销商风险。它主要包括:经销商不具备销售资格或违反法律规定,导致销售行为、销售合同无效;经销商在商品合同下出现违约,导致购买人(借款人)违约;经销商高度负责经营时,存在经销商卷款外逃的风险。

(2)"假按揭"风险。个人住房贷款"假按揭"是指开发商以本单位职工或其他关系人冒充客户作为购房人,通过虚假销售(购买)的方式套取银行贷款的行为。"假按揭"风险主要在于开发商利用积压房产套取银行信用,欺诈银行信贷资金。

(3)由于房产价值下跌而导致超额抵押值不足的风险。

（4）借款人的经济财务状况变动风险。

2．个人零售贷款的风险分析

个人零售贷款可以分为汽车消费贷款、信用卡消费贷款、助学贷款、留学贷款和助业贷款等。个人零售贷款虽然品种不同，但面临的个人信用风险却有一定的相似之处，个人零售贷款的风险在于以下 4 点。

（1）借款人的真实收入状况难以掌握，尤其是无固定职业者和自由职业者的收入状况。

（2）借款人的偿债能力可能不稳定（例如职业不稳定，大学生就业困难等）。

（3）贷款购买的商品质量有问题或价格下跌导致消费者不愿履约。

（4）抵押权益实现困难。

除了按照前述的个人客户基本信息分析来识别借款人的信用风险外，还应当要求学校、家长或有担保能力的第三方参与对助学、留学贷款的担保；对用于购买商品（如汽车）的贷款，公司应对经销商的信誉、实力和资格进行分析考察。由于个人贷款的抵押权实现困难，因此应当高度重视第一还款来源，要求借款人以不影响其正常生活的可以变现的财产作为抵押，并且要求借款人投保财产保险。

3．循环零售贷款

目前，我国公司尚未真正开展针对个人客户的循环零售贷款业务。根据《巴塞尔新资本协议》，针对个人的循环零售贷款应满足如下标准/做法。

（1）贷款是循环的、无抵押的、未承诺的（从合约和实际情况看都是如此），循环贷款被界定为在公司的一定限额内，贷款余额根据客户贷款和偿还情况上下浮动。

（2）子组合内对个人最高授信额度不超过 10 万欧元（或等值货币）。

（3）公司必须保证对循环零售贷款采用的风险权重函数，仅用于相对平均损失率而言损失率波动性低的零售贷款组合，特别是那些违约概率低的贷款组合。

（4）必须保留子组合的损失率数据，以便分析损失率波动情况。

（5）循环零售贷款的风险处理方式应与子组合保持一致。

办理循环零售贷款业务时应当高度重视借款人的资信状况及其变化趋势。

第三节　信用风险衡量

信用风险衡量是现代信用风险管理的基础和关键环节。信用风险度量经历了从专家判断、信用评分模型到违约概率模型分析三个主要发展阶段。公司对信用风险的度量依赖于对借款人和交易风险的评估，前者是客户信用评级，后者是债项信用评级。通过这两个维度度量单一客户/债项的违约概率和违约损失率之后，公司还必须构建组合信用风险度量模型，用以度量组合内各资产的相关性和组合的预期损失。

一、违约

违约责任是指合同当事人不履行合同义务或者履行合同义务不符合约定时依法产生的法律责任。违约行为是违约责任的基本构成要件,没有违约行为,也就没有违约责任。违约行为是指合同当事人违反合同义务的行为。根据违约行为发生的时间,违约行为总体上可分为预期违约和实际违约,而实际违约又可分为不履行(包括根本违约和拒绝履行)、不符合约定的履行和其他违反合同义务的行为,其中不符合约定的履行又可分为迟延履行、质量有瑕疵的履行、不完全履行(包括部分履行、履行地点不当的履行和履行方法不当的履行)。

一般地,债务人出现以下任何一种情况应被视为违约。

(1) 债务人对公司的实质性信贷债务逾期 90 天以上。若债务人违反了规定的透支限额或者重新核定的透支限额小于目前的余额,各项透支将被视为逾期。

(2) 公司认定,除非采取变现抵质押品等追索措施,债务人可能无法全额偿还对公司的债务。

二、违约损失率和违约损失

违约损失率(loss given default,LGD)是指交易对手的违约损失金额占违约风险暴露的比例。客户违约后给公司带来的债项损失包括两个层面:一是经济损失,考虑所有相关因素,包括折现率、贷款清收过程中的直接成本和间接成本(主要包括引致损失和机会损失);二是会计损失,也就是公司的账面损失,包括违约贷款未收回的贷款本金和利息两部分。

第四节　信用评级体系

信用评级(credit rating),也称资信评级,是由独立的信用评级机构或经济主体对影响评级对象的诸多信用风险因素进行分析研究,就其偿还债务的能力及其偿债意愿进行综合评价,并且用简单明了的评级符号表示出来。完整的信用评级过程包括前期准备、信息收集、处理分析、综合评价、确定等级和跟踪评级六个阶段。

一、信用评级体系

信用评级体系(credit rating system)是信用评级机构在对被评对象的资信状况进行客观公正的信用评价时所采用的评估要素、评估指标、评估方法、评估标准、评估权重和评估等级等项目的总称,这些项目形成一个完整的体系。

信用评级体系是资信评级的依据,没有一套科学的资信评级指标体系,资信评级工作就无所适从,更谈不到资信评级的客观性、公正性和科学性。作为一个完整的体系,信用评级体系应该包括以下六个内容。

1. 信用评级的要素

这决定于对资信概念的认识。从狭义上说,资信指按期还本付息的能力;从广义上说,资信指资金和信誉,是履行经济责任的能力及其可信任程度。因此,信用评级的要素应该体现对资信概念的理解。国际上对形成信用的要素有很多种说法,有 5C 要素、5P 要素、4F 要素等,其中以 5C 要素影响最广。在我国,通常主张信用状况的五性分析,包括安全性、收益性、成长性、流动性和经营性。通过五性分析,就能对资信状况做出客观的评价。

2. 信用评级的指标

即体现信用评级要素的具体项目,一般用指标表示,指标的选择,必须以能充分体现评级的特征内容为条件。

3. 信用评级的标准

要把资信状况划分为不同的级别,这就要对每一项指标及综合评价定出不同级别的标准,以便参照定位。

4. 信用评级的指标权重

它指在信用综合评价中各项信用指标的相对重要性。信用评级的各项指标在信用评级体系中不可能等同看待:有些指标占有重要地位,对企业信用评级起到决定性作用,其权重就应大一些;有些指标的作用可能小一些,其权重就相对要小。

5. 信用评级的等级

信用评级的等级即反映资信等级高低的符号和级别。

6. 信用评级的方法

按照不同的标志,信用评级的方法有不同的分类,如定性分析法与定量分析法、主观评级方法与客观评级方法、模糊数学评级法与财务比率分析法、要素分析法与综合分析法、静态评级法与动态评级法、预测分析法与违约概率模型法等,同时还有各行业的评级方法。这些方法相互交叉,各有特点,并不断演变。如主观评级方法与客观评级方法中,主观评级更多地依赖于评级人员对受评机构的定性分析和综合判断,客观评级则更多地以客观因素为依据。

二、信用评级方法

(一)要素分析法

根据对要素的不同理解,要素分析法主要有以下几种方法。

1. 5C 要素分析法

5C 要素分析法主要分析以下五个方面信用要素：借款人品德（character）、经营能力（capacity）、资本（capital）、资产抵押（collateral）和经济环境（condition）。

2. 5P 要素分析法

5P 要素分析法主要分析以下五个方面信用要素：个人因素（personal factor）、资金用途因素（purpose factor）、还款财源因素（payment factor）、债权保障因素（protection factor）和企业前景因素（perspective factor）。

3. 5W 要素分析法

5W 要素分析法主要分析以下五个方面信用要素：借款人（who）、借款用途（why）、还款期限（when）、担保物（what）和如何还款（how）。

4. 4F 要素分析法

4F 要素分析法主要分析以下四个方面要素：组织要素（organization factor）、经济要素（economic factor）、财务要素（financial factor）和管理要素（management factor）。

5. CAMPARI 法

CAMPARI 法主要分析借款人以下七个方面的要素：品德（character）、借款人偿债能力（ability）、企业从借款投资中获得的利润（margin）、借款的目的（purpose）、借款金（amount）、偿还方式（repayment）和贷款抵押（insurance）。

6. LAPP 法

LAPP 法主要分析以下四个要素：流动性（liquidity）、活动性（activity）、盈利性（profitability）和潜力（potentialities）。

7. 骆驼（CAMEL）评估体系

该体系主要分析以下五个内容：资本充足率（capital adequacy）、资产质量（asset quality）、管理水平（management）、收益状况（earnings）和流动性（liquidity），其英文第一个字母组合在一起为"CAMEL"，因正好与"骆驼"的英文名字相同而得名。

上述评级方法在内容上都大同小异，是根据信用的形成要素进行定性分析，必要时配合定量计算。它们的共同之处都是将道德品质、还款能力、资本实力、担保和经营环境条件或者借款人、借款用途、还款期限、担保物及如何还款等要素逐一进行评分，然后再汇总。必须把企业信用影响因素的各个方面都包括进去，不能遗漏，否则信用分析就不能达到全面反映的要求。

三、综合分析法

综合分析法（composite grade method）就是依据受评主体特征的数据计算出综合评分

（或称指数）的数学模型。目前企业信用综合评级方法很多，但实践中普遍采用的方法主要有四种。

（一）加权评分法

这是目前信用评级中应用最多的一种方法。一般做法是根据各具体指标在评级总目标中的不同地位，给出或设定其标准权重，同时确定各具体指标的标准值，然后比较指标的实际数值与标准值得到级别指标分值，最后汇总指标分值求得加权评估总分。

加权评分法的最大优点是简便易算，但也存在三个明显的缺点。

第一，未能区分指标的不同性质，会导致计算出的综合指数不尽科学。信用评级中往往会有一些指标属于状态指标，如资产负债率并不是越大越好，也不是越小越好，而是越接近标准水平越好。对于状态指标，加权评分法很容易得出错误的结果。

第二，不能动态地反映企业发展的变动状况。企业信用是连续不断的，加权评分法只考察一年，反映企业的时点状态，很难判断信用风险状况和趋势。

第三，忽视了权数作用的区间规定性。严格意义上讲，权数作用的完整区间，应该是指标最高值与最低值之间，不是平均值，也不是最高值。加权评分法计算综合指数时，是用指标数值实际值与标准值进行对比后，再乘上权数。这就忽视了权数的作用区间，会造成评估结果的误差。因此，加权评分法难以满足信用评级的基本要求。

（二）隶属函数评估法

这种方法是根据模糊数学的原理，利用隶属函数进行综合评估。一般步骤为：首先利用隶属函数给定各项指标在闭区间（0,1）内相应的数值，称为"单因素隶属度"，对各指标做出单项评估。然后对各单因素隶属度进行加权算术平均，计算综合隶属度，得出综合评估的指标值。其结果越接近 0 越差，越接近 1 越好。

隶属函数评级方法较之加权评分法具有更大的合理性，但该方法对状态指标缺乏有效的处理办法，会直接影响评级结果的准确性。同时，该方法未能充分考虑企业近几年各项指标的动态变化，评级结果很难全面反映企业生产经营发展的真实情况。因此，隶属函数评估方法仍不适用于科学的信用评级。

（三）功效系数法

功效系数法是根据多目标规划原理，对每一个评估指标分别确定满意值和不允许值，然后以不允许值为下限，计算其指标实现满意值的程度，并转化为相应的评估分数，最后加权计算综合指数。

由于各项指标的满意值与不允许值一般均取自行业的最优值与最差值，因此，功效系数法的优点是能反映企业在同行业中的地位。但是，功效系数法同样既没能区别对待不同性质的指标，也没有充分反映企业自身的经济发展动态，这使得评级结论不尽合理，不能完全实现信用评级所要实现的评级目的。

(四) 信用风险多变量特征的二维判断分析评级法

对信用状况的分析、关注、集成和判断是一个不可分割的有机整体,这也是信用风险多变量特征的二维判断分析评级法的评级过程。

视频　信用评级解析

多变量特征是以财务比率为解释变量,运用数量统计方法推导而建立起的标准模型。运用此模型能预测某种性质事件发生的可能性,使评级人员能及早发现信用风险信号。经长期实践,这类模型的应用是最有效的。多变量分析就是要从若干表明观测对象特征的变量值(财务比率)中筛选出能提供较多信用信息的变量并建立判别函数,使推导出的判别函数对观测样本分类时的错判率最小。根据判别分值及分类确定的临界值对研究对象的信用风险进行定位与归类。

二维判断就是从两方面同时考察信用风险的变动状况:第一个是空间,即正确反映受评客体在本行业(或全产业)时点状态所处的地位;第二个是时间,尽可能考察一段时期内受评客体发生信用风险的可能性。

四、信用评级符号的含义

借款企业信用评级划分为三等九级,符号表示为:AAA、AA、A、BBB、BB、B、CCC、CC、C。借款企业信用评级符号及其含义如下。

1. AAA 级:短期债务的支付能力和长期债务的偿还能力具有最大保障;经营处于良性循环状态,不确定因素对经营与发展的影响最小。

2. AA 级:短期债务的支付能力和长期债务的偿还能力很强;经营处于良性循环状态,不确定因素对经营与发展的影响很小。

3. A 级:短期债务的支付能力和长期债务的偿还能力较强;企业经营处于良性循环状态,未来经营与发展易受企业内外部不确定因素的影响,盈利能力和偿债能力会产生波动。

4. BBB 级:短期债务的支付能力和长期债务偿还能力一般,目前对本息的保障尚属适当;企业经营属于良性循环状态,未来经营与发展受企业内外部不确定因素影响,盈利能力和偿债能力会有较大波动,约定的条件可能不足以保障本息的安全。

5. BB 级:短期债务支付能力和长期债务偿还能力较弱;企业经营与发展状况不佳,支付能力不稳定,有一定风险。

6. B 级:短期债务支付能力和长期债务偿还能力较差;受内外不确定因素影响,企业经营较困难,支付能力具有较大不确定性,风险较大。

7. CCC 级:短期债务支付能力和长期债务偿还能力很差;受内外不确定因素的影响,企业经营困难,支付能力很困难,风险很大。

8. CC 级：短期债务的支付能力和长期债务的偿还能力严重不足；经营状况差，促使企业经营及发展走向良性循环状态的内外部因素很少，风险极大。

9. C 级：短期债务支付困难，长期债务偿还能力极差；企业经营状况一直不好，基本处于恶性循环状态，促使企业经营及发展走向良性循环状态的内外部因素极少，企业濒临破产。

每一个信用评级可用"＋""－"符号进行微调，表示略高或略低于本等级，但不包括 AAA＋。

一般地，各信用评级都具有相应的历史违约概率。表 10-1 为标准普尔公司公布的各级别债务人在对应年限的累积违约概率。

表 10-1　标准普尔公司累积违约概率　　　　　　　　　　　　%

初始评级	不同年限累计违约概率									
	1	2	3	4	5	6	7	8	9	10
AAA	0.00	0.00	0.03	0.07	0.11	0.20	0.30	0.47	0.54	0.61
AA	0.01	0.03	0.08	0.17	0.28	0.42	0.61	0.77	0.90	1.06
A	0.05	0.15	0.30	0.48	0.71	0.94	1.91	1.46	1.78	2.10
BBB	0.36	0.96	1.61	2.58	3.53	4.49	5.33	6.10	6.77	7.60
BB	1.47	4.49	8.18	11.69	14.77	17.99	20.43	22.63	24.85	26.61
B	6.72	14.99	22.19	27.83	31.99	35.37	38.56	41.25	42.90	44.59
CCC	30.95	40.35	46.63	51.25	56.77	58.74	59.46	59.85	61.57	62.92

可以看出，标准普尔最初评级为 BBB 等级的债务人在未来一年内的平均违约概率为 0.36%，在未来十年内的平均违约概率为 7.60%。另外，有较高等级的债务人一般违约概率较低，从而这些信息可以用来预测已知等级公司的违约概率。对于既定的等级，违约概率随债务的增加而增大，信用风险也随着期限的增长而增加。

五、信用评级报告

信用评级报告应对评级对象（发行人）的主要信用要素进行定量与定性、静态与动态的综合分析；应针对评级对象（发行人）的特点，揭示其实际风险状况；应当至少包括概述、声明、信用评级报告正文、跟踪评级安排和附录等内容。对比较复杂的信用评级或特殊评级，信用评级报告可根据评级分析需要适当增加或调整内容，但须充分揭示出评级对象（发行人）的信用风险，其中，信用评级报告概述部分应包括评级对象（发行人）的名称、评级对象（发行人）业务数据、信用评级、评级小组成员及主要负责人、联系方式和出具报告的时间，对债券评级还应当包括被评债券的名称、发债规模、债券期限和利率、债券偿还方式、债券发行目的等内容。

主体评级如存在担保，信用评级报告应当说明担保情况；债券评级如存在担保，信用评级报告应说明担保人的信用评级及增强后的债券信用评级。信用评级报告正文部分包括评级报告分析和评级结论两部分。评级报告分析应简要说明本次评级过程及评级中对各种因素的分析。评级时分析的主要因素包括评级对象（发行人）的概况介绍、所处经济环境的评价、所处行业的分析、评级对象（发行人）公司治理结构分析、业务运营分析、资本实力分析、财务状况分析、评级对象（发行人）风险因素及抗风险能力分析、评级对象（发行人）募集资金投向分析和偿债保障能力分析等内容。评级结论应当写明信用评级级别及释义、评级结论的主要依据，并简要说明本次评级的过程和评级对象的信用风险点。

跟踪评级安排包括定期跟踪评级和不定期跟踪评级。跟踪评级安排应在首次评级报告中说明信用评级时效限定内的跟踪评级时间、评级范围和出具评级报告方式等内容，持续揭示评级对象（发行人）的信用变化。

第五节　客户信用评级

客户信用评级是公司对客户按期还本付息的能力与意愿的度量和评价，以反映客户信用风险的大小。客户信用评级的评价主体是公司，评价目标是客户违约风险，评价结果是信用评级、违约概率（PD）和违约损失率。合理的客户信用评级具有两大功能：一是能够有效区分违约客户，即不同信用评级的客户违约风险随信用评级的下降而呈加速上升的趋势；二是能够准确量化客户违约风险，即估计各信用评级的违约概率，并把估计的违约概率与实际违约频率之间的偏差控制在一定范围之内。

一、专家判断法

从国际银行业的发展历程来看，公司客户信用评级在过去几十年甚至上百年的时间里，大致经历了专家判断法、公司信用评级法两个主要发展阶段。由于我国公司经营历史比较短，而且一直忽视数据积累，缺乏数据分析经验和技术，因此，大部分公司在积极学习和引进数量分析方法的同时，依然普遍使用比较传统的客户信用评级方法。

专家判断法（expert judgment method）即专家系统（expert system），是公司在长期经营信用业务（主要是商业信用、银行信用）、承担信用风险过程中逐步发展并完善起来的传统信用分析方法。专家系统就是依赖高级信用管理人员和信贷专家自身的专业知识、技能和丰富经验，运用各种专业性分析工具，在分析评价各种关键要素基础上依据主观判断来综合评定信用风险的分析系统。

一般而言，专家系统在分析信用风险时主要考虑两方面因素。

1. **与借款人有关的因素**

（1）声誉（reputation）。借款人的声誉是在其与公司的历史借贷关系中反映出来的，如果借款人过去总能及时、全额地偿还本金与利息，那么他就具有良好的声誉，也就能较容易或以较低的价格从公司获得贷款。

（2）杠杆（leverage）。借款人的杠杆或资本结构，即资产负债比率对借款人违约概率影响较大。与杠杆比率较低的借款人相比，杠杆比率较高的借款人未来面临还本付息的压力要大得多，其违约概率也就会高很多。如果贷款给杠杆比率较高的借款人，公司就会相应提高风险溢价。

（3）收益波动性（volatility of earnings）。如果未来面临同样的本息还款要求，在期望收益相等的条件下，收益波动性高的公司更容易违约，信用风险较大。因此，对于处于成长期的高科技公司而言，由于其收益波动性较大，公司贷款往往非常谨慎，即使贷款，其利率也会比较高。

2. 与市场有关的因素

（1）经济周期（economic cycle）。经济周期对于评价借款人的违约风险有着重要的意义。例如，如果经济处于萧条时期，那么消费者就会明显削减对汽车、家电和房产等耐用消费品的需求，但对于食品和水电等生活必需品的需求则不会有明显下降。因此，在经济萧条时期，消费品行业的公司更容易出现违约，对于该类公司的贷款要相对谨慎，且应要求较高的风险溢价。

（2）宏观经济政策（macro-economy policy）。政府宏观经济政策对于行业信用风险分析具有重要作用，尤其是对市场经济不发达或正处于转型经济中的国家/地区而言，影响尤为突出。如果政府对某些行业（如高耗能行业）采取限制发展的措施，那么这些行业的公司信用风险就会比较高。

（3）利率水平（level interest rates）。高利率水平表示中央银行正在实施紧缩的货币政策。从宏观角度看，在该货币政策的影响下，所有公司的违约风险都会有一定程度的提高。此外，在信息不完全对称的情况下，公司在向借款人要求较高风险溢价的同时也使自身面临的风险增加。其原因在于，由于逆向选择效应与激励效应的作用，高利率不仅造成潜在借款人的整体违约风险提高，而且会促使借款人承担更高的风险。

二、公司信用评级系统

广泛使用的公司信用评级系统主要有 5C 系统、5P 系统和骆驼（CAMEL）分析系统。其中 5C 系统的分析因素主要包括以下 5 个。

1. 品德（character）

品德是对借款人声誉的衡量。如果借款人是个人，则品德主要指其工作作风、生活方式和品德；如果借款人是公司，则品德指其负责人的品德、经营管理水平、资金用状况、经营稳健性以及偿还愿望等。不论借款人是个人还是公司，信用记录对其品德的判断有重要意义。

2. 资本（capital）

资本是指借款人的财务杠杆状况及资本金情况。资本金是经济实力的重要标志，也是公司承担信用风险的最终资源。财务杠杆高就意味着资本金较少,债务负担和违约概率也较高。

3. 还款能力(capacity)

还款能力主要从两个方面进行分析:一方面是借款人未来现金流量的变动趋势及波动性;另一方面是借款人的管理水平。银行不仅要对借款人的公司治理机制、日常经营策略、管理的整合度和深度进行分析评价,还要对其各部门主要管理人员进行分析评价。

4. 抵押(collateral)

借款人应提供一定的、合适的抵押品以减少或避免公司贷款损失,特别是在中长期贷款中,如果没有担保品作为抵押,公司通常不予放款。公司对抵押品的要求权级别越高,抵押品的市场价值越大,变现能力越强,则贷款的风险越低。

5. 经营环境(condition)

经营环境主要包括商业周期所处阶段、借款人所在行业状况和利率水平等因素。商业周期是决定信用风险水平的重要因素,尤其是在周期敏感性的产业;借款人处于行业周期的不同阶段以及行业的竞争激烈程度,对借款人的偿债能力也具有重大影响;利率水平也是影响信用风险水平的重要环境因素。

第六节 信用风险管理

限额(quota)是指对某一客户(单一法人或集团法人)或某一国家与区域内的客户或者是资产组合所确定的、在一定时期内公司能够接受的最大信用风险暴露。它与金融产品和其他维度信用风险暴露的具体状况、公司的风险偏好以及经济资本配置等因素有关。当公司认为某一客户的信用风险暴露超过既定限额时,信用政策中应建立特殊的程序(如更严的准入审批、更高层次的审批等)来处理特殊情况。限额管理对控制公司各种业务活动的风险是很有必要的,其目的是确保所发生的风险总能被事先设定的风险资本加以覆盖。当限额被超越时,必须采取相关有效措施来降低风险,如降低风险暴露水平或使用衍生品或证券化等金融工具。

一、单一客户限额管理

针对单一客户进行限额管理时,首先需要计算客户的最高债务承受能力,即客户凭自身信用与实力承受对外债务的最大能力。一般来说,具体决定一个客户(个人或公司/机构)债务承受能力的主要因素是客户信用评级和所有者权益,由此可得

$$MBC = EQ \cdot LM$$
$$LM = f(CCR)$$

(公式 10-1)

式中,MBC 是指最高债务承受额;EQ 是指所有者权益;LM 是指杠杆系数;CCR 是指客户资信等级;f(CCR)是指客户资信等级与杠杆系数对应的函数关系。

公司在考虑对客户授信时不能仅仅根据客户的最高债务承受额提供授信,还必须将客户在其他公司的原有授信、在本行的原有授信和准备发放的新授信一并加以考虑。给予客户的授信额度应当包括贷款、可交易资产、衍生工具及其他或有负债。从理论上讲,只要确定的总授信额度小于获得等于客户的最高债务承受额即可。但具体数值的确定,在符合监管要求的前提下,完全可由公司自行决定,这也是公司风险偏好的一种体现。

在实际业务中,公司决定客户授信额度还受到其他相关政策的影响,例如银行的存款政策、客户中间业务情况、银行收益情况等。当上述因素为正面影响时,对授信限额的调节系数大于 1;而当上述各类因素为负面影响时,对授信限额的调节系数就小于 1。此外,确定客户信贷限额还要考虑公司对该客户的风险容忍度,可以用客户损失限额(customer maximum loss quota,CMLQ)表示。公司之所以愿意为客户承担一定损失是由于客户能够为公司带来实际或潜在的收益,而这一收益与可能造成的损失达到了某种平衡关系。从理论上讲,客户损失限额或信用风险暴露是通过公司分配至各个业务部门或分支机构的经济资本在客户层面上继续分配的结果。

二、集团客户限额管理

虽然集团客户与单个客户限额管理有相似之处,但从整体思路上看还是存在着较大的差异。集团统一授信一般分"三步走"。

第一步,根据总行关于行业的总体指导方针和集团客户与授信行的密切关系,初步确定对该集团整体的总授信额度。

第二步,按单一客户最高综合授信额度定量计算,初步测算关联公司各成员单位(含集团公司本部)的最高综合授信额度的参考值。

第三步,分析各个授信额度使用单位的具体情况,调整各成员单位的最高综合授信额度,同时,使每个成员单位的授信额度之和控制在集团公司整体的总授信额度范围内,并最终核定各成员单位的授信使用额度。

三、国家与区域限额管理

(1)国家风险限额。国家风险限额是用来对某一国家或跨国区域(如亚太区、东亚区、东欧等)设置信用风险暴露管理的额度框架。国家风险暴露包含一个国家的信用风险暴露、跨境转移风险以及 ERS(高压力风险事件情景)风险。国家信用风险暴露是指在某一国设有固定居所的交易对方(包括没有国外机构担保的驻该国家的子公司)的信用风险暴露,以及该国家交易对方海外子公司的信用风险暴露。跨境转移风险产生于一国的公司分支机构对另外一国的交易对方进行的授信业务活动。转移风险作为信用风险的组成要素可做如下定义：当一个具有清偿能力和偿债意愿的债务人由于政府或监管当局的控制不能自由获得外汇或不能将资产转让于境外而导致的不能按期偿还债务("转移风险事件")的风险。跨境转移风险还应包括总行对海外分行和海外子公司提供的信用支持,尽管在年报中没有对此类交易进行披露。

(2) 区域限额管理。区域风险限额管理主要是对一个国家内的某一地区设置地区风险限额。我国由于国土辽阔、各地经济发展水平差距较大,因此在一定时期内,实施区域风险限额管理还是很有必要的。区域风险限额在一般情况下作为指导性的弹性限额,但当某一地区受某些(政策、法规、自然灾害、社会环境等)因素的影响,导致区域内经营环境恶化、区域内部经营管理水平下降、区域信贷资产质量恶化时,区域风险限额将被严格地、刚性地加以控制。

四、组合限额管理

组合限额是公司资产组合层面的限额,是组合管理的体现方式和管理手段之一。通过设定组合限额,可以防止信贷风险过于集中在组合层面的某些方面(如过度集中于某行业、某地区、某些产品、某类客户等),从而有效控制组合信用风险,提高风险管理水平。组合限额可分为授信集中度限额和总体组合限额两类。

(1) 授信集中度限额。授信集中是相对于公司资本金、总资产或公司总体风险水平而言,过于集中在下列某一类组合中：单一的交易对象,关联的交易对象团体,特定的产业或经济部门,某一区域,某一国家或经济联系紧密的一组国家,某一类产品,某一类交易对方类型(如对公司、教育机构或政府部门),同一类风险/信用质量级的客户,同一类授信安排,同一类抵押担保,相同的授信期限。

授信集中度限额可以按上述不同维度进行设定,其中,行业、产品、风险等级和担保是最常用的组合限额设定维度。对于刚开始进行组合管理的公司,可主要设定行业和产品的集中度限额；在积累了相应的经验而且数据更为充分后,公司再考虑设定其他维度上的组合集中度限额。

(2) 总体组合限额。该限额是在分别度量贷款、投资、交易和表外风险等不同大类组合限额的基础上计算得出的。

第七节　因应收账款导致的信用风险的管理实务

应收账款的管理作为企业一项重要的管理工作,应引起各级领导的高度重视,树立现代营销观念,加大管理力度,切实落实责任制,在积极重视产品适销对路的基础上,力求将应收账款控制在合理水平,科学管理。应收账款的管理,重点在于应收账款的信用和日常管理。做好应收账款的账龄分析及其跟踪管理是防范信用风险的基本措施和手段,为此还要建立健全并有效实施应收账款的内部控制制度。信用风险的处理策略主要是信用风险控制策略。

一、建立应收账款责任管理

(一) 设置独立的资信管理部门

根据企业内部牵制制度的规定,作为资信管理部门,应成为企业中一介独立于销售部门、在总经理或董事长直接领导下的中级管理部门,该部门或人员的主要职能是对客户的信用进行事前、事中、事后的全程管理。具体体现在:赊销前考察客户的资信情况,确定是否赊销以及赊销额度的多少、期限的长短;赊销后对应收账款采用科学方法进行日常的管理,协助并监督销售人员的催收工作;对逾期的应收账款分清情况分别采用不同的处理办法,力求达到销售最优化和将坏账控制在企业可接受的范围内。在我国的一些大型企业中,有的已设立了清欠办公室,对已产生的拖欠进行追讨,不过这是一种被动的、不得已而为之的行为,防患于未然才是更有效、更主动的一种措施。在发达国家,一般企业均设有信用管理部,或者设有信用管理经理一职。借鉴国外的一些先进管理经验,我们国家的企业也需要设置相对独立的资信管理部门或配备自己专职的信用管理人员。由于信用管理这门知识时信用管理人员要求非常高,须掌握信息、财务、管理、法律、统计、营销、公关等多方面的综合知识,同时实践能力和工作经历也必须出色,而我国在信用管理方面的人才相当匮乏,所以企业要想尽快建立自己的资信管理制度和部门,就必须借助于外力,在这一点上可以完全借鉴西方企业的发展模式。当时西方企业建立信用管理制度的时候,通行的做法是聘请一家专业信用管理机构来对企业进行全面指导或帮助企业做一些实际工作,这样企业既省时省力,又不会走弯路走错路,同时又节约了成本。

(二) 严格按会计制度办事,建立坏账准备金制度

企业要遵循稳健性原则,要做好应收账款坏账损失的管理控制,对坏账损失的可能性预先进行估计,积极建立弥补坏账损失的准备制度,分散坏账损失造成的风险,提高企业的自我保护能力。财务人员应严格按《企业会计准则》规定的要求对应收账款进行及时清算、对账等工作,工作岗位设置中也要注意不相容职务的分离,如:记录主营业务收入账簿和应收账款账簿的人员不得开具发票、经手现金,以形成内部牵制,达到控制的目的。对于发票,也要定期与销售部门的销货清单和有关科目的金额进行核对,以防账外债权的出现。当然,不管企业采用怎样严格的

视频 坚守一诺千金的
信用风险管理

信用政策,只要存在着商业信用行为,坏账损失的发生总是不可避免的。确定坏账准备的计提比例,根据颁布的《企业会计制度》规定,企业可自行确定坏账准备计提比例和计提方法。因此,企业应根据自身抵御坏账损失的风险能力,确定适当的坏账准备计提比例,以促进企业健康发展。建立已核销坏账的备案制度,企业发生坏账应及时报批处理,其审批权应集中于企业领导人或其授权的业务部门负责人,已核销的坏账需要在备查登记簿上登记,使其仍处于财务部门的控制之下,避免已核销的坏账有可能回收时被有关人员私吞。因此,企业应遵循谨慎性原则,建立坏账准备金制度,采用应收账款余额百分比法或其他的方法计提坏账准备金。对坏账风险有充分准备。按期末应收账款余额的一定比例足额提取坏账准备金以备可能发生的坏账损失转销之需。对账龄在一年以上的应收账款可适当提高坏账准备金比例追加提取,对账龄在 3 年以上的应收账款坚决一次性作为不良资产冲销。

(三)建立销售回款"一条龙"责任制

为防止销售人员片面追求完成销售任务而"强销""盲销",企业应在内部明确,追讨应收账款不是财务人员的责任,而是销售人员的责任。同时,制定严格的资金回款考核制度,以实际收到货款数作为销售部门的考核指标,每个销售人员必须对每一项销售业务从签订合同到回收资金全过程负责,坚持"谁经办,谁催收,谁负责"的原则,做到人员、岗位、责任三落实,在经办人、责任人调离换岗时,应向部门主管报告清欠工作进展情况。这样,就可使销售人员明确风险意识,加强货款的回收。

(四)建立应收账款风险监督预警机制

首先,定期检查分析应收账款的时间,通过编制账龄分析表建立应收账款的核对制度,企业每年均应同客户对应收账款进行核对,以保证应收账款的真实、正确;坚持应收账款定期审计,对企业应收款从发生到核算、管理、催收及回笼等加强内部控制,以降低风险、死账;加强账龄分析,按账龄分类、估计潜在的风险损失,正确计量应收账款价值。其次,利用利息杠杆,核算资金成本。目前资金紧缺和资金凝固并存的现象比较普遍。由于企业负债经营,支付银行的利息占费用的比例很大,所以对业务部门的考核,应实行资金的有偿使用。核销制度,按照应收账款发生的先后次序,以及货款回收的先后次序逐笔核销,以准确确认应收账款的账龄;对于因质量、数量合同纠纷等没有得到处理的应收账款单独设账管理。对账制度,根据业务量大小及时间等因素对应收账款定期(如 3 个月、6 个月、1 年)进行核对,由双方当事人签章,作为有效的对账依据,发生差错应及时处理。

二、建立科学严密的审批机制

(一)建立赊销审批申报制度,强化管理

企业可根据自身的特点和管理方便,设立一个赊销审批制度,赋予不同级别的人员不

同级别的审批权限,各级经办人员只能在各自的权限内办理审批,超过限额的,必须请示上一级领导同意后方可批准,金额特别巨大的,需报请企业最高领导审批。结合市场供需情况,实施赊销策略:对供不应求的热销产品应尽量现销,以收回资金投入再生产活动;对长期积压的滞销产品可适当提供优惠的信用条件。为了预防销售人员有意识的赊销,从中牟取私利而造成损失,凡赊销业务必须有两人以上经手,并经部门负责人审批,对金额较大的业务应报企业负责人审批,同时在赊销过程中确定经办人、部门审批人、企业负责人各自应负的责任。同时,也要做到奖惩结合,对工作出色的同志要按有关规定进行奖励。

(二)企业财务部门或信用部门要对应收账款加强管理

企业财务部门或信用部门不能只从销售人员口中了解情况,应当建立健全赊销申报制度,严格控制应收账款的发生。如客户要求延期付款时,销售部门经办人员就须填制赊销申报单(一式多联)报信用部门审核,在申报单上除了要列明对方单位名称、地址、开户银行及账号等基本内容外,须重点标明要求赊销金额、赊销期限、有无担保等,信用部门在对客户资信情况调查后,做出赊销决策,在赊销申报单上签署意见,并报企业法定代表人签字后方可列账。应收账款列账后,申报部门的负责人及经办人员就成了该笔款项的责任人,并在信用部门的配合、监督应收账款。

三、强化应收账款的客户管理

(一)建立切实可行的对账制度

在进行对账工作时,企业应根据业务量大小及时间等因素对应收账款定期进行核对,并由双方当事人签章,作为有效的对账依据;如发生差错应及时处理。应收账款的对账工作包括两个方面:(1)总账与明细账的核对;(2)明细账与有关客户单位往来账的核对。

在实际工作中会出现本单位明细账余额与客户单位往来余额对不上的现象。这主要是对账工作脱节所致。销售部门往往只管将产品销售出去,而不管款项是否能收回,认为收款是财务部门的工作。但是目前许多企业因为应收账款都很大,牵扯的单位也很多,加之平时财务人员的记账、编报表等工作本来就已经很繁忙,根本没有时间和精力去与客户对账,而一般对账工作均是债权单位主动实施。这样一来,企业的应收账款对账工作就陷于停顿状态,使得客户有借口说往来账目不清楚拒绝付款或拖延付款,给企业造成损失。因此,应收账款的对账工作应从销售业务的第一笔起就应由销售人员定期与客户对账,并将收款情况及时反馈给财务部门。营销人员可以按其管理的单位对产品发出、发票开具及货款的回笼进行序时登记,并定期与客户对账,由对方确认,从而为及时清收应收账款打好基础。作为企业经营者,应将销售与货款回笼同销售者的业绩结合起来考察,使他们意识到不但要使产品销售出去,更要使货款能及时回收,最大限度减少损失。

（二）强化应收账款的单个客户管理和总额管理

即练即测

企业对与自己有经常业务往来的客户应进行单独管理，通过信息数据库、平均收款期及账龄分析表等工具，判断各个账户是否存在账款拖欠的可能性。如果赊销业务繁多，对所有的客户都单独管理确有困难，可侧重于总额控制。信用管理人员应定期计算应收账款周转率，编制账龄分析表，按账龄和信用等级分类潜在的风险损失，并相应地调整信用政策。

讨论案例10-1

蚂蚁金服暂缓上市

1. 蚂蚁金服暂缓上市

本来，就在2020年11月5日，蚂蚁集团就要作为史上最大的IPO（有望打破2019年12月由沙特阿美创造的294亿美元融资纪录），在A股和港股上市。

11月3日，上交所给蚂蚁集团的上市按下了紧急暂停键，决定公司暂缓上市，随后，蚂蚁集团确认暂缓在上海和香港上市。

2. 暂缓上市的原因

按照上交所的公告，蚂蚁集团被暂缓上市的主要原因是，"近日，发生你公司实际控制人及董事长、总经理被有关部门联合进行监管约谈，你公司也报告所处的金融科技监管环境发生变化等重大事项。该重大事项可能导致你公司不符合发行上市条件或者信息披露要求。"

公告中所提及的被监管约谈，发生在11月2日，当天，中国人民银行、中国银保监会、中国证监会、国家外汇管理局对蚂蚁集团实际控制人马云、董事长井贤栋、总裁胡晓明进行了监管约谈。就在约谈的第二天，上交所发出了蚂蚁暂缓上市的通知。

有人认为暂缓上市因约谈，根据上交所发布的蚂蚁集团暂缓上市的决定通告来看，其被延迟的原因为应该是"金融科技监管环境发生变化等重大事项"。

3. 蚂蚁靠什么赚钱

从蚂蚁披露的招募书上可以看到，蚂蚁的几个核心利益板块分别是：

第一，支付和商务服务（我们常用的支付宝、淘宝、天猫等），贡献10％的利润；

第二，微贷市场（花呗和借呗），贡献50％的利润；

第三，理财和保险平台（大家购买的理财产品和保险），贡献35％的利润；

第四，科技金融创新（供应链金融），贡献5％的利润。

这里面不难看出，花呗、借呗是最赚钱的。为什么借贷生意这么火呢？

因为个人或者小企业去银行贷款的话，很多人根本贷不到款，或者周期太长，等不了那么久。而蚂蚁一定程度上解决了这个问题。

4. 蚂蚁的信用评价

蚂蚁为什么敢做，因为它背靠互联网和大数据，以此判断谁更有信用，这也是马云说的：未来，信用就是额度。

10亿人天天跟淘宝、天猫、支付宝打交道，出行数据、理财数据、网购数据等许多真实场景中的消费和理财行为，把每个人做了全维度画像，以此来评估谁的信用更高，这就是大家熟知的芝麻信用。

有了这个芝麻信用，就可以判断谁有能力还钱，谁没能力还，能借多少，等等。这些都是通过数据计算的，而不是人工，因而大大降低了成本。数据其实也就是蚂蚁的核心。蚂蚁在推出金融服务之后，一路壮大，根本原因就是它为客户的金融服务提供了更多、更便捷的可能性。

5. 市场监管

11月2日，央行和中国银保监会发布关于《网络小额贷款业务管理暂行办法》，对于网络小额贷款业务等提出了更高的监管要求。

从监管角度来说，蚂蚁上市必然也会受到市场更多的监管，这一次被暂缓上市也说明了监管力度的增大。网络小贷新规出台，对整个网络小贷行业来说都是一记重拳，引导行业良性发展，减少金融风险。

资料来源：蚂蚁金服暂缓上市，一夜之间支付宝蒸发了600亿美元，https://xw.qq.com/，2020-11-05.

讨论问题

结合信用评级5C系统，说明蚂蚁如何判定个人的信用。

案例分析

第 十 一 章

新产品开发风险管理

引导案例

新能源汽车怎么如此"火"？

2020年,中国新能源汽车市场逆势增长,新能源汽车全年产销分别完成136.6万辆和136.7万辆,同比分别增长7.5%和10.9%。同时,新能源保有量也呈现快速增长的势头。公安部发布统计数据显示,截至2020年底,全国新能源汽车保有量达492万辆,占汽车总量的1.75%,比2019年增加111万辆,增长29.18%,新能源汽车发展如此火!

2021年1月18日,搜狐新闻报道,据公开资料整理了2020年国内新能源汽车自燃、起火等事故。统计数据显示,2020年(1—12月)国内有报道的自燃起火事故共61起。事故原因大部分是动力电池问题导致。

总体来看,相较于传统燃油车,新能源汽车的大容量动力电池,在过充、过热、内短路、外短路、机械触发等因素下,容易诱发热失控,而且起火后扑救难度大,复燃风险高。随着行业的快速发展,安全问题已经成为新能源汽车产业发展的关键,因此,必须引起相关部门以及行业的重视。

2020年5月12日,《电动汽车安全要求》《电动客车安全要求》《电动汽车用动力蓄电池安全要求》三项强制性国家标准发布,并于2021年1月1日起实施。这是我国电动汽车领域的首批强制性标准。专家指出,在当前技术条件下,没有绝对安全的电池,但可以通过系统设计以及建立不断提升的标准来保障新能源汽车安全性,以此确保我国新能源汽车行业良性有序的发展。

一系列措施,可以为新能源汽车降降"火"吗？

(资料来源:新能源汽车怎么如此"火"？搜狐新闻,https://www.sohu.com/,2021-01-18.)

导言

新产品开发是企业经营战略中的重要工作,同时新产品开发的失败案例在企业界比比皆是,降低新产品开发的风险对企业的经营具有战略性的重要意义。本章在对新产品开发失败决定因素阐释的基础上,剖析了新产品开发中主要的风险类型,并提出了控制新产品开发风险的防范措施。

古人风险管理智慧专栏

> 进忠有三术：一曰防；二曰救；三曰戒。先其未然谓之防，发而止之谓之救，行而责之谓之戒。防为上，救次之，戒为下。
>
> ——荀悦《申鉴·杂言》

意思是说，在不好的事情发生之前阻止是上策；不好的事情刚发生时阻止次之；不好的事情发生后再惩戒为下策。这段文字从理论上阐述了事后控制不如事中控制，事中控制不如事前控制。很显然，荀悦所主张的风险管理理念是以"防患于未然"为优先。

第一节　新产品开发概论

一、新产品的定义

营销学对新产品的定义与一般概念不同，它包含 6 种不同意义的新产品：(1)新问世的产品。即开创了一个全新市场的产品，如圆珠笔芯的问世是硬笔消费市场中的新产品；(2)现有产品线外新增加的产品。即公司补充现有产品线的产品，占新产品的大多数，如 3M 公司推出的新型树胶；(3)现有产品的改良或更新。即提供改善了功能或较大感知价值并且替换现有产品的新产品，如遥控彩电相对传统手控彩电而言是新产品；(4)新产品线。即公司首次进入一个现有市场的产品；(5)重新定位的产品。即以新的市场或细分市场为目标市场的现有产品；(6)成本降低的产品。即提供同样功能但成本较低的新产品。

二、新产品开发的失败率

新产品开发是企业远离残酷竞争、获取持续经营优势和实现绩效目标的不二法宝。通用电气、微软、思科、英特尔、3M、宝洁和杜邦等获得持续成功的国际性企业无一例外都在产品创新方面成为行业领导者。我国的许多企业也正在逐步摆脱低水平模仿的红海，开始走上自主创新之路。但一项国际权威研究表明：在大多数企业进行的新产品开发活动中，平均每 7 个新产品创意，有 4 个进入开发阶段，有 1.5 个进入市场，只有 1 个能取得商业化成功。新产品开发的失败率之高可见一斑。很多企业在新产品开发过程和市场推广活动中投入了大量的人力、资源和金钱，但回报却差强人意，甚至有的企业由此失去了再次卷土重来的本钱。纵观众多失败或成功的案例，新产品开发成败的关键主要在于三个方面：战略、流程和团队。

(一) 战略方面

对于企业新产品开发而言,战略是指路明灯,其决定了企业新产品开发的方向和范围。一些企业在新产品开发方面朝三暮四、浅尝辄止或者遍地开花、广种薄收,其最根本的原因就是战略的缺失。有效的战略定位能使企业专注于自己的事业而不受其他短期诱惑的干扰;能使企业为其目标顾客创造出独特的价值;能使企业将有限的资源聚焦在能产生最大绩效的少数几件事情上。缺乏清晰明确的战略定位的企业在新产品开发方面可能"赢得一场战斗,但很可能输掉整场战争"。战略的缺失导致新产品开发失败主要表现在如下三个方面:

1. 目标顾客定位不清晰

一些企业将目标顾客定位为渠道商或者是购买产品的人,而未能充分考虑最终的消费者的行为特征及需求。目标顾客定位的目的就是要在对目标顾客群的地理范围、行为特征及心理需要进行充分了解和分析的基础上,提出独具特色的新产品创意。

2. 顾客价值定位没特色

一些企业清楚自己的目标顾客是谁,但是未能对目标顾客的价值需要进行深入分析和了解,未能有效地"倾听顾客的声音",也未能将企业拟开发新产品的价值要素与竞争对手的同类产品进行对比,很多企业只是简单地模仿竞争对手的产品或者在竞争产品的基础上稍加改进就急不可耐地将"新产品"推向市场。由于产品与竞争对手雷同,企业只能通过广告战、渠道战和价格战与同类产品在红海中进行搏杀,其结果不是两败俱伤,就是一败涂地。这样的案例在我国当前的彩电、空调、手机、饮料和啤酒等行业层出不穷。

3. 商业模式定位无实效

有些企业的目标顾客定位清晰、产品也受顾客喜爱,但是成本却居高不下。如果维持高价,则销量很难达到规模效应;如果低于成本价格销售,则可能卖得越多赔得越多,形成赔钱赚吆喝的局面。有效的商业模式定位应该在提升顾客价值的同时降低企业成本,而不是在二者之间进行权衡和取舍。企业可在内部运营流程、外部合作伙伴及产品定价模式等方面进行创新,得以有效控制企业成本,实现目标利润水平。

(二) 流程方面

战略定位决定企业是否"做正确的事",而流程设计则决定企业能否"正确地做事"。虽然有好的战略的企业不少,但如果流程设计不对或者流程实施质量不高,最终也难以开发出成功的新产品。流程是最佳实践的总结,是企业做事的规范。设计和实施经实践验证系统有效的流程,能使企业缩短自行摸索前行的时间,避免走一些不必要的弯路。"多、快、好、省"地开发出新产品是新产品开发流程设计和实施的目的。企业在新产品开发流程方面容易出现的主要问题是缺乏系统科学的新产品开发流程、前期产品定义准备工作不充分、产品组合管理决策失效。

1. 缺乏系统科学的新产品开发流程

很多企业在新产品开发方面的管理还仅局限于项目管理的水平,甚至项目管理做得都不太理想。中国很多企业对被世界500强企业普遍采用的新产品开发过程管理方法——门径管理(stage-gate management)方法知之不多。在项目筛选、开发、测试和上市的各个阶段相互衔接之处缺乏有效的检测和评价标准。由于缺乏系统规范的流程而导致项目半途而废、多次返工和上市时机延误的情况比比皆是。

2. 前期产品定义准备工作不充分

很多企业以赶进度为由,给新产品开发前的论证阶段投入的人力和资源非常有限。更有一些企业的新产品开发完全基于某位公司领导的"拍脑袋",或者以"边做边想"为指导思想。其结果很可能是"一步错,步步错",这就好比建房子,事先没有蓝图或者基础没打牢,最后要么房子建不起来,要么就是建起来也很快倒塌。成功的新产品开发经验表明,在正式进入开发阶段前,应进行非常严肃的市场、技术和商业的可行性研究,产品本身定义也至少应有50%的确定内容,其余50%应有基本的想法,并在开发过程中进行验证和调整。

3. 产品组合管理决策失效

一些企业创意很多,而且觉得这些创意都有开发成新产品的必要。但是企业的资源特别是人力资源总是非常有限的,同时展开过多的项目导致重要项目一再延期上市或者最终开发不出有市场竞争力的新产品。"百鸟在林不如一鸟在手"。在进行项目筛选时,企业管理团队应设定"必须满足的条件"和"应该满足的条件"。对于"必须满足的条件"如战略一致性、市场吸引力和技术可行性等应遵循"一票否决制"的原则,对不符合其中的任何一条的新产品项目应坚决中止。而对于那些通过"必须满足的条件"的检验的项目,也应该继续按"应该满足的条件"通过打分进行资源优先排序,对排序靠后但是公司没有资源的项目也应该暂行搁置,而不应该试图勉强为之。

(三)团队方面

团队是决定"做什么"及践行"如何做"的主体。在明确方向和掌握方法的基础上,团队能力及其行动最终决定了企业的绩效水平。团队能力是潜在的,是需要激发与培养的,不同企业在不同的发展阶段需要提升和发挥不同侧重的能力。团队能力、内外资源及企业声誉共同构成了企业实力的三大要素。就新产品开发而言,企业团队需要具备的能力主要体现在以下三个方面。

1. 领导决策能力

领导者最重要的三项职能为:指引方向、整合资源和激励团队。其中指引方向就是指领导者要具备卓有成效的决策能力。企业首先要决定其"狩猎"范围,即决定通过什么方式为谁提供什么产品和服务,这也是企业战略定位的核心。国内一些家电企业盲目攀比,贪大求全,其结果是什么都想做,也什么都做了,但什么都没做好。这是典型的战略缺失表现。在明确企业整体发展战略的基础上,还应制定具体的产品组合战略,即决定基础研发、新产品开发及现有产品改进各占多大的比例。有些企业只注重短期目标的实现,不愿在基础研究方面适当"下注",其结果是企业发展后劲不足,无法确立可持续的核心经营优势。此外,企业的领导决策能力还应体现在具体的产品筛选层面,即在进入正式的开发流程前要决定哪些新产品创意可以进入开发阶段,哪些应该扼杀,哪些应该搁置,哪些应该做进一步的调查研究。企业发展战略、产品组合战略及项目筛选决策共同构成了企业依次进行的系统完整的新产品开发决策过程。

2．流程管理能力

明确了新产品开发的决策流程及内容,企业需要做的就是通过系统的流程将新产品开发出来并成功上市。具备一定规模的高新技术企业都有专职或兼职的流程经理。流程经理的主要职责就是在企业中导入系统科学的新产品开发过程管理流程并进行有效的管理,确保新产品开发从创意搜寻、范围确定、可行性研究,到开发实施、测试,再到上市及上市后的评价等每个环节都能"执行到位"。其中还包括组织对产品人员及研发人员的相关培训,每个重要决策点、决策的组织和落实等工作。出色的流程经理能使企业的新产品开发过程有条不紊地进行,不会忽略或遗忘任何重要的环节。

3．相关专业能力

如果说领导决策能力和流程管理能力是实现成功的新产品开发的保证的话,那么相关专业能力则是其基础。再好的决策和流程,如果没有相应专业人员的智慧和汗水的付出,也不可能成就任何事业。软件、电子、IT、通信、医药、化工等行业的新产品开发都需要相应专业人员的专业能力。高新技术企业的专业人员就好比饭店的厨师,没有优秀的厨师饭店是不可能做出各种各具特色的美食的。所以,相关专业人员专业能力的培养和提升是企业进行新产品开发的基础,专业能力是企业最重要的核心能力之一。

第二节　新产品开发的风险

一、新产品开发风险的类型

由于现代企业所面临的外部环境日益复杂多变,加上新产品开发活动本身的探索性、创新性和系统性,风险来源极为广泛,而对其中任何风险因素的忽视都可能造成新产品开发的失败。因此,辨识和分析新产品开发中存在的风险因素,是进行风险控制的前提。新产品开发风险是企业对新产品开发的内外环境不确定性估计不足或无法适应,或对新产品开发过程难以有效地控制而造成新产品开发失败的可能性。新产品开发风险主要源于以下几个方面。

（一）开发新产品的市场风险

市场风险是指新产品的相对竞争优势的不确定性，市场接受的时间、市场寿命及市场开发所需资源投入强度等难以确定，而导致新产品开发失败的可能性。市场风险来源于：一是对顾客需求状况及其变化把握不足；二是市场接受新产品的时间以及市场容量的不确定性；三是缺乏有效的营销手段。新产品开发出来以后，价格往往较贵，同时人们对新产品的质量、性能及其稳定性往往要观望一段时间，或等别人使用后再购买，这就阻碍了新产品快速渗透并占领市场。若新产品不能在短时间内占领市场，则很可能失败夭折。因为这项技术也被竞争对手

视频　春风吹又生，新产品开发风险要识别

看中，他们很可能模仿并加以改进，在短时间内追赶上来，且其产品更具优势。这时，刚刚被引导出来的市场，很可能被竞争对手占领。

（二）开发新产品的技术风险

技术风险是由于新产品开发技术本身的不成熟、不完善或新的替代技术提前出现所带来的风险。由于新产品开发具有探索性和不确定性，可能会因为技术上不成熟、不可行而造成创新项目半途而废，或者虽然能研制开发出来，但达不到预计的技术效果。同时，新产品在不断发展，当更新、更好的换代产品超出预计的时间提前出现，或市场上出现了其他的功能上可替代的产品，就会对已有产品产生巨大冲击，甚至使之被提前淘汰，新产品开发的投资则难以收回。现代科学技术呈现出加速度发展态势，各种新技术层出不穷，使得产品寿命周期和技术寿命周期大大缩短，因而现代企业新产品开发活动的技术风险愈来愈凸显。

有些关于新产品开发的发明和设想虽然在技术上、市场上都很有吸引力，而且最初看来在技术上也是可行的。然而，一旦实施，就会发现许多技术问题还没有或无法解决，需要对发明进行较大的改动，甚至进行再发明，而企业又可能没有这方面的能力和精力，导致新产品开发项目不得不半途而废。此外，当企业进行新产品开发时，开始时所用技术也许是先进的，但是由于产品创新过程需要一定的时间，当产品创新完成时，一项新的、更好的技术也许出现，该项创新的技术就会变得过时，原有技术将蒙受提前被淘汰的损失。

（三）开发新产品的资金风险

资金风险是指因资金供应出现问题或新产品研发费用超支而导致创新失败的可能性。新产品开发项目通常对资金需求量大且难于预测，在新产品开发活动中，可能由于对资金需求估计不足或项目费用控制不力造成超支，若不能及时供应资金，会使新产品开发活动停顿，其技术价值将随着时间的推移不断贬值，甚至被后来的竞争对手超越，初始投入也就付诸东流。在新产品开发中，多数企业都出现费用超出预算。一份调查资料表明，在制药

行业,新产品开发的实际费用与预估费用之比值为 1.78,实际所花时间与预估时间之比是 1.61。材料、设备价格的上涨、人工成本的升高、政府在产品安全、控制污染、节约能源等方面要求的不断提高等因素都导致目前新产品开发费用呈不断上升趋势。资金风险包括新产品开发资金不足,筹资渠道不畅,筹资成本较大以及通货膨胀。

(四) 开发新产品的生产风险

新产品即使能在技术上成功研制出来,但在批量生产及规模化方面仍然存在不确定性。新产品开发活动所需要的生产能力与现有产品生产能力是有差别的,它是指把研究开发成功的新产品样品及时地转化为可批量生产的产品的能力,它要求生产系统具有较强的柔性和灵活适应性。企业的配套技术不适应、生产工艺不过关、原材料供应跟不上、设备适应性差、生产规模难以迅速提高或工程技术人员及操作人员专业技能无法满足需要等因素都会产生生产风险,导致创新产品质量与性能达不到设计标准、生产能力不足或者生产成本过高而无法满足市场需要。由于生产系统中有关因素及其变化的不确定性而导致新产品开发失败的可能性。难以实现大批量生产、生产周期过长、工艺不合理、设备和仪器损坏、检测手段落后、产品质量难以保证、可靠性差、供应系统无法满足批量生产的要求等。

(五) 开发新产品的其他社会风险

国家产业技术政策或区域经济发展规划的变动和调整,在新产品技术规范、安全性能、环保等方面法律和规定的变化以及社会对新产品其他限制的增多可能会给新产品进入市场带来障碍;国家进出口政策、汇率变动、地区贸易保护主义、意外灾害等都会给新产品开发项目带来风险。

除上述风险外,企业开发新产品还会面临着管理、政治、法律和政策等风险。由于风险的存在,新产品开发失败是难免的。

在实际中,上述各种风险因素并非只是独立出现的,而是交互作用,使新产品开发风险呈现出错综复杂性。

二、新产品开发的风险分析

从营销学角度来看,一个企业新产品开发的主要风险在于资金投入的回收预期和市场销售的不确定性,也就是说资金的投入和收益之间是否对称是不易预测的。例如,决策人员对产品抱有较大信心,投入了大量的资金而且时限较长,相反,市场反应却并未像决策人员预计的那样,或者销售量增长缓慢,产品极容易被对手所模仿;或者产品销售的整个市场前景平平。这种情况如果处于增加科研技术投入和彻底放弃新产品开发的两难之间,形势就更加严峻。以下采用投资—收益图对新产品开发的风险进行具体分析。

现把 Ⅰ 象限按投入、收益的高、低四种不同的组合情况划分成 A、B、C、D 四个区域。如

图 11-1 所示,就 B 区域而言,是一个产品最佳状态区域,而 D 区域则是最差状态区域。A、C 两个区域分别处于 45°线两侧,投入和收益比较富于变化。

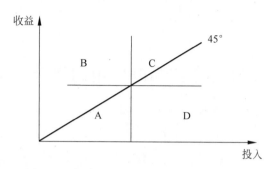

图 11-1　新产品开发的风险决策投资收益图

高投入、高收益 C 区域大部分为全新或成功的产品,这些产品开发源于受专利保护的发明、公司拥有的独特生产技术和特殊工艺(know-how);或者引进国外先进的生产线、生产技术和设备;或者为某一特殊市场生产的产品。就营销定位而言,该区域一般适合资金雄厚、科研能力强、社会影响较大的大公司、大企业,它们可以从对技术或产品的长期垄断优势中源源不断地获取回报。

低投入、低收益的 A 区域,则一般适用于小企业、小公司,它们在新产品开发上不能承担大量投资和高风险的市场压力,因此对新产品开发一般宜采取模仿、仿造和稍加改进的策略。因为当新产品投放市场并被市场所接受时,许多仿造品,只要在质量上相差不大,完全可以获得相当的市场占有率,从而获得新产品的"模仿"效应。事实证明,我国台湾地区、韩国等的许多中小企业,在对美国和日本的一些新产品进行稍加改动的开发之后,很快就可以在东南亚市场争得一席之地。

区域 B 的低投入和高收益可以说是任何企业都希望获得的机会,但这种机会事实上不多,尤其是技术发展、通信便捷、人才流动频繁的今天,任何非技术垄断性新产品开发,都可能很快被别的厂家获得市场信息而模仿。并且对于消费者核心需求已大部分满足的国际市场,新产品的创意已不是集中在全新产品上,而大部分的开发机会集中在"现有产品线外增加的新产品"和"现有产品的改良或更新的新产品"。这种新产品的汇集导致了我们耳闻目睹的消费潮流(fashion)(如世界服装服饰的流行状况)。而"重新定位的产品"和"成本降低的产品",则由于其投资收益率低,处于 B 区域的右下角。由于任何企业的产品投资收益率都不是固定的,而且如果企业想把新产品开发的投资收益保持在 B 区域的话,必须经常不断地进行市场调查,反馈顾客(用户)的意见。正如松下幸之助所说:"要使商店生意兴隆,必须以顾客为出发点,倾听顾客的意见。"

对于任何企业而言,D 区域即高投入、低收益的区域是谁都不愿进入的,但是调查显示,为数众多的企业在进行新产品开发时,往往会落入该区域。

总之,新产品开发的风险在于开发过程的两个重要因素,一是投资收益期限不容易确定,二是新产品为市场所接纳的前景不明确。对于此两方面的问题,有效的市场行销管理过程可以大大降低投资风险。一是在立项之前的准确的营销调研(Marketing Research);二是营销管理参与项目运作过程,发挥商业运作技术,使新产品尽快在市场上变现。

第三节　新产品开发中的风险防范

由于企业新产品开发的创新性和探索性,要完全规避市场风险是不太现实,也是不可能的。但我们可以针对新产品开发系统中的风险因素,开展以市场风险防范为关键的新产品开发技术管理的活动,采取积极且行之有效的防范对策和措施,努力化解各阶段的风险因素,则可以大大降低新产品开发的市场风险,到达成功的彼岸。企业采取以下措施,可在一定程度上减少新产品开发的风险。

一、树立正确的竞争理念

实践证明,正确的理念对产品开发而言有着非同寻常的意义。树立正确的理念也就是企业必须认识到新产品开发的收益与风险是共生体,较大的收益面临着较大风险。新产品开发是一项系统工程,涉及企业的各个方面,企业各部门必须真诚合作,各生产要素充分协调才能成功。新产品开发团队成员要树立正确的创新理念,了解和把握新产品开发过程可能出现的各种风险,团结一致,献计献策,使新产品开发顺利进行。只有在企业各层之间形成统一的共同的理念,才能最大化的团结起来发挥团队效力,从而为新产品开发的实施奠定好的基础。要树立正确的理念,企业的管理层要有明确的目标,然后要有鼓励性的措施,鼓励员工去完成目标,要加强绩效管理以激励员工朝企业的共同目标努力。

二、制定防范和控制风险的预案

制定风险防范与控制预案必须遵循系统论与控制论原理进行编制。制定风险防范与控制预案是对风险预知或未知可能发生使用的替代性规划,是一旦风险事件发生时所要采取行动的规划。预案对风险发生前,可能预见到的事件的替代性的多个补救方法加以评估,在可供选择的方案中选择最佳方案。风险防范与控制预案的实施条件应加以确定,并明确记录下来。预案受到关联的各个方面应在预案上达成一致意见,并具有做出承诺的权威性。预案一旦确定,必须传达到新产品开发团队所有成员,一旦风险发生必须按照预案实施。另外,预案还应包括以下内容。

视频　**新产品开发风险防范措施**

1. 识别技术风险

技术风险是个疑难问题,常常是导致新产品开发终止的原因所在。对于预见的那些可能性要做出防范与控制预案；对于识别高风险技术领域、关键性技术问题做出多个方案。

2. 应急基金

应急基金是用来应付新产品开发实施时可能会出现估价误差、遗漏和不确定性的问题，资金实际运用多少只有在风险发生时才知道。应急基金的储备规模和数量取决于新产品的"新颖性"。在实践中，应急基金占 1%～10%。在独特的和高科技的产品开发中应急基金占 20%～60% 也不少见。应急基金的使用和消耗速度必须严格监督和控制。

3. 管理储备基金

管理储备基金是用来应付重大意外的风险，因此它应用于新产品开发的全过程。例如，产品开发过程中有重大变动在意料之外或没有被识别出来，突发事件发生（自然灾害等），都要用管理储备金来应付。管理储备金的确定绝大多数使用历史数据，或关于产品开发独特的判断设立。这部分基金都是由高管层控制。

三、对新产品开发活动过程进行系统化管理

（一）高效的新产品开发组织机制建立的必要性

企业领导层应明确企业的重点经营业务、经营领域和发展方向，制定与总体战略相符合的新产品开发战略，明确新产品开发目标和新产品活动范围，并以战略为纽带将全体创新人员连为一体；应根据需要设立灵活的新产品开发组织机构，由高层管理者负责协调研究开发、工程技术、生产、供应、营销、财务以及人力资源等职能部门的合作与配合，明确各环节风险责任；高层管理者应高度重视新产品开发并制定合理的创新激励政策和有效地分配创新资源。

（二）科学的新产品开发项目管理机制建立的必要性

应合理地运用项目管理工具和管理方法，从新产品开发项目立项、开发、中试、生产到销售建立一套严格的决策程序、系统科学的评价标准和周详的计划。企业重大新产品开发项目决策应由高层管理者、科研人员、生产人员、营销人员共同参与制定，对创新项目中存在的各种不确定性因素，如资金需求量、研制周期、新产品竞争力、市场容量等进行全方位细致地分析与评价，而且这种评价与论证往往不是一蹴而就的，而是需要多次反复进行，即在项目实施的过程中要随时进行监控，及时搜集和反馈有关信息，并在项目进行的各主要阶段要根据反馈的信息对开发项目进行再次评估，并决定该项目是继续、放弃、修改还是重做，由传统的一次性决策转变为多阶段追踪决策，以提高项目的有效性，最大限度地降低风险。对重大的新产品开发项目除正常计划外还应有应变计划，以便及时采取补救措施，降低不利事件发生时所带来的损失。

（三）加强新产品开发各环节的沟通与协作

新产品开发是一项系统活动,要提高创新成效,企业各部门之间必须具有良好的沟通渠道和沟通方式。在创新项目实施中,研究开发、产品设计、工艺、制造、采购、营销等职能环节要始终做到相互交叉渗透,通过开展有组织的团队工作,加强沟通与合作。如研究开发人员、产品设计人员应直接面对市场,参与对市场和用户的调查分析,与营销人员共同测度客户需求,从市场营销的角度进行产品的概念开发与构思;设计人员进行产品设计、工艺设计必须与制造部门人员共同确定,这样可避免因沟通不足所导致的设计反复更改变动,从而加快创新进度,缩短新产品进入市场的时间,更好地把握先机,同时降低产品开发的成本费用,减少风险;要加强与外界科技网络的信息沟通,积极开展协作,并与供应商、顾客建立密切的联系,及时掌握市场和顾客的需求变化动态。

四、加强新产品开发的市场调研工作

由于新产品开发被看成是一个信息的收集、评价、处理、传递和应用的过程,产品开发小组的任务就是最大限度地收集关于用户需求、技术和竞争环境以及所需资源的信息,以减少不确定性,不确定性降得越多,产品获得商业化成功的可能性越大。在开发小组中,来自不同职能部门的人扮演不同的角色,比如市场营销人员主要立足于降低有关市场营销信息的不确定性;R&D 人员主要负责有关技术信息的不确定性,产品开发的过程就是一个不确定性逐渐减少的过程。因此,加强不同职能部门的人员如 R&D、市场营销、工程、制造以及外部顾客和供应商之间的交流,能实现信息共享,降低不确定性,从而降低风险。

五、选择好新产品投入市场的时机

掌握好新产品投入市场的时机,是降低产品创新风险的另一重要方法。如果新产品相对于老产品投入市场过早,就会影响老产品的收益最大化;反之,在老产品开始衰退时仍没有新产品投入市场,就会造成销售额和利润的剧烈下降,使企业陷入困境。如果新产品相对于竞争者的新产品投入市场过早,会面临难以被顾客接受的风险;如果新产品相对于竞争对手的新产品投入市场过晚,竞争将非常激烈,没有较强的成本、质量或服务优势是很难取得成功的。

比如,2020 年 4 月 23 日,财政部、工业和信息化部、科技部和发展改革委公布《四部委关于完善新能源汽车推广应用财政补贴政策的通知》(以下简称《通知》)。除继续免征购置税外,《通知》明确在未来两年平缓新能源汽车补贴退坡力度,即要公务采购原则上选择新能源汽车,并支持"车电分离"等新型商业模式发展。这些政策的执行,给新能源汽车的新产品研发增加了利好消息,新能源汽车新产品在这样的时机发布,可增加新产品关注度,有效防范新能源汽车的新产品市场营销风险。

对于改进型产品来说,在老产品销售额开始下降(或销售额最大)时投入市场较为合适,既不影响原有产品的销售,又能使新产品尽快被市场接受;而对于创新型产品来说,应尽早投入市场,因为:①创新型产品被市场接受需要较长的时间;②企业在早期阶段可以获得较多的"撇脂"利润,以尽快弥补开发费用;③创新型产品技术变化速度较快,所用技术被新技术取代的可能性更大。

此外,新产品入市时机的选择,除所考虑的市场因素外,也要考虑新产品本身的技术成熟程度。新产品研制工作完成后,未经试产、试销、试用、反复验证改进,若在质量尚未过关的情况下,就匆忙大量投入市场,一时可能得到一些利益,但终究要以败坏产品声誉而告终。反之,在市场激烈竞争情况下,若一种技术已过了关的新产品,不迅速投入市场,就会坐失良机。

六、通过合作进行新产品开发

随着科学技术的发展,市场竞争程度的加剧,市场对新产品的要求不断提高,有时企业不可能具有所有的新产品开发所需的人才和设备。在这种情况下,与其他企业和科研单位共同开发、销售新产品,可以加强企业的薄弱环节和分散创新风险。

国药新冠疫苗研发就是典型的通过合作进行开发,自 2020 年 1 月 19 日以来,国药集团中国生物成立科研攻关领导小组,安排数亿研发资金,布局三个研究所,在全病毒灭活疫苗和基因重组蛋白疫苗等多条技术路线上并跑开发新冠疫苗,灭活疫苗由中国生物两个科研攻关团队同时推进。中国生物的新冠灭活疫苗项目立项到上市仅用了 335 天,科研人员每天在实验室里面一干就是 19 个小时,接种试验组紧锣密鼓地进行,2020 年 12 月 30 日,国药集团中国生物研发的新型冠状病毒灭活疫苗(Vero 细胞)获批附加条件上市。

总之,任何一个经过周密计划的新产品开发项目都存在失败的潜在风险,这些风险虽然不能完全消除,但可以采用一些方法加以防范。如做好项目选择并及时中止进行不下去的项目,能促进资源的合理配置,减少资源的浪费;加强开发人员之间的信息交流,能尽量减少技术和市场的不确定性;加快产品开发速度可以掌握市场竞争的主动权;选好入市时机可以为企业创造最大利润;合作开发能实现风险共担等。

即练即测

讨论案例11-1

可乐？咖啡？

"三分香,七分爽,十分带劲。"2019 年 7 月 22 日,可口可乐公司推出新品"可口可乐咖啡＋"。

2019年2月,推出橙子香草味可口可乐。

2018年5月,推出无糖可口可乐,取代原有的零度可口可乐。

可口可乐公司不断推出新口味可口可乐,如草莓味、香草味、樱桃味等小众口味新品,推出的新产品可谓是层出不穷。

可口可乐成功的因素与质量、铺货、广告、口感、文化、管理团队、客户需求等等相关。可口可乐公司是老牌的饮料公司,占据着中国巨大的饮料市场份额。

既然有如此大的市场份额,可口可乐公司为什么不能求稳发展,可口可乐公司为什么要推出咖啡味的可乐、无糖可乐?若想咖啡味可乐、无糖可乐新产品发行成功,可口可乐公司要注意什么?有什么市场营销风险吗?有新产品开发风险吗?

可口可乐公司在整个20世纪90年代一直在以利润率每年增加15%～20%的速度发展着。可是好景不长,1998—2000年,公司的利润率连续三年下滑,出现了几年来最糟糕的情况。可口可乐公司面临市场风险,思考新产品开发,挽救濒临的市场下滑。造成这一局面的原因有很多,包括部分区域市场的消费疲软,坚挺的美元削弱了它在海外市场的竞争力。但是,该公司面临的主要问题是,全球市场对可乐的需求在下滑,市场上充斥着适合当地消费者口味的本地品牌。还有百事可乐不断推出新产品,撼动可口可乐地位。百事可乐公司依靠从80年代的健怡可乐到2001年的柠檬味可乐的新产品创新,成功地撼动了可口可乐的市场地位。

为此,可口可乐公司迅速地改变了其传统的经营战略。采用了包括渐进式和突破性创新方式在内的必胜创新战略,对技术和商业模式都进行了创新,并在公司范围内努力培育一种创新文化及采取了一系列新产品开发风险防范措施。

资料来源:可口可乐公司官网,https://www.coca-cola.com.cn/,2021-01-29.

案例分析

讨论问题

可口可乐公司具体采取了什么新产品开发风险防范措施?

第十二章

投资项目风险管理

乐视危机

2016 年 11 月 6 日,距离乐视网(以下简称"乐视")10 月在旧金山举行的宣布 LeEco 落地美国的 Bing Bang 发布会仅仅 17 天之后,乐视网、乐视控股创始人贾跃亭在没有任何征兆和内部知会的情况下,发布了《乐视的海水与火焰:是被巨浪吞没还是把海洋煮沸?》的全体邮件,公开承认乐视的资金链出现了问题,亲手引爆乐视危机。在此之后,多家机构纷纷从乐视撤离,乐视生态及其七大子生态的多米诺骨牌逐渐倒下,乐视危机则通过媒体的传播被暴露在大众面前。

2017 年 7 月 3 日,乐视董事长贾跃亭及妻子甘薇名下超过 12 亿元的银行存款已被银行冻结的消息遭到曝光。而在 7 月 6 日傍晚乐视网发布公告,贾跃亭辞去董事长职务,并且不再担任上市公司的任何职务。之后贾跃亭便悄然前往美国。而到了 8 月,乐视网在停盘 4 个多月后负债累累,面临着全民的声讨。乐视生态资金链断裂和乐视大厦的倒塌,似乎也宣告了"乐视帝国"多年来"多元生态化经营"的失败。乐视为什么会突然倒闭?

(资料来源:谢非,赵宸元.金融风险管理实务案例[M].北京:经济管理出版社.2019.)

导言

企业可以通过投资活动拓展新领域、提升自身竞争实力等,但是在进行投资活动时会受到市场环境、投资规模和结构、内部控制体系等因素的影响,使投资效率和质量有所降低。因此,企业需要做好投资项目可行性分析,做好预测、决策等相关工作,加强对环境的分析研究,有效地防范投资风险发生。

古人风险管理智慧专栏

未雨绸缪。

——《诗经·豳风·鸱鸮》

绸缪是指紧密缠缚,引申为修缮。未雨绸缪意思是趁着天没下雨,先修缮房屋门窗。比喻事先做好准备工作,预防意外的事发生。

第一节　投资项目风险的识别

一、投资风险的概述

（一）分类

1. 直接投资

视频　投资类型林林总总要识别

直接投资就是把资金直接投入生产经营性资产，比如购买设备、建造厂房、购买生产原材料等，以便获得投资利润。它是企业运用资金的主要领域之一，也是企业调整产品结构、实现产业更新换代、增强企业竞争力的主要途径。

2. 间接投资

间接投资就是企业购买股票、债券、期货等产品，获得投资收益。

（二）中国企业对外投资的模式

1. 建立海外营销投资模式，建立自己的国际营销渠道，由单一的国内市场走向全球性市场。

2. 境外加工贸易投资模式，直接在境外设厂，带动和扩大国内设备技术.原材料.零配件出口。

3. 海外创立自主品牌投资模式，如海尔集团，由中国名牌成为世界名牌。

4. 海外并购知名企业，通过并购国外知名企业，获得其品牌，借助其品牌影响力开拓当地市场的海外投资模式。例如我国的 TCL。

5. 海外品牌输出投资模式，指我国那些具有得天独厚的品牌优势企业开展海外投资，例如，北京同仁堂，品牌誉满海内外，商标已受到国际组织的保护。

6. 国家战略主导投资模式，指我国一些大型能源企业开展海外投资，注重的是国家的宏观利益，例如，我国三大石油巨头即中石化、中石油和中海油，这是解决能源瓶颈的重要问题。

7. 海外研发投资模式，指我国一些高科技企业而非传统的制造企业或资源开发企业通过建立海外研发中心，利用海外研发资源，使研发国际化，拥有居国际先进水平的知识产权，例如我国的华为、中兴。

二、投资风险的现状

风险识别是在风险事故发生之前，人们运用各种方法系统地、连续地认识所面临的各种风险以及分析风险事故的潜在原因。投资项目风险识别是投资项目风险管理的第一步。只有全面、正确地识别投资风险，才能进行正确的风险评估，投资项目的风险管理才有意义。

有很多企业却因盲目投资、没有认清投资风险而受到重创。

例如：从 1993 年到 1996 年，亚细亚集团以中国百货业前所未有的速度在全国各地建立了 20 多家连锁店，这还仅仅是开头，然而资金的严重匮乏引发了连锁反应。庞大的连锁体系刚刚运作便出现"多米诺骨牌效应"。

1996 年，曾经风光无限的巨人集团因投资房地产失误导致负债结构中出现恶性债务，全面爆发财务危机。

2004 年中航油从事石油衍生品期权交易投资，在亏损 5.5 亿美元后，宣布向法庭申请破产保护令。

2005 年中储棉因投资进口棉花被深度套牢，决策失误，导致巨额亏损达 10 个亿。

2004 年 1 月 TCL 投资法国汤姆逊彩电业务，受累于欧洲彩电业务的巨额亏损，TCL 集团 2006 年亏损达 19.32 亿元，亏损额度较前年增长 5 倍。

三九集团投资健康城等项目的失败，截至 2003 年底，三九集团及其下属公司欠银行 98 亿元，2008 年 1 月三九集团被华润集团收购。

还有德隆集团、常州铁本公司，等等。

当我们看到该投资项目事项为公司赚取了大量利润的同时，也应该清醒地认识到，其可能产生巨大风险。

视频　乱花渐欲迷人眼，投资
　　　风险要识别

三、投资项目风险的来源

投资项目风险的来源很多，而且影响投资风险的因素多变，几乎不可能在此一一列举和分析，其中具有普遍性且比较重要的来源如下。

1. 影响企业投资项目收入的不确定性因素较多

如价格的波动、市场的状况、消费者偏好、例外事故、文化等等，因此项目收入比任何其他的经济分析所采用的参数都具有更大的不确定性，项目收入的不确定性将给投资企业带来更大的风险。

2. 对各项费用的估计不足

如投资项目初始投资及日常经营费用的增加、市场利率的波动及国家对利率的调整、建设期的延长等。

3. 厂房及其机器设备的类型

例如一台普通的具有多用途的机器设备，可以在不同的企业具有不同的用途，因此其本身就具有比较明确的经济寿命周期和售卖价值,但是一台具有特殊用途的专用设备,只能在特定的地点执行特定的功能。因此如果投资于特殊的厂房和机器设备,应该慎重考虑这些影响投资项目风险的因素。

4．项目寿命期的长短

通常一个项目的寿命周期越长,其不确定性越大,投资项目决策的风险也越大。

此外,投资项目风险的来源还有社会、政治、经济的稳定程度,项目施工与经营管理的水平,技术进步与经济发展的状况,国家的投资及产业政策,投资决策部门的预测能力,项目设计质量和可靠性,通货膨胀和汇率等等。

现以建筑行业为例,说明投资项目风险的来源,如表 12-1 所示。

表 12-1　建筑行业风险主要来源

来　源	例　如
业主、政府、管理机构	官僚主义的拖延、当地法规的变化
筹资、财政	政府筹资政策的变化与资金提供者之间的关系
项目的定义	项目范围的变化
项目组织	项目经理的权利、对外部机构的参与
设计	是否充分满足需要、设计程序是否切实可行
当地条件	当地风俗、天气
固定的设备供应	设备新颖程度、在运输过程中的损坏
建筑承包商	经验、财务上的稳定性
建筑材料	过度浪费、质量的可靠性
劳动力	劳资关系、多种族劳动力
建筑设备	转售价值、备用件供应
后勤	距离远近、工地进出是否方便
估算数据	与特定项目的可供应量有关
通货膨胀	
汇率	
不可抗力	

四、投资项目风险的识别

(一)投资项目风险识别的要点

在介绍投资项目风险识别的方法之前,首先要说明一下企业在选择风险识别方法时应该注意的问题:第一,由于每一种风险识别的方法都有各自的缺点和应用的局限性,因此识别风险就不能够只应用一种风险识别的技术或工具,应该结合运用几种方法,相互补充;第二,对于特定的行业,采用适合本行业特定的某种方法要比其他方法效果更好;第三,信息的取得不应仅停留在风险管理部门上,应尽量向风险部门以外的人征求意见,才能更好地全面了解企业所面临的风险;第四,应该制定连续的风险识别的计划;第五,风险识别技术和工具的选择应该讲求成本效益,即经济上的合理性;第六,在风险识别的同时要做好准确的记录。企业只有注意以上的各个方面,才能做好风险识别工作,进而为以后的风险评估奠定坚实的基础。

(二) 投资项目风险识别的方法

1. 保险调查法

保险调查法是指通过保险公司的专业人员及有关的学会就企业可能遭遇的风险加以详尽的调查与分析,编制各种调查表供企业参考的一种方法。风险分析调查表(Risk Analysis Questionnaire)在美国企业界得到广泛应用,其通常是由美国保险公司、风险及保险管理学会(RIMS)以及美国管理学会(AMA)在对企业风险广泛调查的基础上形成的供企业应用的调查表格。由于这种表格是由企业以外的保险公司和一些有关的学会制定的,并没有考虑企业自身的特点,因此有一定的局限性,只适用于中小规模且风险管理制度并不健全的企业。

2. 核对表法

企业在生产经营过程中往往受到很多因素的影响,企业在做投资和管理决策时可将企业经历过的风险及其形成的因素罗列出来,形成核对表。管理人员在进行决策时,看了核对表就会注意到所要进行的投资项目可能具有的风险,从而采取相应的措施。核对表可以包括很多的内容,例如以前项目成功失败的原因、项目产品和服务的说明书、项目的资金筹集状况、项目进行时的宏观和微观环境、项目进行的管理组织等等,当然还可以向相关的部门(如保险公司、风险管理学会等)咨询企业进行相关的投资项目可能面临而没有考虑到的风险。如下是项目管理成功与失败原因核对表的内容。

(1) 项目管理成功原因

第一,项目目标明确,对风险采取了现实可行的措施;

第二,从项目开始就让参与项目各阶段的有关方面参与决策;

第三,项目各有关方的责任和应当承担的风险划分明确;

第四,在项目设备订货和施工之前,对所有的设计方案都进行了细致的分析和比较;

第五,在项目规划阶段,对组织和签约中可能出现的问题已事先预计到;

第六,项目经理有献身精神,拥有所有应该有的权限;

第七,项目组全体成员工作勤奋,对可能遇到的大风险都集体讨论过;

第八,对外部环境的变化都采取了及时的应对行动;

第九,进行了项目组地建设,表彰,奖励及时、有度;

第十,对项目组成员进行了培训。

(2) 项目管理失败原因

第一,项目组不积极,缺少推动力;

第二,沟通不够,决策者远离项目现场,项目各有关方责任不明确,合同上未写明;

第三,规划工作做得不细,或缺少灵活性;

第四,把工作交给了能力差的人,又缺少检查、指导;

第五,仓促进行各种变更,更换负责人,改变责任、项目范围或项目计划;

第六,决策时未征求各方面意见;

第七,未能对经验教训进行总结分析;

第八,其他错误。

3. 组织结构图分析法

组织结构图分析法适合各类企业的风险识别,它的特点是能够反映企业关键任务对企业投资项目的影响,组织结构图主要包括以下的内容。

(1) 企业活动的性质和规模

例如一个企业集团主要经营何种产品,属于哪种产业,具有多少子公司,其资产规模大小等等;

(2) 企业内各部门之间的内在联系和相互依赖程度;

(3) 企业内部可以分成的独立核算单位,这是对风险做出财务处理决策时所必须考虑的;

(4) 企业关键人物

如对企业经营管理决策具有重要影响,有权参与企业重大投资项目的设计、实施过程的人,能够提供风险管理人员所需要的技术和其他信息的人等等;

(5) 企业存在的可能使风险状况恶化的任何弱点。

4. 流程图分析法

流程图能够生动、连续反映一项经济活动的过程,其作用在于能够找出经济活动的重要部分,也就是我们通常所说的"瓶颈"——该部分的损失可能导致整个经济活动失败。但流程图分析存在明显的局限性,它只能揭示风险是否存在,但不能给出损失的概率和损失的大小,所以流程图分析法应该和其他风险分析方法一起使用。

5. 经验、调查与判断法

企业可以通过主观调查与判断来了解企业可能面临的风险。企业可以通过市场调查,搜集信息包括国家的产业政策、企业投资地区的经济状况、人口增长率、消费者的态度、意见、动机以及购买意向等;也可以通过德尔菲法"背对背"的反复征求专家的意见,以取得有共识的对风险的识别,此种方法对于一些原因比较复杂、影响较大的投资风险识别效果比较好;也可以通过专家会议法,邀请风险专家召开会议,采取"面对面"的方式对企业投资的各种风险进行识别,专家们通过讨论,最后得出比较一致的意见,这种方法适用于衡量投资市场中潜在损失可能发生的程度;企业还可以召集参与投资项目或曾经参与过类似项目的人员,集思广益,对企业可能面临的投资风险达成共识。

6. 事故树法

通过画出事故树的方式,将企业投资可能面临的风险以树状表示出来,然后一一的排除,最后确定导致风险产生的因素。例如某企业投资房地产业,可以运用事故树分析企业住宅销售风险,如图 12-1 所示。

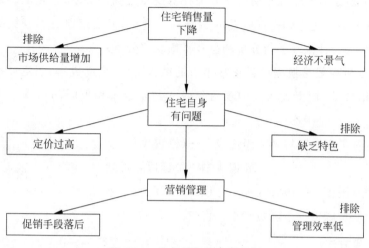

图 12-1　住宅销售风险事故树

7. 敏感性分析法

敏感性分析法是研究在投资项目的寿命周期内,当影响投资的因素(例如,投资期限、市场利率、宏观经济环境等等)发生变化时,投资的现金流量、内部收益率是如何变化的,以及各个因素对投资的现金净流量、内部收益率等是如何影响的,从而使管理人员了解对企业投资影响比较重要的因素,识别并控制风险隐患来降低企业的风险。

第二节　投资项目风险的衡量

一、项目风险衡量的目的和内容

对投资项目进行风险识别和归类之后,就应该对投资项目进行风险衡量。风险衡量的对象并不是项目的整体风险而是项目的单个风险,对项目进行风险衡量有以下的目的:一是加深对企业自身和投资环境的了解;二是寻找实现项目目标的可行方案,务必使项目所面临的风险都经过充分、系统有条理的分析;三是了解各种影响风险的因素对项目各个方面的影响;四是在多种可行的方案中运用一定的方法从中选择出风险最小、收益最大的方案。

二、投资项目风险衡量方法

1. 盈亏平衡分析

盈亏平衡分析是研究盈亏平衡时各有关经济变量之间的关系,它是敏感性分析的一个具体应用,是就销售量变化对投资收益的影响进行分析,以确定项目不亏损所需要的最低销售量。具体分为会计盈亏平衡分析和盈亏平衡现值分析。

盈亏平衡分析一般是根据项目正常年份的销售价格、变动成本、固定成本等因素确定盈亏平衡点的销售量(销售收入),即项目年收入与年成本相等时的销售水平。其计算公式为

$$盈亏平衡点销售量=固定成本÷(销售单价-单位变动成本)$$

$$=固定成本÷单位边际贡献 \qquad (公式\ 12\text{-}1)$$

$$盈亏平衡点销售收入=固定成本÷边际贡献率$$

$$边际贡献率=边际贡献÷销售收入$$

2. 定性衡量方法

定性衡量方法就是风险管理人员通过风险识别阶段所得到的信息,运用一定的方法,进行信息加工和处理,从而得到风险事件发生的概率及其损失程度这两个重要指标,为风险管理者选择风险处理方法、进行风险管理决策提供依据。

企业风险定性评估方式可以将企业风险概率表示为"很小""中等""较大",企业风险导致的损失大小也相对划分为重大损失、中等损失和轻度损失,这样可以在图 12-2 所示的风险等级图坐标系中对风险进行定位。企业应该针对不同的企业风险在风险等级图中不同的位置进行不同的处理策略。

企业的投资风险往往因缺乏数据等原因定量衡量有困难,定性衡量则相对容易。

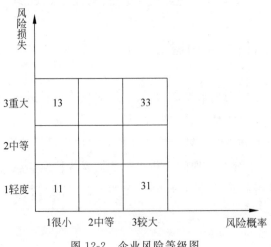

图 12-2　企业风险等级图

第三节　投资项目风险管理

一、投资项目风险管理概述

投资项目风险识别、风险衡量是项目风险管理的重要内容,但是仅仅完成以上的工作不能够保证实现项目目标的成本最小化,还必须在此基础上对风险进行规划,对风险实施有效的控制,并随时对风险进行监控。这一过程涵盖了项目风险管理的全过程,称之为广义的项目风险管理,在实际操作过程中将风险识别、风险衡量归为风险分析阶段,而将风险规划、控制、监控归为风险管理阶段,这个阶段也叫狭义的项目风险管理。

经过了投资项目风险衡量之后,会出现两种情况:一种情况就是项目的风险超出了可接受的水平;另一种情况就是项目整体风险在能够接受范围之内。在第一种情况下,项目管理组织有两个选择:当项目整体风险大大超过评价基准时,应该立即停止、取消该项目;当项目整体风险超过评价基准不是很多的时候,应该采取挽救措施。一般有两种挽救措施:一是降低项目风险评价基准,看此时项目的风险是否可以接受;二是改变项目的目标和投资策略。无论采用哪一种方法,都应该对投资项目重新进行风险分析。第二种情况下,没有必要更改原有的项目计划,只需要对已经识别出来的风险进行监控,并通过深入调查来寻找没有识别出来的风险。对于已经存在的风险要进行严格的检查,必要时应采取相应的规避措施,防范风险。

二、投资项目风险规划

风险规划就是制定风险规避策略以及具体实施措施和手段的过程。风险规划首先要了解风险规划的内容和任务,并提出相应的风险规避策略,将风险规划的工作成果记入风险管理计划文件中。

(一)风险规划的内容与任务

在此阶段要考虑两个问题:第一,风险管理策略本身是否正确和可行;第二,实施管理策略的措施和手段是否符合项目总目标。

在风险规划阶段,项目主管部门首先应该采取有效的措施,尽量减少已经识别的风险,保证项目的成功。由于资源是有限的,所以在进行风险规划时应该考虑风险管理的机会成本。

其次,项目管理部门还应该对风险进行监控,并注意和防范新风险的出现,对可能出现的新风险做出相应的规划。

视频　防范投资风险的
　　　管理措施

项目管理人员还应该在项目进行过程中定期对项目风险评价基准和项目的风险水平进行比较,并逐渐提高项目风险的评价基准。此时项目管理部门应该考虑由谁监视、如何进行风险监视、监视范围的大小、次数的多少以及何时监视、如何提高风险评价基准等。

把风险影响的后果尽量限制在可接受的水平上,是风险管理规划和实施阶段的基本任务。只要整体风险没有超过整体评价基准,该项目就可以继续进行下去,个别风险是否可以接受要考虑两个方面:损失的大小和为规避风险而采取的措施。即使风险后果很严重,但由于风险规避的措施简单易行而且成本代价较小,此时该风险是可以接受的。

由于规避风险的措施往往会影响原定的计划,因此项目主管部门在风险管理规划阶段还要考虑何时应该采取措施规避风险,何时应该接受风险。

(二) 风险处理的措施

对投资项目的风险进行处理有很多的措施,这里仅仅介绍几种常用的处理措施。

通常采用的风险处理的措施主要有:风险回避、风险转移、风险自留、后备措施和风险控制。

1. 风险回避

风险回避是指当投资项目风险潜在威胁发生的可能性很大、不利后果也比较严重,而且又无其他策略可采用时,主动放弃项目、改变项目目标与行动方案来规避风险。如果通过风险评价发现项目或项目目标的实施将会给项目带来重大的损失,项目管理者又不能通过其他有效的办法来有效地控制风险,这时就应该考虑放弃项目的实施,以免造成更大的财产损失或人员伤亡。如基本建设项目中新技术的采用和新产品的开发等。风险回避在消除风险的同时,不仅失去了获得由风险带来的收益,而且也失去了其他各种投资机会,同时也抑制了项目有关各方的积极性。因此,在采取回避策略之前,必须要对风险有足够的认识。

岳阳电子仪器厂在开发生产彩电频道预选取开关时,若从日本引进全套设备则需要投资 850 万元,这对当时仅百十来人的小企业来说,其微薄的财力是不能企及的。若借款引进设备,则稍有差错便会全军覆没。于是该厂果断采用分阶段投资策略,先用 106 万元引进日本散件和后道工序设备,待赚到钱有了财力后再成套引进,最终使新产品开发获得成功。这说明,当企业财力有限,不能一步到位实施项目投资时,可以采取分步逐步实现的方式。这种方式的优点表现在:第一,资金不是一次性投入,因而每批投入的资金相对比较小,因此即使发生风险损失,损失的程度也相对比较小;第二,前期资金投入可为后期资金投入探路以使信息明朗化,有利于进行方案调整与预测,如前期风险太大,则后期可以退出该领域,或进行转向,以免发生进一步风险损失。但是,分布投资或分布行动的策略应避免时间拖得太长，以免贻误战机。

2. 风险转移

风险转移又称合伙分担风险。其目的是通过若干技术手段和经济手段将风险部分或全部转移给其他人承担。实施这种策略转移风险的同时，也转移了部分可能由风险带来的利益。风险转移主要有四种方式：(1)出售。就是通过买卖契约将风险转移给其他单位。(2)发包。就是通过从项目执行组织外部获取货物、工程或服务而把风险转移出去。如在项目建设期，将工程以一定的价格完全发包给承包单位，这样可以降低风险。(3)保险与担保。保险是常用的一种方法。只要该项目公司向保险公司交纳一定数额的保险金，在事故发生时就能获得保险公司的补偿，从而将风险转移给保险公司。担保则是指其他企业、银行、保险公司或其他非银行金融机构，为项目风险负间接责任的一种承诺。通过这种承诺，项目所有者就把由于承包商行为方面不确定性带来的风险转嫁给担保者。(4)免除责任合同。在合同中列入免除责任的条款，要求项目管理部门在发生风险时不承担责任。

3. 风险自留

风险自留是指对一些无法避免和转移的风险，采取现实的态度，在不影响投资者根本或局部利益的前提下，将风险自愿承担下来。自愿承担可以是主动的也可以是被动的。由于风险管理规划阶段已对风险有了准备，所以当风险发生时马上执行应急计划，这是主动接受。被动接受风险是指在风险事件造成的损失不大，不影响项目大局时，项目管理部门将损失列为一项费用。总之，它是一种积极的风险管理手段，是项目公司为承担风险损失而事先做好各种准备工作，修正自己的行为方式，努力将风险降低到最低程度。风险自留是最省事的风险规避方法，在许多情况下也是最经济的。当采用其他风险规避策略的费用超过成本时，就采用风险自留。

4. 后备措施

企业为了降低某些风险带来的不利影响，项目管理组织可以事先制定后备措施。当项目实际进展情况与计划不同时就可以采用后备措施。后备措施主要有以下的内容：

(1)预算应急费。所谓预算应急费就是项目管理组织为了补偿差错、疏漏和其他不确定性对项目费用估计精确性的影响而事先准备好的资金。由于项目进行时的种种不确定性，项目的预算应急费是一定会耗费的，但是何时、何地耗费以及将耗费多少在项目预算时是不能够确定的。预算应急费应该做到专款专用，在项目预算时应该单独列示，不应该分散到具体费用中，也要避免因为对具体费用心中无数而盲目的预留。

预算应急费一般分为实施应急费和经济应急费。实施应急费用于补偿估价和实施过程中的不确定性；经济应急费用于应对通货膨胀和价格波动。实施应急费又可以分为估价应急费和调整应急费；经济应急费可进一步分为价格保护应急费和涨价应急费。

估价应急费是指为了弥补项目目标不明确，项目定义不确切、不完整，项目采用的策略含糊、不明确、工作分解结构不完全、不确切，估算时间短、估算人员缺乏经验和知识、过分乐观,估算和计算的误差给项目造成的不利影响而预留的资金。

调整应急费是指由于项目需要多次的运行,所以需要预先准备的支付调整期间的系统调试、更换零部件、零部件和组装的返工、编制竣工图、重写技术说明、操作手册和其他文件等的各种开支。

价格保护应急费是指用于补偿估算项目费用期间询价中隐含的通货膨胀因素。这是由于在报价有效期届满时,供应单位可能提高原来的报价所导致的。

涨价应急费是指在通货膨胀或价格波动较大时,供应单位无法或不愿意为未来的订货实行固定价格时企业预留的应急费。

(2) 进度后备措施。由于项目会有种种不确定性,项目的进度方面也会受到影响,但项目主管部门并不希望用延长时间来解决存在的问题,因此项目管理部门就要设法制定出一个较紧凑的进度计划,争取在项目预算完工期之前完成。进度后备措施从网络计划的观点来看就是在关键路线上设置一段时差或浮动时间,压缩关键路线各工序的时间以预留浮动时间,具体有两种方法:减少工序时间和改变工序间逻辑关系。

(3) 技术后备措施。技术后备措施是指为了应付项目的技术风险而预先准备的时间或资金。只有当不大可能发生的事件发生、需要采用补救行动时才会动用技术后备措施。技术后备措施分为:技术应急费和技术后备时间。

5. 风险控制

风险控制是依据风险管理计划以及实际发生的风险事件和随时进行的风险识别的结果,在风险事件发生时实施风险管理计划中预定的规避措施的过程。风险控制应该注意两个方面:一是风险控制的手段不应该仅仅局限于风险管理计划中的风险规避措施,还应该根据实际情况确定应变的措施,对于未曾预料到的风险事件以及已经识别但后果比预想要严重的风险事件,且原有的风险规避措施无法解决的,应该重新制定风险规避的措施;二是当项目的情况发生变化时,应该重新进行风险分析,并制定新的规避措施。

三、投资项目风险规划文件

经过了前面的风险管理规划步骤,应该将已完成的工作归纳成一份风险管理规划文件。风险管理规划文件中应当包括项目风险形势估计、风险管理计划和风险规避计划。

在风险分析之后的项目风险规划阶段,应该根据已有的分析数据对项目风险形势估计进行修改,修改时应对已经选定的风险规避策略进行评价,重点放在这些策略能够确定哪些成果上。项目风险形势估计的主要内容有:确定风险规避的目标,找出必要的策略、措施和手段,对任何必要的应急和后备措施进行评价;确定为实施风险规避而使用资金的效率和效果。

风险规划文件应该说明如何把风险分析和管理步骤应用于项目之中,还要详细地说明风险识别、风险评估和风险控制过程的所有方面,以及项目整体风险评价基准是什么,应当使用什么样的方法,如何运用这些风险评价基准进行风险评价等。

(一)投资项目风险规划文件的一般格式

1. 引言
(1)本文件的范围和目的
(2)概述
a. 目标
b. 需要优先考虑的风险
(3)组织
a. 领导人员
b. 责任
c. 任务
(4)风险管理的内容说明
a. 进度安排
b. 预算

2. 风险分析
(1)风险识别
a. 风险情况调查、风险来源等
b. 风险分类
(2)风险衡量
a. 风险发生概率的估计
b. 风险后果的估计

3. 风险管理
(1)根据风险分析结果提出的风险处理的措施
(2)风险处理的程序
(3)风险处理措施使用中可能存在的问题

4. 风险评价
(1)风险评价使用的方法
(4)风险管理效果分析

5. 附录
(1)项目风险形势估计
(2)削弱风险的计划

（二）投资项目风险规划文件的一般内容

风险规划文件是在风险分析完成后为了使风险水平降到最低而制订的详细计划。不同的投资项目,内容会不同,但至少应包括如下内容。

(1) 所有风险来源的识别,以及每一来源中的风险因素;

(2) 关键风险的识别,以及关于这些风险对于实现目标的影响的说明;

(3) 对于已识别出的关键风险因素的评估,包括从风险评估中摘录出来的发生概率以及潜在的破坏力;

(4) 已经考虑过的风险规避方案及其代价;

(5) 建议的风险规避策略,包括解决每一风险的实施计划;

(6) 各单独规避计划的综合汇总,以及分析过风险耦合作用可能性之后制定出的其他风险规避计划;

(7) 项目风险形势估计、风险管理计划和风险规避计划三者综合之后的总策略;

(8) 实施规避策略所需资源的分配,包括关于费用、时间进度和技术考虑的说明;

(9) 风险管理的组织及其责任,在项目中安排风险管理组织;

(10) 开始实施风险管理的日期、时间安排和关键的里程碑;

(11) 成功的标准,即何时可以认为风险已被规避,以及待使用的规避方法;

(12) 跟踪、决策以及反馈的时间,包括不断修改、更新需优先考虑的风险一览表、计划和各月的结果;

(13) 应急计划,是指预先计划好的,一旦发生风险事件就付诸行动步骤和应急措施;

(14) 对应急行动和应急措施提出的要求;

(15) 项目执行组织高层领导对风险规避计划的认同和签字。

第四节　并购风险管理

一、企业并购概述

企业对外投资活动中代表企业资本运作高级形式的活动就是企业并购。企业并购是企业兼并(merger)与收购(acqulsltion)的合称。国际惯用的专业术语为 merger and acqulsition,简称 M&A。

兼并,是指两家或两家以上公司以股权集合、购买或统一合并的方式组成一家公司,原公司的权利义务由存续公司或新设公司承担。兼并有两种形式:吸收兼并和新设兼并。吸收兼并是指两家公司合并,保留其中一家公司的法人地位,可概括为"A＋B＝A(B)"。新设合并是指两家或两家以上公司合并,另外成立一家新公司(新法人实体),原有公司均失去其法人地位,可概括为"A＋B＝C"。

收购,是指一家公司用现金、债券或股票等方式,购买另一家公司的股票或资产,以获得该公司控制权的行为。收购可进一步分为资产收购和股份收购。股份收购又可按收购方所获得的股权比例分为控股收购和全面收购。

由于兼并和收购后,企业的产权和经营管理权最终都控制在一个法人手中,所以,我们通常把企业兼并和企业收购统称为企业并购。企业并购是一种非常复杂的经营活动,它可以按不同的标准划分为很多种类,其中最主要、最常用的划分方法是根据并购双方的行业关联性,将之分作横向并购、纵向并购和混合并购三种。

(一) 企业并购的动因

在全球范围内,并购已经成为企业扩大规模、增强核心竞争力、提高运营效率的重要手段。企业并购的动因:所有企业的兼并和收购最直接的目的,无疑是谋求竞争优势,实现股东利益最大化。往细里说主要有以下三方面:一是为了扩大生产,抢占市场份额。二是取得廉价的原料和劳动力,进行低成本竞争。三是通过收购转产,跨入新的行业。

然而,并购有时也与以上目的无关。如某些企业管理者力主兼并,可能仅仅为当龙头老大,圆他的企业帝国梦;有些是企业管理者的报酬、权力都与企业规模有关系,所以会盲目追求企业扩张;或通过并购活动充分展现其天才和技能,以满足他们自身的动机;或为了保住自己的地位,防止其被其他企业收购而先发制人,率先收购其他企业。

(二) 并购给企业带来的效益

企业并购的初衷都是好的,并且一旦并购成功的话,势必会给企业带来丰厚的收益。

1. 整合资源,扩大生产经营规模

在市场经济制度下,市场不仅是企业集团生存的命脉,更是无尽的财富源泉。

因此如何加强企业自身的竞争能力以期获取更大的市场份额,就成了企业集团永久的主题和经营管理的基本着眼点。不通过并购,而是"滚雪球"式的靠自我积累、自我发展,在今天的历史环境下,根本无法成为"巨人型企业"。例如:中国移动(香港)用800多亿元兼并8省市移动网络,它将各省市的移动业务集于一身,收购后与企业集团原有资源进行"整合",无论是原材料资源,还是人力资源、技术资源等。众人拾柴火焰高,为了共同的企业目标和自身的职业愿景,领导与员工共同融入同一组织中,集思广益,求同存异,致力于完成任何复杂和挑战性的工作。移动并购后,强化了核心竞争能力,开拓了市场竞争空间,使并购后的联合体产生了"1＋1＞2"的整合效应,形成了中国国内最大的手机网络,使移动公司的业绩大大提高。

2. 确立和巩固企业在行业中的优势地位

一次适时的并购可以使不同企业的各类资源优势融合在一起,发挥各自的特长,从而

提高运营效率,减少企业成本,扩大了经营范围。

3. 降低资金成本,改善财务结构,提升企业价值

第一,企业内部现金流入更为充足,在时间分布上更为合理。企业兼并发生后,规模得以扩大,资金来源更为多样化。被兼并企业可以从收购企业得到闲置的资金,投向具有良好回报的项目;而良好的投资回报又可以为企业带来更多的资金收益。这种良性循环可以增加企业内部资金的创造机能,使现金流入更为充足。

第二,企业内部资金流向更有效益的投资机会。混合兼并使得企业经营所涉及的行业不断增加,经营多样化为企业提供了丰富的投资选择方案。企业从中选取最为有利的项目。同时兼并后的企业相当于拥有一个小型资本市场,把原本属于外部资本市场的资金供给职能内部化了,使企业内部资金流向更有效益的投资机会,而且多样化的投资必然减少投资组合风险。

第三,企业资本扩大,破产风险相对降低,偿债能力和取得外部借款的能力相对提高。企业兼并扩大了自有资本的数量,自有资本越大,由于企业破产而给债权人带来损失的风险就越小。合并后企业内部的债务负担能力会从一个企业转移到另一个企业。另外那些信用等级较低的被兼并企业,通过兼并,使其信用等级提高到收购企业的水平,为外部融资减少了障碍。无论是偿债能力的相对提高,破产风险的降低,还是信用等级的整体性提高,都可美化企业的外部形象,从而能更容易地从资本市场上取得资金。

第四,企业的筹集费用降低。合并后企业可以根据整个企业的需要发行证券融集资金,避免了各自为战的发行方式,减少了发行次数。整体性发行证券的费用要明显小于各企业单独多次发行证券的费用之和。

二、并购风险的含义

并购风险是指由于企业并购未来收益的不确定性而造成的未来实际收益与预期收益之间的偏差。企业并购是一项包含系列工作的复杂的系统工程、面对的不确定因素很多。各种不确定因素的存在导致了整个并购活动面临的风险也特别大。

并购风险按不同的分类标准可以有不同的分类。

(一)按并购进程分类

按并购进程(或按风险存续的不同期间),并购风险可分为并购前的决策风险,并购时的操作风险以及并购后的整合风险。

1. 并购前的决策风险

并购前的风险主要是指在进行决策的过程中,各种不确定因素使决策存在不确定性。比如,企业的自我评估、目标企业的选择、并购价格的制定、战略计划的确定、资金的筹措等

每一项决策都会存在风险。

2．并购时的操作风险

并购时的风险主要就是指并购行为实施操作过程中存在的种种风险。比如企业在进行谈判时，在关键性问题上僵持不下就会浪费时间，加大成本，从而影响整个并购工作的效率和效果，也就是加大了并购工作的风险。

3．并购后的整合风险（不协同风险）

企业并购的一大动因是股东财富最大化。为了实现这一目标，并购后的企业必须要实现经营、管理等诸多方面的"协同"，即"1＋1＞2"。而在企业并购后的整合过程中，未必一定能达到这个初衷，导致并购未取得真正的成功，即存在如下风险。

（1）管理风险

并购之后管理人员、管理队伍能否得到合适配备，能否找到并采用得当的管理方法，管理手段能否具有一致性、协调性，管理水平能否跟上因企业发展而提出更高的要求等等。这些都存在着不确定性，都会造成管理风险。例如著名的迪士尼公司收购了星波公司(Starwave Corp.)和音弗思克公司(Infoweek Corp.)两家公司，整合全部资源推出门户网站 Go Network。并购后内部组织管理并没有根本性的变化，结果内部争斗不绝，两家公司的高级管理人员几乎人去楼空。

（2）规模经济风险

企业并购以后，应该采取有效方法使人力、物力、财力达到互补，并形成更优越的配置，使各项资源真正有机结合在一起。而在某些情况下，并购方在并购完成后，不能实现规模经济和经验共享互补，而是低水平的重复建设，反而会因规模过于庞大而产生规模不经济，甚至导致整个企业集团的经营业绩都会被拖累。这种风险被称为规模经济风险。

（3）企业文化风险

并购双方能否达成企业文化的融合，形成共同的经营理念、团队精神、工作作风会受到很多因素的影响，同样会带来风险。大到国家地域的冲突，小到个人行为准则的冲突，文化的无形性、历史性、隐蔽性，使得文化融合风险很突出。例如："美国是一个提倡个人主义的国家，鼓励个人奋斗，因此，英雄及英雄主义往往是美国企业文化的一部分。"而日本企业文化则更强调集体主义、团队至上，不欣赏个人的奋斗。可见，在很多时候文化观念上的差异是很大的。企业也是如此，每个企业的企业文化都是在其不断的发展过程中慢慢形成的，想一下改变很困难。

（4）经营风险

为了实现经济上的互补性，达到规模经营，谋求经营协同效应，并购后的企业还必须改善其经营方式，甚至产品结构，加大产品研发力度，严格控制产品质量，调整其资源配置，否则就会出现经营风险。

综上所述，企业兼并失败，其原因除了兼并交易价格、目的、对象和兼并时间等因素外，一个重要的原因就是对兼并后的管理和控制失当，在兼并中没有适当的并购管理计划，缺乏有效的领导，忽视了公司间组织和文化方面的协调。可见，并购后的整合不当会使整个并购成果付诸东流。比如，国有企业与民营企业，存在着管理风格和文化理念的差异。一旦二合为一，这种管理冲突和文化冲突就不可避免，如果处理不当极易导致并购失败。

（二）反收购风险

另外，当企业在实施并购项目时，一旦目标企业不愿意参与并购，就会采取一系列措施进行抵制，这样就会降低收购收益，增加并购成本，使并购企业面临更大的风险。

一般说来，被并购企业主要是采取经济手段和法律手段来实施反收购防御的。主要包括：

（1）提高收购者的收购成本（如高估资产价值、"金色降落伞计划"），降低收购者的收购收益或增加收购者风险（如"负债毒丸计划""人员毒丸计划"），收购收购者，适时修改公司章程。

（2）诉讼策略。通常以诸如反垄断、并购方信息披露不充分等为理由为并购制造障碍。

（三）财务风险（筹资风险）

每一项并购活动背后，几乎均有巨额资金的支持，企业很难完全利用自有资金来完成并购过程。企业并购后能否及时形成足够的现金流入以偿还借入资金，以及满足并购后企业进行一系列的整合工作，对资金的需求是至关重要的。具体说来，财务风险主要来自于几个方面：筹资方式的不确定性、多样性，筹资成本的高增长性、外汇汇率的变动性等。由此，融资所带来的风险不容忽视。如美国 20 世纪 80 年代以杠杆收购方式进行并购的公司达 2800 多家，而到 20 世纪 80 年代末，垃圾债券信誉江河日下，危机四伏，造成投资者一片恐慌。

由于企业并购行为是一项包含系列工作的复杂的系统工程，面对的不确定因素很多。因此除了上述风险以外，还包括了如政治、法律风险，体制风险，自然灾害风险，环境责任风险，行为风险等诸多的风险。所以说企业并购时，应该把握好各个环节，任何一个环节出现失误，都会导致之前所做的努力付之东流，使并购前功尽弃，以失败告终。

三、并购风险的识别与衡量

并购风险的识别与衡量是并购风险管理中很重要的程序，是进行并购风险管理的基础。它揭示了并购风险管理的具体对象及管理力度，即是对面临现实或潜在风险时加以判断、整理，并鉴定风险的"质"和"量"的过程。

（一）并购风险的识别

并购风险的识别就是确定产生风险的环节（按整个并购流程进行）、因素（主、客观因素）。进行并购风险的识别，一般来说我们可以依照并购的程序来进行，也就是按照整个并购活动的过程，顺序地从最开始的并购意向的确定，到并购操作，乃至到并购后的整合进行"搜索"，找出风险可能存在的环节，找出可能导致风险发生的因素。只有识别出可能的风险损失来源，人们才能主动地选择适当有效的方法来处理可能发生的损失。

识别风险将使风险管理人员了解某一特定风险可能会在什么情况下发生和某一环节可能会有哪些风险，同时分析"风险动因"。在成本管理上，越来越强调导致成本发生的驱动因素——成本核算动因的分析，以抓住成本发生的源头。同样的道理，在进行并购风险管理的时候，要找到可能导致风险发生的因素，才能做到"防患于未然"，并提前做好应对准备。不同并购者的主观风险偏好不同，对于冒同样程度的风险，不同的人会有不同的反应。所以，风险识别具有很强的主观色彩；同时，并购本身是一项非常复杂、充满许多不确定因素的活动，因而风险识别的方法是灵活多样的，并没有固定的模式可以套用，在这里仅介绍一些相对常用的、比较可行有效的风险识别方法。设计识别体系可以根据自己的偏好主观判断，也可以根据经验判断或聘请投资银行等专业机构进行评估咨询等来协助进行。具体可以采用以下方法。

1. 风险询问法

风险询问法即以问卷调查的方式识别风险。采用问卷调查的一个特点就是它面向对象的广泛性，不必刻意的寻找样本。目标企业内部的员工、管理人员可以作为调查对象；目标企业外部的专业人士，乃至政府及相关部门也可以作为问卷调查的对象。这种方法不但有助于了解目标企业内部的经营状况，同时也有助于了解目标企业的外部环境。

2. 目标企业资料分析法

目标企业资料分析法主要有：（1）企业财务资料分析法，顾名思义，就是利用企业的各种财务报表以及更详细的凭证、记录所反映出的信息为风险管理者提供诸多线索。比如，企业曾经发生过哪些意外事故，采取了何种防范及补救措施，效果如何，企业有哪些或有事项等，以此来找到企业的薄弱、易存在风险的环节。（2）企业其他的记录和文件分析法，例如，董事会、股东大会的会议纪要，内部资料，其他高层管理人员的会议记录，合同文书等等，以此来了解目标企业的内部管理状况，了解目标企业与上下游供应商、客户之间的情况等，并提示企业需要防范的风险。

3. 合并流程分析法

这种方法主要向我们提供的是一个寻找风险顺序的思路。通过绘制合并流程图，使合并过程简明、直观地显现出来。通过"梳理"，识别、分析出整个并购过程中关键活动、环节的潜在风险。这些关键活动通常起瓶颈作用，一旦这些关键活动出现差错，企业整个并购过程就可能因此而被迫中断、反复，甚至失败。图 12-3 是一张简明并购全程风险分布图。

从 12-3 图中我们可以看出，对于并购活动的全部风险，在第一和第二两个阶段共占到 47%，而在第三阶段则占到 53%。图 12-3 有助于识别并购中存在的风险。在实务中，人们

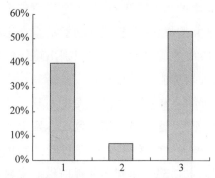

1—战略开发、筛选目标，全方位分析阶段，40%
2—谈判阶段，7%；3—整合阶段，53%

图 12-3　并购全程风险分布图

往往非常重视第一阶段和第二阶段，而忽略了第三阶段的风险管理。而大量事实表明，并购后的整合阶段是并购取得真正意义上的成功关键所在，所以整合阶段的风险识别和管理尤其重要。

4. 历史损失资料统计分析法

历史损失资料统计分析法即根据以往的损失统计资料来识别重大的损失风险。不过，这需要目标企业有比较完善的风险管理信息系统。通过分析历史损失的原因、涉及的人员、损失的金额、防范的手段、弥补的措施等来判断企业可能存在的风险。并不一定是关于并购活动本身的，也可以包括企业的方方面面，如经营、管理、人员等等。

5. 实地调查法

实地调查法即在并购的整个过程中进行定期或经常性的实地检查。俗话说"百闻不如一见"，通过对目标企业经营场所和经营过程的现场调查，会得到很多目标企业生产经营和管理等方面的第一手资料，是风险管理者识别、判断目标企业风险状况的最直接、最真实的资料。

关于并购风险的识别方法，既有适用一般风险识别的方法，又有其特定的方法。以上方法仅仅是众多方法中的几例，其区别在于有关信息的来源不同，即怎样搜集信息，从什么渠道获得信息等。

（二）并购风险的衡量

进行并购风险识别之后，就可以有针对性地衡量所识别风险的潜在破坏力程度，确定出风险对并购企业的影响。

并购风险的衡量主要包括两个方面。

一是并购风险发生的频率，即衡量潜在的损失发生的频率。这种频率并不需要，也不可能十分精确。只要可以大概反映其出现的频率就可以。比如，风险管理人员可以进行这样的粗略估计，将一种风险的频率分为：很小、中等、较大。我们考察风险发生的频率，目的并不是要求确定出具体的百分数，而是只要能反映出风险损失发生的频繁程度就可以了。

二是风险损失程度。也就是每次损失可能的规模，即损失金额的大小以及波及的范围有多大。对于风险的识别、风险的衡量等工作应尽量聘请专业机构和人员，这样会使衡量更客观、更具科学性，减少工作的失误。并购风险的衡量方法主要采用统计、概率的方法等。

按并购的过程确定了风险可能发生的每个环节、因素，使风险管理有了"质"的范围；预测了风险发生的频率和损失程度,就使风险管理有了"量"的范围。有了"质"和"量"的规定性,风险管理者就能根据并购和企业自身的实际情况,对企业的风险承受能力作出评估,进而为风险管理方法的选择提供基础。也就是说,经过风险的识别与计量,可以初步判断出并购中可能遇到的风险、风险分布、风险出现的时间、风险发生的频率、风险损失发生的强度、风险损失的可接受性(与承受力比较)等一系列重要的问题。

经过这一程序,能使风险管理人员估计出各类风险发生的频率,潜在损失后果的严重程度。但风险识别与衡量的重要性并不在于此,而是通过风险的识别和衡量确定自身的承受能力,并选择相应的对付风险的办法。在承受能力内的应该如何处理,风险处于潜在状态时怎样预防,潜在风险转化现实风险时,是补救还是忽略。如果补救采取何种方法,如果忽略如何做好补偿;在承受能力以外的风险,又应当如何处理等等。这些问题的回答都要建立在风险识别与衡量的基础之上。当然,随着并购活动的开展,面对实际情况的时候,要适时对风险的识别与衡量等预测做出调整。

四、并购风险管理的措施

并购中的风险管理是一项系列的工作,虽然管理有其艺术性、灵活性,但也必须建立在一定的程序、步骤之上,才能有效发挥其管理的作用。因此,并购风险管理作为一项特殊的管理活动必须要有一定的程序。

(一)并购风险管理程序

1. 制订风险管理计划

要想使并购风险管理能有序、有效进行,就必须有计划性。一般来说,在制订整个并购计划的时候,风险管理计划就应该同时制订。风险管理计划应该具有一定的前瞻性,并且跨越整个并购期间,包括并购前的决策、并购中的操作、并购后的整合这一全过程。它可以包括:(1)确定并购风险管理的目标;(2)成立专门的并购风险管理机构或部门,并明确其职责;(3)对其他相关部门的要求;(4)制定妥善的资金筹集、运用计划等。

2. 评价(分析)并购风险

该程序主要分为三个步骤,即风险识别、风险衡量、确定承受能力。

风险的识别,就是确定产生风险的环节、因素(主、客观)。这样弄清风险的来源和风险的形成过程,风险管理才会有范围,增加主动性,减少盲目性;识别出风险以后,就需要将风险量化,即风险的衡量。就是考查风险发生的频率、衡量风险可能造成损失的程序;结合前面两个步骤的结果和自身的实力,明确企业准备承受的最大损失,即承受能力。执行这一程序的目的,是使我们能心中有数,能够"有的放矢",为风险管理策略的制定奠定基础。

3．风险管理方案设计

在这一步骤中,主要是根据风险识别的结果——针对环节、因素、根据风险计量的结果——针对频率、程度,以及根据企业的风险承受能力正确制定对策,选择适当的风险管理手段和方法。这类措施主要有风险控制的措施和风险补偿的措施。

(1) 风险控制的措施

其主旨就是力求减少风险发生的可能性。也就是,在明确了某一风险发生的环节和条件以后,采取措施降低风险发生的频率,尽量把风险控制在潜在状态,不让其转化为现实风险。其具体方法主要有：风险回避、风险控制、风险转移(包括保险、非保险方式)、风险隔离、风险组合等。

(2) 风险补偿的措施

是指对已发生的损失提供资金补偿,其具体方法主要有：风险固定(包括保险、非保险方式)、风险自留(包括启用自有资金、动用借入资金、获取保险赔偿)等。

可见,风险控制的措施主要是针对潜在风险管理而言的,它主要是要达到"防患于未然"的目的；而风险补偿的措施主要是针对现实风险管理而言的,它是在风险已经发生或决定承受风险时采取的应对措施。当然上述措施也可以互有交叉、互相结合运用。

4．执行风险管理的决策

即根据制定的目标,针对"标的"如环节、因素,按照对策运用手段,对并购中可能发生的风险实施有效的管理,使得风险管理与并购进程协调一致,并推动并购顺利进行。

5．风险管理成效的评价与调整

将实施风险管理手段、策略和方法产生的效果与所确定的目标加以对比,以此来证明管理方案的科学性、合理性,机构人员工作的成效性。并购风险管理本身是个动态的过程,因此,随着并购工作的进行,需要适时对风险规划,风险识别、估测、评价、管理方法及风险管理人员进行定期阶段性的检查、考核、调整,以保证风险管理工作适应并购进程,使并购风险管理与并购活动协调进行。

总之,并购方需通过这一系列步骤,对并购过程中的各项风险进行管理。从计划阶段开始到最后对管理结果做出评价和修订,始终要保持主动,提高评估风险和管理风险的能力,通过努力把风险控制在可以承受的范围之内。

(二) 并购风险管理措施的具体操作

并购的全过程都应遵循一致的原则、策略方法。同时,并购的不同阶段又有其自身的特点,因此,每个阶段又有其独特的风险管理措施。

1．并购前的决策风险

并购决策阶段是并购活动的开始,俗话说"良好的开端是成功的一半",如果这一阶段得出的结论是欠妥当的,那么恐怕以后的工作都会是无效的。

在这一阶段着重要做好以下几个方面的工作。

（1）企业可以聘请专业机构和成立专门风险管理部门，由并购风险管理小组协同专业机构制定出可行并购战略计划（尤其是资金计划）、严密的并购方案，使整个并购活动遵循一定的计划、步骤，使并购行为更规范、更科学。如，泰达集团对美伦股份成功并购，清华紫光投资顾问公司就起了很大的作用。

（2）在选择目标企业的时候，参与并购活动者要大量搜集信息，包括目标企业的生产经营、管理水平、组织结构、人事状况、企业文化、市场链等诸多方面的状况，以改善并购方所面临的信息不对称的情况，然后以目标企业提供的信息为基础，采取不同的评估方法对目标企业进行各个方面的评估，并作出客观综合的评价结论。同时，并购方还可以向法律咨询机构做专项法律咨询，使企业的并购活动取得应有的法律支持和保护。例如，著名的海尔"吃休克鱼"理论。这个理论强调了对目标企业要有选择性。它们认为"有些企业仅因为其产权关系模糊或经营管理不善，致使企业经营效益低下"，只是暂时"休克"，对于这样的企业，并购后很有希望在短期内扭转不良状况；而有些企业，海尔集团称为"死鱼"，这样的企业已经没有"起死回生"的可能了，是不能作为并购对象加以考虑的，否则会拖累企业集团的母体。又如，清华同方对目标企业的要求有三大原则：一是条件苛刻不谈；二是企业没有生产潜力不谈；三是政府干涉太多不谈。

（3）做好与目标企业管理层、员工的沟通；做好相关政府部门、工商税务等机构的沟通咨询。一方面能了解到企业的情况；另一方面避免"信息真空"，以取得目标企业人员及相关部门的信任和配合。这种沟通和咨询，不仅是并购决策阶段的必需，也是将来并购操作和并购整合顺利进行的重要保证。又如：思科合并成功的秘诀在于正式合并前就着手大量准备工作。比如，收购CERENT（一家生产光纤设备的公司），收购前思科组织了一个工作小组来研究每人的工作。谈判只花了三天零两个半小时就完成了72亿美元收购价的收购。当思科正式接管后，每个CERENT员工都有工作、有头衔，都知道奖励办法和保障待遇，并直接与思科公司内部网相联系。一个正确的决策、一个科学的计划将使整个并购工作取得事半功倍的效果。

2．并购时的操作风险

主要是就第一阶段的成果加以实施和应用，如果第一阶段的准备工作很充分，这个阶段的工作相对要容易得多。

（1）明确双方的权利责任，避免在关键性问题上双方出现僵持，浪费时间，加大成本和风险。所以并购方要在谈判前做好充分估计，在谈判的过程中一定要有自己的立场——原则性问题不能让步，否则应放弃并购计划；对于对方某些苛刻的条件则需双方共同协议，互相有所妥协，促成谈判成功。这样，一方面利于并购操作过程的顺利开展；另一方面也为以后的整合创造良好的基础。

（2）这一阶段仍要非常重视与并购相关各方的沟通，以取得支持，减少阻力。理顺与企业内、外部的关系,尤其是企业的政府主管部门,若其干涉过多,势必造成接管条件苛刻,加上兼并周期,束缚并购方的行动,以致即便并购操作工作勉强完成,以后也未必能达到并购的初衷。

(3) 操作人员本身要有较高的素质,对业务要尽量熟悉,要定期或不定期地对操作人员进行培训和工作总结汇报。

(4) 在并购操作过程中,参与人员要讲求谈判的技巧,在双方能达成一致的前提下,尽可能获得更大的利益。但绝不能唯"小利"是图,因为这种短期行为会给以后的工作造成很大障碍。

3. 并购后的整合风险

企业并购合同的签订,并购操作工作的完成,并不意味着并购过程的终结,恰恰相反,这只是整个并购工程的前期工作,是一个铺垫,以后的工作更具复杂性、风险性、关键性。因为并购整合需要花费巨大的磨合成本,包括资金上和时间上的成本。如果说并购的操作是"吃",那么并购后的整合就是"消化吸收"。当并购方将目标企业接管过来后,面临最主要的就是整合问题。对于并购整合不能采取极端化的态度,既不能不加分析、事无巨细地"全盘改造",也不能"听之任之"保持原来的市场关系。否则,都会因整合不力而导致并购的最终失败。并购后的整合应注意以下几个问题。

(1) 要考虑整合哪些部分,即确定整合的内容和对象。整合工作要有针对性,符合必要性。要分析清楚以下的情况:哪些是属于功能缺乏、哪些属于功能重叠、哪些是双方不一致、哪些是目标企业应该独立继续保留的,以及哪些是并购方自身应该改良的等。分析出这些内容,整合工作才有了具体特定的"标的",才不会盲目进行。比如,若目标企业本身就很富创业精神,则并购方就不应强加干涉,要鼓励其继续保持。但要保留一定干预的权力,以便一旦发生冲突能够采取果断措施减少损失;反之,若目标企业虽然有良好的物质资源,但缺乏有效的管理,并购方管理层就必须对经营管理一体化作出安排,才能使并购双方都能正常运转并取得更大效率。

(2) 应注意时间进度的控制和方法选择的得当。要尽量缩短集合时间,使合并后的企业尽快步入正轨。若磨合期过长,很容易因双方的不协调而出现问题;但不能因贪图速度而仅看到短期效果,忽视长期发展。同时,整合是一项很"人性化"的活动,方法的选择就显得尤为重要。并购方可以向目标企业派出一个专门的整合工作小组,指导配合目标企业进行整合。对"硬件"的整合更多的是在物质资源的配置、生产经营技术层面进行,对"软件"的整合,在可能的情况下,要坚持"多换思想少换人"的原则。同时,尤其要注意与目标企业的沟通交流,努力填补并购后经常发生的信息真空,而且同样内容的沟通可能要重复好多次才能起作用。

(3) 具体方法的应用,主要包括如下几个方面。

一是生产经营的整合。企业并购后,其核心生产能力必须跟上企业业务、规模扩张的要求,否则并购没有意义。生产经营的整合主要有:根据企业既定的或新设的经营目标调整经营战略,产品结构体系,建立统一的生产线,使生产协调一致,取得规模效益;采取有效措施,稳定上下游企业,保证并购前后价值链的连续性。

企业的并购活动往往会对并购双方企业的销售、服务等部门形成冲击,所以并购方就必须警惕并购带来的客户风险。对并购双方原有的客户群都要给予一定服务和质量的承诺与保证,或者提供更优惠的条件。许多公司都在并购后不久有销售额下降和客户投诉增加的经历,发生这样的事情对公司是最为不利的。

二是管理的整合(制度整合)。不同的企业有各自的管理理念。对于同样的生产流程、同样素质的员工采用不同的管理模式,其经营效果是完全不同的。而随着并购工作的完成、企业规模的扩大,对企业的管理水平也提出更高的要求。对于管理整合,一要客观地对目标企业原有制度进行评价;二要考虑清楚企业并购的目的所在才能真正尽快建立起能驾驭新资源的管理系统。

三是人员的整合。人员的优化组合与管理是并购整合的重中之重。为防止产生人事风险(雇员风险)应注意的几点是:第一,通过正式的或非正式的形式对员工做思想工作,做好沟通工作。注意稳定员工思想情绪,防止出现大的心理波动,转变员工的观念;与工会、当地政府取得联系,减少人员变动的阻力,防止演变为诉讼危机。第二,不能轻易作出承诺,一旦承诺就必须兑现,否则会使目标企业员工缺乏信任,极大地打击员工积极性。第三,可以采取优胜劣汰的用人机制,建立人事数据库,重新评估员工,建立健全的人才梯队。根据所掌握的员工情况,将目标企业员工做出一定的划分,针对不同的人群实施不同的整合战略:对熟练员工、核心技术人员留用、调整、提升,对多余人员解雇安置等。第四,推出适当的激励措施。并且,这种激励要动态化、长期化,不能只作短期的权宜之计。

四是企业文化的整合。企业文化的整合与企业并购方式、目标企业的实际情况等都有很大的关系。所以企业进行文化整合时在时间上、方法上绝对不能只固守一个模式。如果并购双方是业务相关或相似的,企业双方要各有保留、互有妥协、互有补充,才能形成优势互补。如果并购完全"吸收"了目标企业或是一种"救济"式兼并,并购方可以根据被并购方的具体情况,将自己良好的企业文化移植到被并购方。这是一种"同化"形式的文化整合。比如,海尔兼并原青岛红星电器厂,只派出了3名企业文化中心的管理人员,通过输入海尔管理模式和文化,仅3个月就使这个厂扭亏为盈。如果涉及跨行业、新领域的并购,为了使目标企业能按本领域要求发展,可以使被并购方保持文化上的自主。并购方不便直接强加干预,但要保持"宏观"上的调控。

很多国外的管理学者认为,对于并购过程的这三个阶段,国外企业在并购决策和并购后整合这两个阶段花费的时间和精力最多,而在讨价还价的操作阶段花的时间和精力最少。

而我国企业并购的情况好像恰恰相反,往往期望在谈判时得到实惠。谈判的确是一门艺术,但是再高明的谈判手段也不能替代决策的正确性和整合的合理性。

从前文所述风险识别的图12-3中我们可以看出,第三阶段整合风险占到53%,所以并购后的整合阶段风险管理的成功是并购取得真正意义上成功的关键所在。

(二)反收购风险防范

并购方面临目标企业进行反收购是很正常的一件事情。这些反收购策略通常会使一个可行的并购计划变为不可行。作为并购企业,只有熟悉和洞察种种反收购策略,防患于未然,及早采取应对策略,才能"化险为夷"。

要想赢得目标企业的信任与配合,就必须做好"人"的工作。在这个过程中,并购方必须要注意及时性、艺术性、策略性,也就是说行动要迅速,方法要有灵活性、计划性。

要特别注意沟通,使信息公开明朗,并要尊重目标公司的利益。同时注意自身行为的合法性,防止因为一点行为上的疏忽而处于被动地位。

即练即测

(三)财务风险防范

应对财务风险主要是从时间和数量上保证资金及时足额到位,改善企业资本结构,调整好资产、负债的期限结构,在用杠杆方式进行企业并购时尤其要保证未来现金的流入。

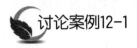

讨论案例12-1

瑞幸咖啡投资爆雷事件

2020年4月2日,因虚假交易额22亿,瑞幸咖啡盘前暴跌85%。

2020年4月22日,银保监会谈瑞幸咖啡财务造假,表示将积极配合主管部门依法严厉惩处。

截至2019年底,瑞幸咖啡直营门店数达到4507家,交易用户数突破4000万。2020年6月27日,瑞幸咖啡发布声明称,公司将于6月29日在纳斯达克停牌,并进行退市备案。同时,瑞幸咖啡中国4000多家门店将正常运营。

瑞幸咖啡的投资发展速度之快绝对是一个传奇,成立时间不到两年,在美国纳斯达克成功上市。

1. 瑞幸咖啡简介

瑞幸咖啡(Luckin Coffee)于2018年1月1日陆续在北京、上海等13个城市试营业;截至2018年5月,已完成门店布局525家,经过4个月产品、流程和运营体系的磨合,2018年5月8日宣布正式营业。

2018年7月11日,瑞幸咖啡宣布完成A轮2亿美元融资。12月12日,瑞幸咖啡宣布完成2亿美元B轮融资,估值已达22亿美元。

2019年4月22日,瑞幸咖啡提交美国IPO申请;5月16日,确定IPO发行价;5月17

日挂牌上市。

2020 年 4 月 2 日,因虚假交易额 22 亿元,瑞幸咖啡盘前暴跌 85%。6 月 29 日在纳斯达克停牌。

2. 事件后续简介

瑞幸咖啡从出生到高速暴涨,再到暴跌,仅仅用了两年多的时间。

自 2020 年 4 月瑞幸咖啡被曝造假事件后,公司经历了退市、诉讼、管理层动荡、监管机构罚款等一系列动荡,直至 2020 年年末逐步恢复正常经营。

在资本市场中受到冲击后,瑞幸管理层重新洗牌。2020 年 7 月,瑞幸高层发生重大变动:陆正耀、刘二海、黎辉董事罢免议案获通过,任命郭谨一为董事长兼首席执行官。

9 月份,瑞幸咖啡被国内监管部门罚款 400 万元;12 月份,瑞幸咖啡表示将支付 1.8 亿美元罚款与美国 SEC 和解;此外,瑞幸还将面临来自于投资者发起的集体民事诉讼。

资料来源:爆雷!瑞幸咖啡承认虚假交易 22 亿元 股价数次熔断暴跌 75%. https://www.sohu.com,2020-04-03.

讨论问题

请分析瑞幸咖啡投资爆雷后,采取的一系列投资风险管理措施。

案例分析

第十三章

利率风险管理

 引导案例

LPR 改革对银行的影响

2019 年 8 月 20 日，中国央行发布公告，决定改革完善贷款市场报价利率（LPR）形成机制。根据公告，LPR 乃基于报价行报价，按公开市场操作利率（主要为中期借贷便利利率，中期借贷便利简称 MLF）加点形成。全国银行间同业拆借中心（NIFC）负责计算得出 LPR。LPR 将作为银行贷款的参考利率。2019 年 12 月 28 日，央行宣布重磅消息，推进存量浮动利率贷款定价基准转换。老的浮动利率贷款的定价基准将可以转换为 LPR。从中长期来看，LPR 改革一定对银行和企业来讲是利大于弊，但是对于银行说 LPR 的改革可能会降低银行的利息收入。因为这次改革相当于是一个非对称的降息，贷款利率下调，但是存款利率不变，银行净息差（NIM）收窄，由此导致银行的利率风险增加。

（资料来源：杨荣. LPR 改革下，商业银行的利率风险及其管控. 新浪财经, http://finance. sina. com. cn/）

 导言

利率是资金的时间价值，是资本这一特殊生产要素的价格。因此利率的高低变化对于企业经营具有重要影响。1993 年我国提出了利率市场化改革的基本设想，之后随着利率市场化程度逐步的加快，致使我国的金融市场出现了前所未有的波动性，也使得利率风险已成为了企业面临的最主要风险之一，直接影响着企业的现金流和它的价值。因此通过何种方法能够有效地管理与控制利率风险，是目前亟待解决的问题。

📖古人风险管理智慧专栏

> 见兔而顾犬，未为晚也；亡羊而补牢，未为迟也。
>
> ——《战国策》

"亡羊补牢"是一种典型的事后风险控制措施，亡羊再去补牢，举一反三，查看其他的牢笼是否有类似的漏洞，这个态度似乎也没有什么大错，但是，已经造成的损失却无法弥补，因此虽然事前风险控制措施考验风险识别的能力，但是不应忽略。由此可见不管是事前风

险控制还是事后控制,风险控制措施都应行动起来。为保障将来的企业经营,事前控制措施不可缺少。

第一节　利率风险的概述

一、利率概述

(一)利率的不确定性

利率也被称为"利息率",是一定时期内利息额同其相应本金的比率。从宏观视角观察,利率就是货币资金的本币价格,是本国金融市场上资金总量供给与需求达到均衡时的资金价格。以是否遵循市场法则允许利率自由变动为标准,利率可划分为市场利率与官方利率,市场利率是由金融市场上借贷资金供求关系决定的,而官方利率则是由中央银行或政府金融管理部门确定的,一般来说,基准利率通常是由国家的中央银行(如美国的联邦储备委员会,我国的中国人民银行)来调控,用以影响市场利率。当经济过度繁荣通货膨胀压力增加时,可以提高利率紧缩银根,以给过热的经济降温;当经济进入衰退期以及物价水平下跌时,就应该适当调低利率,以刺激投资与经济增长。因此利率是国家宏观调控的重要政策工具之一。由于经济周期的存在,适时调整利率是央行根据经济形势变化而作出的选择。

从微观经济角度来看,对于不同微观经济主体利率具有不同的现实含义。对于投资者来说,利率反映了投资者可在未来一定时期内,通过让渡资金使用权而获得的收益;对于借贷者来说,利率则反映了资金成本,即获取资金使用权而付出的代价。利率变动对股市、汇市、债市、房地产投资、个人与企业贷款、保险责任的理赔等社会生活的方方面面都会产生影响,尤其对于专门从事这类投资或融资的金融机构来说,利率水平变化是影响其盈利水平的关键因素之一。

(二)影响利率变动的因素

作为资金成本,利率是企业经营必须考虑的重要因素,因而也是调节货币资本供求的杠杆。由于受到宏观经济环境、中央银行的管理行为、货币政策、借贷资金的供求状况、物价水平与预期通货膨胀以及其他国家或地区的利率水平等多种因素的影响,利率会经常地发生变动。当今世界上许多国家都已放松甚至取消了对利率的管制,实行利率市场化,利率变动更加频繁,也更难以预料,进而成为企业财务管理的重要内容。影响利率变动的因素众多,主要涉及如下几个主要因素。

1. 宏观经济环境

当经济发展处于增长阶段时,投资的机会增多,对可贷资金的需求增大,利率上升;反之,当经济发展低迷,社会处于萧条时期时,投资意愿减少,自然对于可贷资金的需求量减小,市场利率一般较低。

2. 国家经济政策

自从 20 世纪 30 年代凯恩斯主义问世以来,各国政府都加强了对宏观经济的干预。政府干预经济最常用的手段是中央银行的货币政策。中央银行采用紧缩政策时,往往会提高再贴现率或其他由中央银行所控制的基准利率;而当中央银行实行扩张的货币政策时,又会降低基准利率。

3. 借贷资金的供求状况

虽然从理论上讲,利率不会高于平均利润率,也不会低于零,但在实际上,决定某一时期某一市场上利率水平高低的是借贷资金的供求关系。当借贷资金供大于求时,利率会下降;当借贷资金的供小于求时,利率会上升,甚至高于平均利润率。

4. 物价水平与预期通货膨胀

在信用货币制度下,通货膨胀是一种特有的经济现象。通货膨胀会给债权人带来损失。为了弥补这种损失,债权人往往会在一定的预期通货膨胀率的基础上确定利率,即市场利率由实际利率与预期通货膨胀率组成,以保证本金和实际利息额不受到损失。当预期通货膨胀率提高时,债权人会要求提高贷款利率,这是因为由于价格上升,公众的存款意愿将下降而企业的贷款需求上升,贷款需求大于贷款供给所导致的存贷不平衡,必然导致利率上升。反之,当预期通货膨胀率下降时,利率一般也会相应下调。

5. 国际利率水平

在开放的经济条件下,国际的资本可以自由流动,国际利率水平会对国内利率水平产生重要的影响。当国内利率水平高于国际利率水平时,外国资本就会流入国内,使市场上资金供给增加而利率下降;当国内利率水平低于国际利率水平时,国内资金流向国外,市场上资金供给减少,利率上升。

此外银行成本、利率管制、借贷期限、风险程度、担保品、借款人的信用等级、放款方式以及社会经济主体的预期行为等都影响着利率的变动。

二、利率风险的含义与分类

(一) 利率风险的含义

利率风险是指企业由于利率波动而引起的对未来收益、资产或债务价值的波动性或不确定性所可能导致的损失。

(二) 利率风险的类别

利率风险按不同的分类标准可以有不同的分类。

1. 按利率风险的来源与成因分类

利率风险可以划分为四种主要的风险：重新定价风险、基准风险、收益曲线风险和期权风险。

（1）重新定价风险

重新定价风险是由利率变动的时机和因企业资产、负债和资产负债表外工具的定价和到期而产生现金流的时机存在差异造成的。重新定价风险常常是企业利率风险最为明显的来源，可通过对企业在给定时间段内到期或重新定价的资产数量与负债数量进行比较的方式予以计量。一些企业故意在资产负债表结构中承担重新定价风险，其目的是提高收益。

由于收益曲线一般是向上倾斜的（长期收益大于短期收益），利用短期负债为长期资产融资，企业常常可以赚取正差幅。但是，这类企业的收益容易受到利率提高的影响，即利率提高会导致其融资资本上升。被重新定价的资产期限久于被重新定价的负债期限的企业，被认为是"对负债敏感的"企业，原因是，它们的负债会更快地被重新定价。利率下降时，对负债敏感的企业收益会增加，而利率提高时，收益会减少。相反，对资产敏感的企业（资产重新定价的期间比负债重新定价的期间短）一般会从利率升高中获益，而利率降低时发生损失。重新定价常常（而非始终）在企业当前的收益绩效上表现出来，企业可能会因此造成重新定价的不平衡，而这种情况直到未来的某个时间才会显现出来。仅把重点放在短期重新定价的不平衡问题上的企业，可能会主动承担增加的利率风险，将期限展期，以提高收益。因此，在评估重新定价风险时，重要的是企业不仅应考虑短期的不平衡，还应考虑长期的不平衡。如果不能计量和管理重大的、长期的、重新定价的不平衡，可能导致企业未来收益受到利率变动的重大影响。

（2）基准风险

产生基准风险的原因是不同的金融市场或不同的金融工具间的利率关系发生改变。不同金融工具的市场利率，或为资产和负债定价所用的指数在不同的时间发生变化，或变动金额不同时，会出现基准风险。例如，3个月的美国国库券与3个月的伦敦银行间拆借利率之间的差额改变时，会产生基准风险。这种变化通过改变已赚取或已支付的被重新定价工具间的差额，对企业当前的净息差产生影响。它还影响这些工具的预期未来现金流量，从而影响企业的实际经济价值净额。基准风险还被认为包括受管理的利率或企业确定的利率及外部利率间关系的变动。例如，基准利率可能因最优惠银行利率与企业为不同负债提供的利率之间的差额变动而产生。

（3）收益曲线风险

收益曲线风险是由与期限范围相关的利率变动的差异性产生的。它包括具有不同期限的同一指数或市场的利率之间的关系变动。给定市场的收益曲线在利率周期内变平、变陡或向下倾斜（反转）时，这种关系会发生变化。收益曲线的差异性会放大期限错配的影响，加重企业头寸的风险。特定类型的结构性票据可能尤其容易受到收益曲线形状变化的影响。属于结构性票据产品的双重指数票据，其收益和收益曲线关系直接相关。

（4）期权风险

企业或企业的交易对手有权（而非义务）改变一项资产、负债或资产负债表外金融工具现金流的水平和时机时会产生期权风险。期权赋予持有者在指定期间内按照指定的价格（行使价）购买（看涨期权）或销售（看跌期权）金融工具的权利。对于期权的销售者（或卖方），如果期权持有人行使了期权，则他也应承担履约义务。

期权的持有者选择是否行使期权的能力会导致期权出现不对称的业绩。一般来说，期权的持有者仅会在其能够收益的情况下，才会行使权利。因此，期权的持有者面临着有限的下行风险以及无限的上行回报。期权卖方面临无限的下行风险（期权持有者通常在不利于期权卖方的时间行使期权）以及有限的上行回报（如果持有者不行使期权，则卖方可保留期权金）。

期权常常导致企业风险或回报出现不对称。如果企业已经从交易对手那里买入期权，那么企业可能因有利的利率变动而取得的收益或资本价值金额，可能大于企业在利率发生不利变动时可能损失的金额。因此，企业的上行敞口可能大于下行回报。同样地，对于许多企业来说，它们的卖出期权头寸使它们面临损失的风险，无论利率是升还是降。

2．按风险在时间上的表现形式分类

利率风险可大体划分为两类：价格风险与再投资风险，这两种风险都与利率水平密切相关。

（1）价格风险

价格风险是由于市场利率上升引起债券价格下跌（固定利率贷款与其类似），给债券持有人带来的财产损失。

（2）再投资风险

再投资风险是由于市场利率下降引起债券本息的再投资收入减少给债券持有人带来的收入损失。

第二节　利率风险的评估

精确且及时的识别和衡量利率风险，对于正确的风险管理和控制是必要的。虽然利率风险的来源是多样的，但其结果却是一致的，即利率的随机变化会导致银行或企业融资成本的不确定性和收入的波动。

为了消除这种不确定性就需要衡量利率风险。目前利率风险的衡量最常见的方法是缺口分析法和持续期法。

一、缺口分析法

缺口分析法是计量利率风险的最早的方法之一。当市场利率发生变动时，并非所有的资产和负债都受到影响。首先,利率不影响那些不计息的资产和负债;其次,在一定的考察期内利率固定的资产和负债虽然计息,但其利息收入和支出在考察期内不受利率变动的影响。因此,在分析利率风险时,我们只考虑那些直接受到利率变动影响的资产和负债,即利率敏感性资产(interest rate sensitive assets,IRSA)和利率敏感性负债(interest rate sensitive liabilities,IRSL)。

所谓的利率敏感性资产和利率敏感性负债,是指那些在某一时期内到期的或需要重新确定利率的资产和负债。这类资产和负债的差额就被定义为资金缺口或利率敏感性缺口,即

$$利率敏感性缺口 = 利率敏感性资产 - 利率敏感性负债 \qquad (公式 13\text{-}1)$$

当利率敏感性资产大于利率敏感性负债时,称为正缺口;当利率敏感性资产小于利率敏感性负债时,称为负缺口;当利率敏感性资产等于利率敏感性负债时,称为零缺口。资金缺口的大小将直接影响银行的净利息收入,在利率变化一定时,缺口越大,净利率收入变动也越来越大,即利率风险也越大。

$$净利息收入变动(\Delta Y) = 资金缺口 \times 利率变动(\Delta r) \qquad (公式 13\text{-}2)$$

正资金缺口意味着银行资产主要由利率期限短的资产组成,而负债主要由利率期限长的负债组成,短期资产到期快,可以按市场行情重新定价或重新确定利率,此时负债还未到期,因利率期限较长,无需重新定价,因而需要重新定价的资产大于需要重新定价的负债。这种正资产缺口一般出现在利率曲线向下倾斜时,因为长期利率低于短期利率,借长贷短可以使利差最大限度扩大。负资产缺口的情况下正好相反,一般出现在利率曲线向上倾斜时,因为此时长期利率高于短期利率,借短贷长可以使利差最大化。

另外,在缺口概念的基础上,我们还可以用利率敏感系数来衡量银行的利率风险,即

$$利率敏感系数 = 利率敏感性资产 \div 利率敏感性负债 \qquad (公式 13\text{-}3)$$

当利率敏感系数大于 1 时,说明资金缺口为正;当利率敏感系数小于 1 时,资金缺口为负。

二、持续期法

持续期法最早是由英国学者 F. R. 麦考雷(F. R. Macaulay)于 1938 年提出。当时他提出该概念是想通过衡量债券的平均到期期限来研究债券的时间结构。麦考雷认为,通过计算各种资产、负债的持续期就可以找到资产和负债对利率的敏感程度,从而可以进行利率风险管理,以便最大限度地提高债券的盈利。麦考雷持续期的假设条件是:收益率曲线是平坦的,所有未来现金流的贴现率是固定的。它的计算方法是将债券未来各部分现金流入量的到期时间分别加权后再汇总,权重是各个现金流入量的现值,然后用这个加权的总到期时间除以所有的现金流量现值之和(即债券的价格),得出的就是麦考利持续期的数值。这个数值,表面上看是该债券收益的一种平均到期时间,而奇妙之处在于它又是债券价格

对收益率变化敏感性的比例系数。要知道利率(收益率)变动时债券价格的反应,只要用麦考利持续期数值来乘以收益率变化量就可以了。假定某种债券的麦考利持续期是 10,该债券的收益率在瞬间要从 9% 升至 9.10%,那么收益率的变化是 0.10%,10 乘以 0.10%,得 1%,这个数字就是该债券价格变动的百分比数值。也就是说,当某债券的收益率可能要上升 10 个基点(0.1 个百分点)的时候,如果债券的麦考利持续期是 10,那么它的价格将下降 1%。上面提到过,债券的收益率与其价格总是反方向运动的,所以上述计算过程列成公式时必须加上一个负号。由此可见,债券的麦考利持续期越大,它的价格对收益率变动的敏感性就越强。

第三节　利率风险的管理

一、规避利率风险的传统措施

传统的利率风险管理方法包括了选择有利的利率条件、订立特别条款、缺口分析、期限分析和模拟分析。每一种方法都能起到管理利率风险的作用,但也都存在缺陷和不足。

(一) 选择有利的利率形式

当经济主体面临单一利率风险时可选用这种方式,在固定利率和浮动利率之间选择对自己有利的利率形式。选择有利的利率形式的基本原理是:在受险时间开始以前,对有关货币资本借贷进行磋商时,有关主体根据对利率在未来受险时间的走势所做的预测,选用对自己有利的利率,据以成交签约。

选择有利的利率形式的具体做法是:对货币资本的借方而言,如果预测利率在未来的受险时间内将会上升,就选择固定利率,反之则选择浮动利率。对货币资本的贷方而言,其选择刚好与借方相反,在预测利率在未来受险时间将会上升时,选择浮动利率,反之选择固定利率。采用这样的利率选择策略,货币资本的借方和贷方不仅可以将遭受经济损失的机会转移给交易对方,也可以为自己争取到获取经济收益的机会。因此,选用有利利率形式的方法属于风险转移型方法,在运用这个方法时,有关主体并不付出直接成本。但是运用这种方法进行风险管理,其效果如何,这取决于有关主体对利率在未来受险时间内的走势预测准确与否。

(二) 订立特别条款

为避免利率波动的风险,借款人可以在浮动利率的借款协议中增订特别条款,设定一个利率上限或利率下限,在借款期限内,借款利率只能在这个上、下限之间波动。当市场利率高于上限利率时,以上限利率作为借款利率,当市场利率低于下限利率时,则以下限利率作为借款利率。这样就可以把利率的波动限制在一定的范围之内，从而起到利率风险管理的作用。如果在浮动利率的贷款协议中增订了利率上限条款，即规定了利率浮动的上限，借款人通常要向贷款人支付一定的费用；如果增订了利率下限条款，借款人通常可以得到优惠利率的贷款。因此，如果市场利率没有达到利率上限，借款人的借款成本将比没有签订该条款时高，但是如果市场利率没有降到利率下限以下，借款人就会因为享受了优惠的贷款利率而获得净收益。利率上限或利率下限协议为浮动利率的借款人防止利率的波动提供了一定的保护，是否在贷款协议中订立该条款，取决于借款人对待风险的态度以及借款人对利率未来走势的预期。上限利率和下限利率的作用非常类似于我们在之后将要介绍的利率期权，但是它们之间最大的区别在于利率期权是就利率问题签订的专门协议，而特别条款只是贷款协议中的一个条款，比利率期权简单易行。

除了上述的特别条款，借款人也可以在浮动利率的贷款协议中增订一项条款，规定当利率的波动达到协议中规定的最高限或最低限时，借款人可以将浮动利率贷款转换成固定利率贷款，从而避免利率进一步波动的风险。贷款银行在多数情况下也愿意在贷款协议中加入这样的条款，将利率波动对借款人借款成本的影响控制在一定的范围内。由于在协议中签订了特别条款，贷款银行要额外地承受超出协议限定以外的利率波动风险，必须对这种利率波动的风险进行套期保值，由此产生的额外费用将体现在贷款银行提供这种服务的价格里。所以借款人在签署这种协议之前，要对其利弊慎重权衡。

（三）利率敏感性缺口管理

利率变动可使资产和负债的利率收入和支出发生不对称变化，缺口分析可预测这种利率风险敞口。缺口管理就是根据一定时期内利率敏感性资产与利率敏感性负债的差额，来调整资产负债组合以控制利率风险。保守的缺口管理是始终维持零缺口，就是对利率的任何变化都尽可能地使资产收入与负债成本以相同方向和相近比例变化，起到对利率风险免疫的效果。积极的缺口管理，则应根据利率未来趋势的预测形成或正或负的缺口。

进行缺口管理时，可以利用"利率敏感系数"，即利率敏感性资产与利率敏感性负债的比值，根据利率敏感系数是否大于1，将利率敏感性缺口可分为三类：正缺口、负缺口与零缺口。当利率敏感性资产总量大于利率敏感性负债总量时，缺口为正，利率上升将使金融机构的净收入增加，利率下降将使其净收入减少；若缺口为负时，利率上升将使金融机构的净收入减少，利率下降反而使其盈利提高。

在利率上升阶段，应采用正缺口战略，应在这一期间按高市场利率扩大贷款并尽可能将利率固定在最高峰之前；反之在利率转为下降趋势时，应及时调整为负缺口战略，应在这一期间按低利率扩大贷款并尽可能将利率固定在最低谷到来之前。

缺口管理是一种粗略的利率风险管理办法，它没有考虑不同头寸或不同金融产品对利率的敏感性不同（即基差风险）。此外，在实际中也很难将所有头寸需要重新定价的时间段全部划分出来，因此可以大体上假定某些头寸在某些时间段里同时到期。由此可见，缺口分析技术存在静态性和过分强调短期净利息收益等局限,已经越来越难以适应利率市场条件下的金融机构风险管理。

(四) 持续期缺口管理

持续期缺口管理是一种对利率风险进行动态管理的方法。持续期管理的根本目的就是构造金融机构"市场净值的持续期零缺口",使得利率变动对资产与负债的持续期影响相互抵消,实现金融机构的市场经价值对利率变动不敏感,即免疫。由于资产组合的持续期满足可加性,我们可计算出金融机构每笔资产与每笔负债各自的持续期,然后以每笔资产或负债的价值占总资产或总负债价值的比重为权重计算出金融机构总资产和总负债的加权平均持续期(分别以 D_A 和 D_L 表示)。那么,金融机构资产或负债的持续期缺口可表示为

$$D_{NV} = D_A - iD_L \qquad\qquad (公式 13\text{-}4)$$

式中,i 为负债总额与资产总额之比,且 $i<1$。

一般来说,当持续期缺口为正,银行净值价格随着利率上升而下降,随利率下降而上升;当持续期缺口为负,银行净值价值随市场利率升降而反方向变动;当持续期缺口为零时,银行净值价值免遭利率波动的影响。由此可见,只要净资产的持续缺口 D_{NV} 不为零,那么利率变动必然会导致金融机构市场净价值的变动,从而使其面临利率风险。而且净资产持续期的绝对值越大,金融机构承受的利率风险就越大。

二、规避利率风险的创新金融工具

(一) 远期利率协议(forward rate agreements,FRA)

远期利率协议,是由买卖双方订立的远期对远期的贷款合约,该合约规定双方把从未来某一特定时日开始的某个预先约定时期内的利率锁定,但它实际上是一种套期保值和投机的利率衍生工具,并不是真正做出贷款安排,贷款只是名义上的,实际中通过结算来实现盈亏,转移市场利率的风险。所谓的远期利率是在一个预先确定的时间内的利率。远期利率市场的参与者主要是大型商业银行和一些清算银行,非金融机构的客户则通过银行来买卖远期利率协议。

一般情况下,企业与银行间就未来的借款或在银行存款的利率达成的协议。企业可能与银行签订在未来某一时间按固定利率借款的远期利率协议。如果实际利率被证实高于双方商定的利率,那么银行(卖方)将向公司(买方)支付差额。如果实际利率低于商定利率,那么企业(买方)将向银行(卖方)支付差额。FRAs 是用现金结算的合约,现金结算额反映了合约签订时所约定的远期利率与固定日的参考利率的差异。因此,现金结算额可以看成用现行利率代替最初的合约利率(它是在 FRAs 成交时定下的固定利率)所需的补偿金

额。具体计算公式如下：

$$远程利率协议结算金 = \frac{(r_r - r_k)A \cdot \dfrac{D}{360}}{1 + r_r \cdot \dfrac{D}{360}}　　　　（公式13-5）$$

式中 r_r 为参照利率；r_k 为合约利率；A 为合约金额；D 为合约期间。

[**例13-1**]　2006年4月10日，A公司经理预测从2006年6月16日到9月15日的3个月（92天）的远期资金需求，他认为，利率可能上升，因此，他想对冲利率上升的风险，便于4月10日从B银行买进一份合约利率为6.75%的远期利率协议。远期利率协议约定：合约金额：1000万元，合约交易日为2006年4月10日，合约结算日为2006年6月16日，到期日为2006年9月15日，年基准为360天。

若企业的判断是正确的，在结算日2008年6月16日的时候3个月全国银行业同业拆借利率（参考利率）为7.25%，高于合约利率，则按照远期利率协议，

$$远程利率协议结算金 = \frac{(7.25\% - 6.75\%) \times 10000000 \times \dfrac{92}{360}}{1 + 7.25\% \times \dfrac{92}{360}} = 12545.34（元）$$

通过计算可知，银行（卖方）须补偿公司（买方）一定量的现金：12545.34元。由于采用了远期利率协议业务，利率水平仍维持在原有水平上，因而企业很好地规避了利率变动所产生的损失。

远期利率协议的缺点是通常只面向大额贷款。而且，一年以上的远期利率协议很难达成。

远期利率协议的优点是，至少在远期利率协议存续的期间内，能够保护借款人免受利率出现不利变动的影响，原因是双方已根据协议商定利率。但另一方面，远期利率协议使借款人同样不能从有利的市场利率变动中获益。银行愿意为远期利率协议设定的利率将反映它们当前对利率变动的预期。如果预期利率将要在签订远期利率协议的谈判期间上涨，那么，银行很可能会将利率定为高于远期利率协议谈判期间的现行可变利率的固定利率。

（二）利率期货

大多数期货合同包含利率，而且这些合同会提出对利率变动风险进行套期保值的方法。此类合同实际上是在打赌利率会上升还是会下降。

除条款、金额和期间是标准化的之外，利率期货实际上与远期利率协议相类似。例如，一家公司可签合同以在6个月内按照商定价格购买或销售名义金额为1万美元、期限为20年的国库券（息票率为8%）。这项决策背后的基本原理是如下。

（1）期货价格可能随着利率的变动而变动，这可以作为对不利的利率变动的套期保值。

(2)购买期货的费用远低于购买该金融工具的费用,因此,一家企业初始用相对较少的现金即可对较大的现金敞口进行套期。

借款人希望通过现在出售期货,对利率风险进行套期,并在利率固定之日购买期货。利率期货合同的价格是由现行利率确定的。例如,如果 3 个月的欧元定期存款的利率是 8%,那么 3 个月的欧元期货合同的定价将为 92 欧元,即 100－8(欧元)。如果该利率为 11%,那么合同价格将为 89 欧元,即 100－11(欧元)。价格或合同价值的下降,反映了固定利率存款在利率上升时期的吸引力下降。

(三)利率期权

利用利率期权,机构可以对不利的利率变动敞口进行限制,同时还可以利用有利的利率变动。借款人可以通过购买看涨期权,设定他们必须支付的利率最大值。出借人可以通过购买看跌期权,设定他们将收取的利息最小值。

利率期权赋予买方在未来到期日按照商定利率(执行价)交易的权利,而非义务。在期权期满之日,买方必须决定是否行使这项权利。很明显,如果目前的市场利率低于期权协议中规定的利率,那么,借款期权的买方不希望行使权利。相反,如果在期权期满时市场利率上涨并超出规定的利率,那么行使借出期权是不划算的。

利率期权可以分为以下几类。

1. 利率保证

利率保证是对一年以内的单个期间进行套期的利率期权。可从大银行购买专门定制的特定价值、到期期限、计价货币和商定利率的"场外"利率期权。期权的成本称为"期权金"。利率期权比远期利率协议更灵活,但价格更高,还可取得外汇交易的期权。

2. 封顶利率期权,又称利率上限期权

它是通过签订合同,规定利率上限的方法来限制浮动利率贷款或其他负债形式成本的增加。当企业预测将来利率会上升,打算对利率上升的风险进行套期保值,同时又希望得到利率下降带来的好处时,可以选择利率封顶期权交易。

[**例 13-2**] 假设基本企业当日以浮动利率筹措到 100 万美元的资本,为了避免将来利率上升引起资本成本增加考虑购买利率封顶期权,其有关的筹资和期权合约条件如表 13-1 所示。

表 13-1 封顶利率期权合约条件

筹资条件:	利率封顶期权合同:
借入金额　100 万美元	合约本金　100 万美元
借入期限　3 年	合约期限　3 年
借款利率　6 个月 LIBOR＋0.5%	基准利率　6 个月 LIBOR
	上限利率　10.0%
	期权费　年率 0.25%

根据6个月伦敦银行同业拆放利率（LIBOR）的逐期变化值就可算出该企业美元借款的实际成本如表13-2所示。

表13-2　美元借款成本

6个月 LIBOR（基准利率）	浮动利率（筹资成本）	买入封顶期权		实际筹资成本
		期权费	利差	
8.0	8.5	0.25	0.0	8.75
9.0	9.5	0.25	0.0	9.75
10.0	10.5	0.25	0.0	10.75
11.0	11.5	0.25	1.0	10.75
12.0	12.5	0.25	2.0	10.75
13.0	13.5	0.25	3.0	10.75

根据表13-2，如果企业不购买利率封顶期权，6个月付息日的筹资成本在8.5%～13.5%之间波动；如果买入封顶期权，当基准利率超过上限利率时，该企业可收取利差，以抵补利率上升造成的成本增加，在扣除期权费后，不论基准利率涨到多高，实际筹资历成本均为10.75%，而当利率下跌时，该企业还可享受到成本降低的有利条件。

3. 保底利率期权，又称利率下限期权

保底利率期权与封顶利率期权的差别在于它不设利率上限而改设利率下限，当基准利率低于约定的下限利率时，期权买方可向卖方收取利率差额。利率保底期权一般适用于预计未来利率下跌会给企业投资带来风险，在决定采取套期保值的同时又不愿意放弃利率上升所带来的好处时，可进行利率保底期权交易。

[例13-3]　假设某企业准备将一笔闲置资本按浮动利率存入银行，为了避免将来利率下跌的风险，企业决定买入利率保底期权合约。表13-3是存款条件和利率保底期权合约条件，利率变动和实际存款收益率见表13-4。

表13-3　保底利率期权合约条件

存款条件：	利率保底期权合同：
借入金额　100万美元	合约本金　100万美元
借入期限　3年	合约期限　3年
借款利率　6个月 LIBOR－0.5%	基准利率　6个月 LIBOR
	下限利率　8.0%
	期权费　年率0.25%

表13-4　美元存款成本

6个月 LIBOR（基准利率）	浮动利率（筹资成本）	买入封顶期权		实际筹资成本
		期权费	利差	
11.0	10.5	0.25	0.0	10.25
10.0	9.5	0.25	0.0	9.25

6个月 LIBOR (基准利率)	浮动利率 (筹资成本)	买入封顶期权		实际筹资成本
		期权费	利差	
9.0	8.5	0.25	0.0	8.25
8.0	7.5	0.25	0.0	7.25
7.0	6.5	0.25	1.0	7.25
6.0	5.5	0.25	2.0	7.25

根据表 13-4 如果企业不购买利率保底期权,期存款收益率在 10.5%~5.5% 之间波动;如果买入利率保底期权,当利率低于基准确性利率时,企业可获得期权卖方提供的利差,扣除期权费后,企业的收益率稳定在 7.25%,而当利率上升时,企业又可获得收益上升的好处。

4. 两头封期权

把封顶期权和保底期权相结合,可以构成封顶保底的利率期权。它同时设上限利率和下限利率,形成一个有限的防范范围。具体来说,就是筹资者或债务人在买进"封顶"期权的同时,卖出一个"保底"期权,以卖出"保底"的期权费收入来部分地抵消"封顶"时所付出代价,从而达到防范风险和降低"封顶"成本的目的。

[例 13-4] 假设某企业打算借入一笔浮动利率借款,风险管理的目标是尽可能降低筹资成本。企业选择了封顶保底期权交易。表 13-5 是筹款条件和期权合约条件。

表 13-5 利率封顶保底期权合约条件

存款条件:	利率保底期权合同:
借入金额　100 万美元	合约本金　100 万美元
借入期限　3 年	合约期限　3 年
借款利率　6 个月 LIBOR+0.5%	基准利率　6 个月 LIBOR
	上限利率　10.0%
	下限利率　8.0%
	封顶　　　0.40%
	保底　　　0.25%

如果该企业在买入利率封顶期权的同时卖出利率保底期权。可使筹资成本控制在 8.65%~10.65% 之间,如表 13-6 所示。

表 13-6 利率封顶保底筹资成本

6个月 LIBOR (基准利率)	浮动利率 (筹资成本)	买入封顶期权		实际筹资成本
		期权费	利差	
7.0	7.5	0.15	−1.0	8.65
8.0	8.5	0.15	0.0	8.65
9.0	9.5	0.15	0.0	9.65
10.0	10.5	0.15	0.0	10.65
11.0	11.5	0.15	1.0	10.65
12.0	12.5	0.15	2.0	10.65

（四）利率互换

利率互换是指两家公司，或者一家公司与一家银行，互相交换利率承诺的协议。在某种意义上，这可以看作是一方假装成另一方借款，并产生以下影响。一家有固定利率债务的公司进行利率互换后，最后按照浮动利率支付利息。而一家有浮动利率债务的公司，最后按照固定利率支付利息。因此，利率互换是利用不同市场上利率不同的特点进行借款的交易，使利率固定或利率浮动的贷款利息费用减少，降低债务成本，以避免利率风险。

在利率互换下，双方同意互相交换利率。利率互换可以作为从支付一种利息改为支付另外一种利息的方法，从而筹集低利率贷款，并保证高利率存款。

利率互换，除了保值目的以外，还存在着两个前提条件：一是两个独立的筹资者存在筹资成本的差异，如有些筹资者善于在固定利率资本市场上低成本筹资；而另一些筹资者善于在浮动利率资本市场低成本筹资。二是互换双方存在相反的筹资意向，如果筹得固定利率借款者希望支付浮动利率，而取得浮动利率贷款者却愿意支付固定利率。有利率互换想法的企业可以通过中介机构（金融机构）达成互换协议。利率互换结果是固定利率贷款变成浮动利率借款，或进行反方向变化。即使其中一家企业对中介机构违约而停止与它交换，中介机构仍需对另一家企业继续交换。因此，对一般企业来说，不需关心它最终的互换对手是谁，不需考虑最终对手的信誉状况，只要银行的信誉值得信赖就可以了。

即练即测

讨论案例13-1

美国次贷危机爆发的原因

2007年8月开始次贷危机席卷整个美国，进而席卷全球，影响到了欧盟、日本等世界主要金融市场。

美国次贷危机的发生虽然有其偶然性，但又有其发生的必然性。2001年开始的"战后第十次经济衰退"促使美国联邦储备委员会一度长期实行扩张的货币政策。2001年1月至2003年6月，美联储连续13次下调联邦基金利率使利率从6.5%降至1%的历史最低水平。货币的扩张和低利率的环境降低了借贷成本。在政府提出的"居者有其屋"的动人口号下，各商业银行和房贷机构实行了极为宽松的放贷政策，大量的次级和次优级客户成为各放贷机构业务竞争的主战场，低利率、低门槛、超宽松、超便捷等各种手段刺激了广大中、低收入阶层纷纷成为购房者，促使美国民众纷纷进入房地产领域。对未来房价持续上升的乐观预测，又促使银行扩大向信用度极低的借款者推销住房贷款，也就是发放次级抵押贷款，以赚取更高的利息收入。因此，美国的次级抵押贷款市场迅速发展规模并不断扩大。次级房屋信贷经过贷款机构及华尔街用财务工程方法加以估算、组合、包装，就以票据或证券产品形式,在抵押二级市场上出卖、用高息吸引其他金融机构和对冲基金购买。

但是到了 2006 年,美国房市泡沫开始破裂。2 年内,美联储连续 17 次提息将联邦基金利率从 1% 提升到 5.25%,且一直保持到 2007 年 9 月。持续的加息,导致了借款人偿付成本上升,使一些低收入者逐渐出现还款困难。同时,自 2006 年第二季度起,由于持续的加息,使得美国房市大幅降温,房价下跌,购房者难以将房屋出售或者通过抵押获得融资。在房价下降和偿还成本上升的共同作用下,直接导致大批次级抵押贷款的借款人不能按期偿还贷款,次贷违约率不断上升。于是普通居民的信用降低,与房地产贷款有关债券的评估价格下跌。次级房屋信贷的拖欠以及坏账增加,次级房屋信贷产品的价格大跌,直接令到欧美以及澳洲不少金融机构都出现财政危机,甚至面临破产,牵动全球信贷出现收缩。在美元流动性紧张的条件下,部分基金为了应付客户大规模赎回潮,于是借日元平仓,大举投资的方法再行不通,唯有沽货套现,即是所谓日元利差交易拆仓,造成连串的骨牌效应,导致环球股市大跌。

资料来源:李东卫.美国次贷危机的深层思考与启示[J].北京市经济管理干部学院学报,2008(04):50-54.

案例分析

讨论问题

1. 结合本案例简述引起美国次贷危机的原因。

2. 简述利率波动会带来哪些利率风险。

第 十 四 章

汇率风险管理

引导案例

人民币升值下外贸企业如何加强汇率风险管理？

2020 年，受各方面因素影响，人民币汇率总体呈现上半年贬值、下半年升值态势。2021 年伊始，人民币汇率升值势头不减。1 月 22 日，人民币对美元中间价调升 79 个基点，报 6.4617。自 2020 年 5 月以来人民币恢复对美元升值趋势以来，截至 2021 年初，升值幅度达到 10% 左右。2020 年下半年以来的人民币快速升值，"首当其冲"影响最大的是外贸行业，在将美元收款结汇时，部分出口企业利润受到挤压。

汇率的波动将直接影响外贸企业出口销售的盈利水平。外贸企业国内生产，销售至海外，以美元计价结算。汇率持续走高，对于出口企业的换汇就会吞噬利润。产能大的出口企业具有套保意识，风险可防，但对于小型出口企业则不尽人意，"打开美元账户一看，汇率从 6.8 掉到 6.6，几天时间就蒸发了几十万。"即使企业采用锁汇这一金融手段，但对企业主而言仍在诸多不确定性，譬如"反向操作、银行手续费、财务知识不到位"等现况。外贸从业人员该如何管控汇率风险？

（资料来源：王涵.人民币升值下外贸企业主的抉择：外汇敞口"裸奔"VS 锁汇套期保值.经济观察网 http://www.eeo.com.cn/）

导言

1973 年布雷顿森林固定汇率体系崩溃，特别是 1976 年《牙买加协议》正式承认浮动汇率制合法性以来，控制在一定波动范围的固定汇率制随之解体。目前，世界各国普遍实行浮动汇率制，美元、日元、英镑等主要货币之间的比价时刻都处在剧烈的上下起浮变动之中，致使国际债权债务的决算由于汇率的变动而事先难以掌握，从而产生了汇率风险。加之 20 世纪 90 年代以来，经济金融全球化步伐的加快，各经济主体的经济金融活动日趋国际化，汇率风险也更加突出。为了进一步防止或减轻汇率的风险，各国加强了对国际货币的研究和汇率的预测，使得汇率风险管理的技术得到了进一步的加强。

古人风险管理智慧专栏

夫以数钱纸墨之资，得易天下百姓之货；印造既易，生生无穷，源源不竭。世人所谓神仙指瓦砾为黄金之术,亦何以过此。但见称提之令每下,而百姓每受其害,而贯陌益落矣。嘉定以一易二,是负民一半之货也。嘉熙以一易五,是负民四倍之货也。无义为甚。

——许衡《楮币札子》

许衡所言的南宋政府虽然也曾实行抑制纸币过多发行的经济政策,但每次都是愈来愈多,终至民不堪负。

第一节　汇率风险的概述

一、汇率及汇率风险的含义

(一)汇率的含义

汇率就是用一个国家的货币折算成另一个国家货币的比率和比价,它是连接国与国之间的贸易、金融活动的桥梁。汇率由直接标价与间接标价两种表示方法,前者是本币对外币的价格(即以 1 单位的外币为分母),后者则正好相反。例如,美元对人民币的汇率为￥6.83/＄,是以直接标价法表示的;而人民币对美元的汇率为＄0.15/￥,是以间接标价法表示的。在国际经济、贸易、金融等活动中,从事对外经济往来的企业或金融机构需要在国际范围内收付或交易大量外币,或持有以外币计价的债权债务,或需要以外币表示其资产负债的市场价值。然而,由于各国使用的货币不同且在当前国际货币体系下汇率时常发生变化,因此在上述往来结算中就可能产生损失。

(二)影响汇率变动的因素

一国外汇供求的变动要受到许多因素的影响,这些因素既有经济的,也有非经济的,而各个因素之间又有相互联系、相互制约、甚至相互抵消的关系,因此汇率变动的原因极其错综复杂,下面我们介绍几个主要的因素。

1. 国际收支

国际收支状况是影响汇率变动的主要的直接因素,因为一国的外汇供求状况主要是由一国国际收支状况决定的。当一国的国际收支出现顺差时,就会增加该国的外汇供给和国外对该国货币汇率的需求,进而引起外汇的汇率下降或顺差国货币汇率的上升;反之,当一国国际收支出现逆差时,就会增加该国的外汇需求和本国货币的供给,进而导致外汇汇率的上升或逆差国货币汇率的下跌。在国际收支这一影响因素中,经常性收支尤其贸易收支,对外汇汇率起着决定性的作用。

2. 通货膨胀

通货膨胀率的高低是影响汇率变化的基础。如果一国的货币发行过多,流通中的货币量超过了商品流通过程中的实际需求,就会造成通货膨胀。通货膨胀使一国的货币在国内购买力下降,物价上涨,使货币对内贬值,在其他条件不变的情况下,货币对内贬值,必然引起对外贬值。所以当一国发生通货膨胀之后,会出现物价上涨,本国货币贬值。

3. 利率

利率是影响汇率变动的一个重要因素。因为它不仅是反映一国经济金融状况的基本指标,同时体现一国筹资成本和投资利润。一国利率水平相对提高,会吸引外国资本流入该国,从而增加对该国货币的需求,该国货币汇率就趋于上浮。反之,一国的利率水平相对降低,会直接引起国内短期资本流出,从而减少对该国货币的需求,该国货币汇率就下浮。从长期来看,一国较高的利率会使外国投资者的筹资成本升高,影响了外资的流入,从而使外汇市场的供求关系相对出现外汇供小于求而本币供大于求的压力。

4. 外汇储备

一国中央银行所持有外汇储备充足与否反映了该国干预外汇市场和维持汇价稳定的能力大小,因而外汇储备的高低对该国货币稳定起主要作用。外汇储备太少,往往会影响外汇市场对该国货币稳定的信心,从而引发贬值;相反外汇储备充足,往往该国货币汇率也较坚挺。

5. 经济增长率的差异

在其他条件不变的情况下,一国实际经济增长率相对别国来说上升较快,其国民收入增加也较快,会使该国增加对外国商品和劳务的需求,结果会使该国对外汇的需求相对于其可得到的外汇供给来说趋于增加,导致该国货币汇率下跌。不过在这里注意两种特殊情形:一是对于出口导向型国家来说,经济增长是由于出口增加而推动的,那么经济较快增长伴随着出口的高速增长,此时出口增加往往超过进口增加,其汇率不跌反而上升;二是如果国内外投资者把该国经济增长率较高看成是经济前景看好、资本收益率提高的反映,那么就可能扩大对该国的投资,以抵消项目的赤字。这时,该国汇率亦可能不是下跌而是上升。我国就同时存在着这两种情况,近年来中国一直面临着人民币升值的巨大压力。

6. 各国的宏观经济政策

各国的宏观经济政策将会影响其自身的经济增长、国际收支、就业率、物价水平和利率等经济变量,最终会影响到汇率的变动。其中,特别是货币政策对汇率的影响更为直接和明显。例如,当一国实施紧缩的货币政策时,将促使该国货币汇率上升;反之,将促使该国货币汇率下降。

7. 市场预期

市场预期因素是影响国际资本流动的另一个重要因素。在国际金融市场上,短期性资金(所谓游资)达到了十分庞大的数字。这些巨额资金对世界各国的政治、经济、军事等因素都具有高度的敏感性,受着预期因素的支配。一旦出现风吹草动,就到处流窜,这就常常给外汇市场带来巨大的冲击。可以说,预期因素是短期内影响汇率变动的最主要因素。

8. 政治因素

政治因素是影响汇率变动的一个不可忽视的因素,一个国家的政局是否稳定是内部因素,国际政治局势是外部政治因素。如果一个国家的国内政局不稳,或者政府要员的谈话做出了某种不利的暗示(有意或无意),人们的信心就会发生动摇,而大量抢购黄金或兑换其他外币,使本国货币急剧贬值,对外汇率下跌。

国际局势的动荡不定,也会使人们对某种货币失去信心,从而抛售该种货币,抢购其他货币,使被抛售的货币汇率下跌,被抢购的货币汇率上涨。如两伊战争期间,发生过大量资本从欧洲逃往美国的情况,使西欧某些货币的汇率一度下跌。

(三)汇率风险的含义

汇率风险又称外汇风险,指经济主体在持有或运用外汇的经济活动中,因汇率波动而蒙受外汇敞口损失的可能性。从事贸易、投资和借贷活动的主体,不可避免地会在国际范围内收付大量外汇或拥有以外币表示的资产和债权债务。汇率的波动将会给外汇持有者或运用者的未来现金流带来不确定性,有可能导致巨大的损失,也可能带来收益。汇率风险通常指的是汇率波动带来损失的可能性。

1973 年 2 月以来,各主要发达国家纷纷实行浮动汇率制度,各国主要货币的汇率不仅大幅度、频繁地波动,而且它们之间经常出现难以预料的强弱势的变化。加上第二次世界大战以来世界经济日益朝着全球化的方向发展,国际贸易和国际融资规模大幅度增加,从而大大加深了涉外经济主体的汇率风险。

二、汇率风险的类别

根据定义,汇率风险是汇率波动对企业产生损益可能的一种特定状态,通常按照风险发生的时间阶段,将汇率风险分为三类:在经营活动中的风险为交易风险,在经营活动结果中的风险为会计风险,在预期经营收益中风险为经济风险。

(一)交易风险

交易风险(transaction risk)是指在约定的外币计价成交的交易过程中,由于结算时的汇率与交易发生时的汇率不同而引起收益或亏损的风险。交易风险又可进一步分为外汇买卖风险和交易结算风险。

1. 外汇买卖风险

又称金融性风险,产生于本币和外币之间的反复兑换。这种风险产生的前提条件是交易者一度买进或卖出外汇,后来又反过来卖出或买进外汇。外汇银行所承担的外汇风险主要就是这种外汇买卖风险；工商企业所承担的外汇买卖风险主要存在于以外币进行借贷或伴随外币借贷而进行的外贸交易中。

例如，中国银行在某一时间买进了 100 万元港币，同时又卖出了 80 万元港币，出现了 20 万元港币的多头。当中国银行日后卖出这 20 万元港币时，如果港币贬值，中国银行就会出现亏损，这种亏损的可能性就是外汇买卖风险。同理，当中国银行在外汇交易中出现卖出的港币多，买进的港币少，而在日后补进港币时，如果港币升值，中国银行同样也会面临由于外汇买卖风险而造成的损失。

2. 交易结算风险

又称商业性风险，当进出口商以外币计价进行贸易或非贸易的进出口业务时，即面临交易结算风险。

进出口商从签订进出口合同到债权债务的最终清偿，通常要经历一段时间，而这段时间内汇率可能会发生变化，于是，以外币表示的未结算的金额就成为承担风险的受险部分。因此，交易结算风险是由进出口商承担的，基于进出口合同，在未来通过外汇交易将本币与外币或外币与本币进行兑换，这是由于未来进行外汇交易时汇率的不确定性所带来的风险。

例如，中国某公司签订了价值 10 万美元的出口合同，3 个月后交货、收汇。假设该公司的出口成本、费用为 75 万元人民币，目标利润为 8 万元人民币，则 3 个月后当该公司收到 10 万美元的货款时，由于美元对人民币的汇率不确定，该公司将面临交易结算风险。3 个月后若美元对人民币的汇率高于 8.3，则该公司不仅可收回成本，获得 8 万元人民币的利润，还可获得超额利润；若汇率等于 8.3，则该公司收回成本后，刚好获得 8 万元人民币的利润；若汇率高于 7.5、低于 8.3，则该公司收回成本后所得的利润少于 8 万元人民币；若汇率等于 7.5，则该公司刚好只能收回成本，没有任何利润；若汇率低于 7.5，则该公司不仅没有获得利润，而且还会亏本。

同样，进口商从签订合同到结清货款之间也有一段时间，也要承担交易结算风险，原理与出口商相同，只是汇率变动的方向与出口商刚好相反。

（二）会计风险

会计风险（accounting risk），又称折算风险（translation risk），指由于外汇汇率的变化而引起的会计报表中外汇资金项目金额变动的可能性，它是一种账面的损失和收益，并不是实际交割时的实际损益。虽然折算风险所产生的损益并不是实际损益，但它会影响到企业向股东和社会所公布的财务报告书的结果。会计风险主要针对子公司在海外经营和境内母公司以记账本位币编制的合并会计报表。一方面，当这些海外分支机构以东道国的货币入账和编制会计报表时，需要将所使用的外币转换成东道国的货币，就会面临折算风险；另一方面，当它们向总公司或母公司上报会计报表时，又要将东道国的货币折算成总公司或母公司所在国的货币,这同样也面临折算风险。

(三)经济风险

经济风险(economic risk),又称经营风险(operating risk),是指由于意料之外的汇率变动,使企业在将来特定时期的收益发生变化的可能性。经济风险是由于汇率的变动产生的,而汇率的变动又通过影响企业的生产成本、销售价格,进而引起产销数量的变化,并由此最终带来获利状况的变化。例如,当本币贬值时,某企业一方面由于出口货物的外币价格下降,有可能刺激出口使其出口额增加;另一方面因该企业在生产中所使用的主要是进口原材料,本币贬值后又会提高以本币所表示的进口原材料的价格,出口货物的生产成本因而增加,结果该企业将来的纯收入可能增加,也可能减少,这就是经济风险。

值得注意的是,经济风险中所说的汇率变动,仅指意料之外的汇率变动,不包括意料之中的汇率变动。因为企业在预测未来的获利状况而进行经营决策时,已经将意料到的汇率变动对未来产品成本和获利状况的影响考虑进去了,因而排除在风险之外。对于企业来说,经济风险的影响比交易风险和折算风险更大,因为折算风险和交易风险的影响是一次性的,而经济风险的影响则是长期的,它不仅影响企业在国内的经济行为和效益,而且还直接影响企业在海外的经营效果和投资收益。

第二节　汇率风险的评估

一、交易风险的评估

(一)银行外汇买卖风险的评估

银行承担的汇率风险主要是外汇买卖风险。银行在外汇市场上进行外汇买卖,一种是代客进行外汇买卖,充当中介,赚取买卖价差和手续费收入;另一种是银行的执行外汇买卖。无论是出于何种目的进行买卖,银行在某种货币上的买进和卖出很可能出现现金额和期限的不匹配,持有该种货币的多头或空头头寸。这种敞口头寸,就是受险部分,会受到汇率波动的影响。

原则上,银行应当每天轧平所有的缺口头寸,避免不必要的汇率风险,保证赚取无风险的买卖价差收入。但是银行每日的外汇交易非常频繁,买卖的货币种类和期限非常多,轧平所有头寸不但要承担大量的交易成本,在现实中也是不可能的。因此,在银行的经营管理实务中,通常的做法是限定风险的大小,把风险控制在可承担的范围内。常用的限额管理包括缺口头寸限额、盈亏限额等。这些管理方法都是建立在相应的风险评估方式的基础之上的。

缺口限额管理是其中最简单的一种方法。为了管理外汇缺口头寸,银行建立了外汇交易记录表,按照每种货币合约到期日记录每笔交易的外汇流量,这些头寸按币种和期限列示。从而可以清楚地分析银行外汇头寸的风险。如果在每一个到期日,所有货币的外汇交易记录表上,买卖金额正好相等,不管汇率发生什么变化,银行没有任何资金损失,不存在汇率风险。如果某一种货币的交易记录表中,存在着金额或期限的不匹配,银行就承担了汇率风险。

外汇交易记录是评估和管理汇率风险的重要工具。但是,外汇交易记录表只是一个交易记录,它没有具体表现出目前外汇头寸的盈亏情况,难以体现汇率风险的总体状况。为了控制汇率波动造成外汇头寸的盈亏,银行应该经常性的用市场汇率重新估计外汇头寸,可以及时分析银行承担的汇率风险,以便采取措施加以控制和避免。

VaR 是更为复杂的评估方法,VaR(value at risk)指受险价值,是数量化市场风险的重要量度工具。该方法估计经过已知时间间隔,资产组合价值可能减少的幅度及发生的可能性,被广泛用于评估不利的市场因素变化对资产组合价值所造成的影响。VaR 的一般定义还是已知头寸或组合在一定的时间间隔内,在一定的置信水平下的最大可能损失。

VaR 方法的关键在于对市场因素(汇率)变动的概率分布的估计,最常用的方法是风险度量制(risk metrics)法。该方法假定金融资产收益率服从正态分布,只需要价格波动率的估计就可以把受市场因素不同程度影响,以及受不同市场因素的金融资产的受险程度,以同样的货币单位来度量,从而加总衡量综合风险。

(二)一般企业交易结算风险的评估

对于企业来说,交易结算风险是计划中或进行中交易因汇率变动而可能产生的损失。这些交易将会引致未来的外汇现金流量,包括已经登录在资产负债表上的外币计价资产和负债,已签订的外币计价的合同,以及计划中尚未成立的外币计价合约。这些现金流量的组成是以不同货币计价的,企业不可能准确地预测未来汇率变动,但企业至少能预测外汇波动风险,并采取适合的手段降低风险。

首先可以从资产负债表入手,评估已完成的交易形成的外币资产和负债,然后再通过扩展分析范围,将计划中的部分也包括进去,完成对交易结算风险的评估分析。对于扩展交易结算风险分析,企业应当对未来不确定但很可能发生的外汇现金流量进行合理的估计,把那些未列入资产负债表,但将导致汇率风险暴露的交易全部包括进来。具体包括外来应收应付利息、销售、采购等。然后再将这些项目按照不同的货币加总,计算企业的净外汇交易结算风险头寸。

为了有效地管理交易结算风险,企业不但需要知道总的风险头寸,还应该将这些头寸按照不同的期限加以分别列示,以便采取恰当的管理手段,例如进行相应期限的远期交易。企业可以采用现金流量规划(fund flow mapping)方法,根据每日、周、月或季度为标准汇编汇率风险报告,分别显示各个期间的外汇风险头寸。企业的预计和合理规划的能力在此显得非常重要,这种能力决定了对未来计划中或预期的交易可能产生的外汇流量的估计的可靠性,以及对未来外汇资金流量规划可延伸的时间跨度。根据现金流量规划编制的外汇风险头寸报告对于管理和控制交易风险非常有用。对于一个规模庞大的跨国企业来说,交易涉及的货币种类很多,交易非常频繁,需要先按照部门单位编制外汇风险头寸报告,然后再由总公司汇总管理总体的风险头寸,以提高评估的精确程度和风险管理的效率。

二、经济风险的评估

经济风险是指由于意料之外的汇率变动,使企业在将来特定时期的收益发生变化的可能性。经济风险对企业的影响是长期的,而且是复杂而多层面的。因此,对经济风险的评估与管理需要采用整体和系统的方法。此外,企业还需要正确预测汇率变动的时间、方向和幅度,在这样的基础上,企业才能正确评估这种变动对生产成本、产品价格以及销售数量的影响,进而评估企业可能遭受的损失。对汇率变动引起的收益和成本的敏感性分析和回归分析是评价经济风险的常用方法。

(一) 收益与成本敏感性分析

收益和成本敏感性分析把现金流量按收益表的不同项目分类,并根据汇率预测情况对收益表的各个项目作出估计。企业的盈余能力和现金流量取决于原材料和产品的价格、销售量,以及各项费用。这些因素的综合代表了企业的竞争力,汇率的变动正是通过改变各种价格对企业的竞争力而产生影响的。

我们可以直接用企业预期的外币净现金流量现值对汇率波动敏感性的定义来进行度量。但是,企业预期的外币净现金流量现值直接用"现金流贴现公式"来表示(具有明确的解析形式):

$$V_t = \sum_{t=1}^{n} \frac{(\mathrm{ICF}_t - \mathrm{OCF}_t)S_t}{(1+y)^t} \qquad \text{(公式 14-1)}$$

式中,ICF_t 和 OCF_t 分别指第 t 期的外币净现金流入与流出;y 为贴现率,即企业要求的最低投资报酬率;S_t 为 t 期末的本币兑外币的汇率。

那么,根据敏感性的一般定义,经济风险可表示为

$$\mathrm{Sens} = \frac{\mathrm{d}V/V}{\mathrm{d}S/S} \qquad \text{(公式 14-2)}$$

由此得到企业价值后,比较贬值与否两种情况。

(二) 回归分析

企业较常用的另一种方法是回归分析法。这种方法利用已有的公司绩效变量(通常为现金流量和股票价格)和汇率的历史数据进行回归分析,测定企业的经济风险。这种方法的特点具有客观性,只用历史数据来估计企业现金流量对与汇率变动的敏感性。在回归分

析中,我们把绩效变量作为因变量,以一种或多种汇率作为自变量,所有的历史数据都要经过通货膨胀的调整。例如:

$$PCF_t = a_0 + a_1 PER_t + m_t \qquad (公式 14\text{-}3)$$

式中,PCF_t 表示企业 t 期的现金流量变化率;PER_t 表示汇率 t 期的变化率;a_0 是常数项;a_1 是回归系数;m_1 是随机误差项。回归系数 a_1 即表示 PCF_t 对 PER_t 的敏感性。

如果企业受到多种货币汇率变动的影响,则可以将这些货币汇率变动都加入自变量,每种货币的影响便可通过各自回归系数的估计来测定。如果以股票价格代表企业的绩效变量,通常股价指数也要包括在自变量中。如果企业预期不对经营结构进行调整,那么根据回归所作的敏感性分析与未来的实际结果还是会较为相似的。

三、会计风险的评估

由于会计的外币资产、负债、收益和支出等,都需要按照一定的会计准则将其折算成本国货币来表示,在折算过程中必然会暴露出货币汇率变动带来的风险。而从另一个角度来看,并不是会计折算给企业带来了外汇风险,而是各国通过制定有关外币折算的会计准则,要求企业将潜在的汇率风险反映在其会计报表中,使会计报表的使用者能够更全面、准确地了解企业的经营绩效和财务状况。所以,外币折算的会计方法本身就是评估企业会计风险的方法。下面主要通过讲述编制合并会计报表时对子公司外币会计报表的折算来说明会计风险的评估。

外币会计报表折算方法可以分为单一汇率法和多种汇率法两种。前者主要以现行汇率对会计报表个项目进行折算,所以又称为现行汇率法;后者指以不同汇率分别对会计报表有关项目进行折算,具体有进一步分为流动与非流动项目法、货币与非货币项目法以及时态法。

(一)现行汇率法

在现行汇率法下,外币资产负债表所有资产、负债项目均按现行汇率(期末汇率)折算,所以,它是一种单一汇率法。对所有者权益项目应采用历史汇率进行折算,如股本(实收资本)按股票发行日(或资本投入日)的汇率折算。现行汇率法又称期末汇率法。在现行汇率法下,收入、费用项目也可以采用会计期间的平均汇率进行折算。折算中形成的差额,当作是汇率变动对母公司在子公司投资净额的影响,应作为子公司净资产的组成部分,在资产负债表所有者权益项下单列"外币会计报表折算差额"项目反映,即作为递延项目逐年累积。

用现行汇率法对外币会计报表进行折算,实际上是将外币会计报表的所有项目都乘以一个常数,只是改变外币会计报表的表现形式,并没有改变其中多个项目之间的比例关系。现行汇率法实际上是以子公司的净资产为基准来衡量汇率变动影响的。因此,现行汇率法能保持外币会计报表的内部结构和各项目都承受着不同程度的汇率风险。但实际上企业资产、负债各项目所承受的汇率风险是不一样的，对这些项目均以现行汇率进行折算并没有体现这个差别。

（二）流动与非流动项目法

流动与非流动项目法是将资产负债表项目划分为流动项目与非流动项目两大类，并对之分别采用不同的汇率进行折算，对于流动资产和流动负债项目，按照资产负债表日的汇率计算；对于非流动资产和负债，以及所有者权益中的实收资本、资本公积等项目，按照历史汇率进行折算；对于利润表各项目，除固定资产折旧费用和摊销费用等按照相关资产入账时的历史汇率折算外，其他收入和费用各项目均按当期的平均汇率折算。

该方法对流动资产及流动负债项目采用现行汇率计算，有利于对子公司营运资金进行分析。不足之处是，区分流动和非流动项目并按不同的汇率进行折算，缺乏足够的理论支持。

（三）货币性与非货币性项目法

货币性项目是持有的货币以及将以固定金额或可确定金额收回的资产和负债，除此以外，则属于非货币性项目。该方法对货币性项目采用现行汇率折算，对非货币性项目采用历史汇率折算，所有者权益也按历史汇率折算；对于利润表项目，除折旧费及摊销费用按照有关资产的历史汇率折算外，所有收入和费用均以当期的平均汇率折算；销售成本项目则是在对期初存货、期末存货和当期购货分别进行折算的基础上，按照"期初存货＋当期购货－期末存货＝当期销售"等式计算确定的。其中期初存货、期末存货按各自的历史汇率折算，当期购货按当期平均汇率折算。利润表项目的折算和流动与非流动项目法下的折算方法基本相同。

货币性与非货币性项目法反映了汇率波动对资产、负债各项目的不同影响，体现了货币性项目承受汇率风险这一事实。但不足之处在于，没有考虑非货币项目的计量基础。在非货币项目采用现行市价计量的情况下（如存货和投资按照"成本与市价孰低法"计价，提取跌价准备），采用历史汇率折算与市价计量基础是矛盾的。

（四）时态法

时态法也称为时间度量法，是由美国注册会计师协会的研究人员列奥纳德·洛伦森于1972 年在其研究报告中针对货币性与非货币性项目法的不足而提出来的，并于 1975 年为美国财务会计准则委员会的第 8 号财务会计准则所采用。

在时态法下，外币会计报表的现金、应收项目和应付项目采用现行汇率折算；对于按历史成本反映的非货币性资产，采用历史汇率折算；对于按现行成本反映的非货币性资产，采用现行汇率折算；所有者权益中除未分配利润以外的其他项目均采用历史汇率折算，未分配利润项目则为轧算的平衡数额；对收入、费用项目，采用交易发生时的实际汇率或当期加权平均汇率（业务频繁时）折算；对于折旧费用、摊销费用以及销货成本，其折算方法和货币性与非货币性项目法相同。

外币会计报表折算时，由于各项目采用不同汇率进行折算，从而产生了折算差额。对于这家差额有两种会计处理方法：一是递延处理，二是直接计入当期损益。将折算差额直接计入当期损益中，可以正是反映企业所承受的汇率风险，这样做的不足是，将折算差额反映在损益中，即将未实现的损益计入当期损益，有可能引起对会计报表的误解。因此，将折算差额在所有者权益项目下单列出来并逐年累积是较通用的做法。

第三节　汇率风险的管理

一、汇率风险管理的概念

汇率风险管理是指外汇资产持有者通过风险识别、风险衡量、风险控制等方法，预防、规避、转移或消除外汇业务经营中的风险，从而减少或避免可能的经济损失，实现在风险一定条件下的收益最大化或收益一定条件下的风险最小化。在外汇市场上，汇率的波动异常频繁。企业只要存在对外业务，就会存在汇率风险，就要对其进行管理，减少因汇率变动带来的损失。企业对汇率风险进行有效的管理，我们必须经过这样一个过程：

首先是识别企业面临的汇率风险类型，企业在对外交易中要了解究竟存在哪些汇率风险，是交易风险、会计风险、还是经济风险。或者了解面临的外汇风险哪一种是主要的，哪一种是次要的；哪一种货币风险较大，哪一种货币风险较小；同时，要了解汇率风险持续时间的长短。

其次是衡量风险，即预测汇率走势，对汇率风险程度进行测算。外汇敞口额越大、时间越长、汇率波动越大，风险越大。因此，应经常测算各时期的外汇敞口额有多少，汇率的预期变化幅度有多大。我们利用多种模型（如 VaR）来计量这些汇率风险。

最后应制定汇率风险管理策略，即在识别和衡量的基础上制定相应的管理策略，根据不同情况造成的风险，采用不同的手段进行风险管理，避免产生较大损失。

二、汇率风险的管理技术

（一）汇率预测

汇率波动是导致汇率风险产生的直接原因，如果能够比较准确地预测汇率的变化趋势，无疑可以在很大程度上避免汇率风险。因此，汇率预测即是预测整体汇率风险的前提，也是企业进一步采取具体措施来管理汇率风险的前提。汇率预测一般采用以下两种方法：

1. 基本经济因素分析法

通过分析影响汇率的各个经济因素,根据各经济因素对汇率产生影响的作用和影响强度来推测汇率走势的汇率预测法。人们采取这种方法是基于他们认为一国货币的走势最终是由该国的基本经济因素决定的。一国经济系统的基本因素,如利率水平、通货膨胀、国际收支、外汇储备、货币增长率等的变化,是引起汇率变动的根本原因。

2. 技术分析法

其主要是利用汇率的历史数据,将过去每一时点的外汇成交量、价格等指标逐一记录下来并绘成图表,通过考察成交量、价格的变动轨迹或趋势来分析汇率未来变化情况的方法。技术分析法一般是借助统计分析工具来进行汇率预测,但有时人们也只是根据图表曲线的变化趋势主观判断汇率的波动。

(二) 交易风险的管理技术

对于交易风险,企业可以采用选择计价货币、在合同中加列保值条款、提前与滞后应收账款、配对管理、国际信贷法、投保货币风险等方法避免和转移外汇风险头寸。如果这些方法不能全部消除企业的外汇头寸,企业还可以在货币市场上主动创造相反的头寸,或采用现成的金融市场合约对冲相应的风险,例如远期外汇合约、外汇期货和期权合约、货币互换合约等。

1. 选择货币法

在对外贸易和借贷等经济交易中,选择何种货币签订合同作为计价结算的货币或计值清偿的货币,直接关系到交易主体是否将承担汇率风险。

在选择合同货币时通常遵循以下原则:争取选择本币作为计价货币,不涉及货币的兑换,将汇率风险转移由交易对方承担,消除汇率风险的来源;选择自由兑换货币作为计价结算货币,便于外汇资金的调拨和运用,一旦出现外汇风险可以立即兑换成另一种有利的货币;注意货币汇率变化趋势,选择有利的货币作为计价结算货币,这是一种根本性的防范措施。基本原则是"收硬付软"。出口、借贷资本输出争取使用硬币,进口、借贷输入争取使用软币,将汇率变动带来的损失推给交易对方。

2. 运用系列保值法

(1) 合同中加列货币保值条款

保值条款是经贸易双方协商,同意在贸易合同中加列分摊未来汇率风险的货币收付条件。在保值条款中交易金额以某种比较稳定的货币或综合货币单位保值,清算时按支付货币对保值货币的当时汇率加以调整。在长期合同中,往往采用这类做法。通常采用的货币保值条款是"一篮子"货币保值条款。就是在合同中确定好所选择的多种货币与合同货币之间的汇率,并规定每种所选货币的权数。如果汇率发生变动,则在计算或清偿时,根据当时汇率变动的幅度和每种所选货币的权数,对收付的合同货币金额做相应调整。"一篮子"

货币的选择有三种方式：特别提款权(special drawing right,SDR,亦称纸黄金)、欧洲货币单位(euro,欧元)、软硬搭配的多种货币。

（2）调价保值

调价保值包括加价保值和压价保值等。在国际贸易中出口收硬币,进口付软币是一种理想的选择,但在实际当中有时只能是"一厢情愿"。在某些场合出口不得不收取软币,而进口被迫用硬币。此时就要考虑实行调价避险法,即出口加价和进口压价,借此以尽可能减少风险。

3. 提前或延期结算法

提前或延期结算法是指通过预测汇率变动趋势,提前或延期收付外币债权债务,以避免损失或获得好处。提前或延期结汇也是控制汇率风险的有效方法,既可以用于进出口,也可以用于对外借贷。

在出口或对外贷款的场合,如果预测计价货币贬值,可以在征得对方同意的条件下提前收汇,以避免该货币可能贬值带来的损失；反之,如果预测该货币升值,则可以争取延期收汇,以获得该货币可能升值带来的好处。

在进口或向外借款的场合,如果预测计价货币升值,可以在征得对方同意的条件下提前付汇,以避免该货币可能升值带来的损失；反之,如果预测该货币贬值,则可以争取延期付汇,以获得该货币可能贬值带来的好处。

4. 收付货币平衡法

收付货币平衡法是指进出口商在一笔交易发生的同时或发生之后,再进行一笔与该笔交易在币种、金额和货款结算日期完全相同,但交易性质恰好相反的交易,从而是两笔交易的汇率风险相互抵消的方法。在实际操作中,要做到外汇收支在时间、金额上完全一致时是比较困难的,但通过贸易谈判,使外汇货币收付大致相符还是有可能的。这样,不仅在一定程度上降低了汇率风险,同时也可以节省防范风险的成本费用。

5. 国际信贷法

它是指在中长期国际支付中,企业利用出口信贷、"福费廷"、保付代理等形式,在获得资金融通的同时冲销或转嫁汇率风险的方法。

（1）出口信贷

出口信贷是国际贸易中最常用的一种资金融通形式,由出口方银行向本国出口商或外国进口商提供低利贷款,以解决本国出口商资金周转困难或满足外国进口商资金需要的一种融资业务。它包括两种形式：一是买方信贷,即由出口商所在地银行对外国进口商或进口方的银行提供的融资便利。二是卖方信贷,即由出口商所在地银行对出口商提供的贷款。出口商可以利用卖方信贷避免外汇风险。

（2）福费廷(forfaiting)

在延期付款的大型设备贸易中,出口商把经进口商承兑的、期限在半年以上的远期汇票无追索权地卖断给出口商所在地的金融机构进行票据贴现,以提前取得现款的资金融通形式。在这种交易中,出口商及时得到货款,并及时地将这笔外汇换成本币。它实际上转嫁了两笔风险:一是把远期汇票卖给金融机构,立即得到现汇,消除了时间风险,且以现汇兑换本币,也消除了价值风险,从而,出口商把外汇风险转嫁给了金融机构;二是福费廷是一种卖断行为,把到期进口商不付款的信用风险也转嫁给了金融机构,这也是福费廷交易与一般贴现的最大区别。

(3)保付代理

保付代理又称为"保理"业务,是短期贸易信贷的一种。但出口商争取不到以进口方银行开立信用证的方式收取货款的情况下,对进口商的资信不太了解时,将应收账款以及相应单证转卖给保理商,提前获得大部分货款,其余部分到期收进,减少了汇率风险的影响。

6. 借款与投资法

(1)借款法用于有未来外汇收入的场合。借款法指有远期外汇收入的企业通过向银行借入一笔与远期收入相同币种、相同金额和相同期限的贷款而防范汇率风险的方法。

其特点在于能够改变外汇风险的时间结构,把未来的外币收入现在就从银行借出来,以供支配,这就消除了时间风险,届时外汇收入进账,正好用于归还银行贷款。不过该法只消除了时间风险,尚存在着外币对本币价值变化的风险。

(2)投资法适用于有未来外汇支出的场合。指当企业面对未来的一笔外汇支出时,将闲置的资金换成外汇进行投资,待支付外汇的日期来临时,用投资的本息(或利润)付汇。一般投资的市场是短期货币市场,投资的对象为规定到期日的银行定期存款、存单、银行承兑汇票、国库券、商业票据等。其投资期限与未来外汇支出的期限相同。投资法占用企业的大量流动资金,企业也可以从银行借入相同期限的本币贷款用于投资。到结算日,投资到期,用收回的外汇支付贷款,同时偿还银行的本币贷款。这里要注意,投资者如果用本币投资,则仅能消除时间风险;只有把本币换成外币再投资,才能同时消除货币兑换的价值风险。

投资法和借款法都是通过改变外汇风险的时间结构来避险,但两者却各具特点,前者是将未来的支付移到现在,而后者则是将未来的收入移到现在,这是主要的区别。

7. 参加汇率风险保险

参加汇率风险保险,就是投保人通过向承保人缴纳保险费,将汇率风险转嫁给承保人,由承保人承担汇率变动的损失,同时汇率变动所带来的收益也归承保人所有。

8. 开展各种外汇业务

进出口商可以利用国际金融市场,针对进出口业务所面临的具体汇率风险,进行外汇买卖或其他金融活动,以达到防范汇率风险的目的,常用的方法有以下几种。

(1)远期外汇交易法

是指进出口商通过与外汇银行签订远期外汇交易合同,使进出口交易的实际收付外汇金额、时间与远期外汇交易的交割金额、时间相一致，以消除汇率风险的方法。

具体做法是：出口商在签订贸易合同后，按当时的远期汇率预先卖出合同金额和币别，在收到货款时再按原订汇率进行交割。进口商则预先买进所需外汇，到支付货款时按原定汇率进行交割。这种方法优点在于：一方面，将防范外汇风险的成本固定在一定的范围内；另一方面，将不确定的汇率变动因素转化为可计算的因素，有利于成本核算。该法能在规定的时间内实现两种货币的风险冲销，能同时消除时间风险和价值风险。通过远期外汇交易可以完全消除汇率风险。

（2）外汇期货交易法

是指进出口商委托银行或经纪人购买或出售相应的外汇期货进行套期保值，借以消除外汇风险的方法。这种方法主要有：一是多头套期保值；二是空头套期保值。

（3）外汇期权交易法

是指进出口商通过外汇期权交易，借以消除外汇风险的方法。该法与远期外汇合同法相比，更具有保值作用。因为远期法届时必须按约定的汇率履约，保现在值不保将来值。但期权合同法可以根据市场汇率变动作任何选择，即既可履约，也可不履约。最多损失期权费。进出口商利用期权交易法的具体做法是：一是进口商应买进看涨期权；二是出口商应买进看跌期权。

（4）掉期外汇交易法

掉期外汇交易法指进出口商在与银行签订卖出或买进即期外汇的同时，再买进或卖出相应的远期外汇，用来防范风险的一种方法。它与套期保值的区别在于：套期保值是在已有的一笔交易基础上所做的反方向交易，而掉期则是两笔反方向的交易同时进行。掉期交易中两笔外汇买卖币种、金额相同，买卖方向相反，交割日不同。这种交易常见于短期投资或短期借贷业务外汇风险的防范上。

（5）货币互换法

货币互换法是指两笔金额相同、期限相同、计算利率方法相同，但货币不同的债务资金之间的调换，同时也进行不同利息额的货币调换。货币互换合同规定在合同生效日，双方以约定的汇率交换等值的本金；合同期内按所换货币的利率相互支付利息给对方；合同到期后双方再按照原约定的汇率换回各自本金。通过货币互换，交易双方用两种货币的换出和换回取代了在外汇交易中两种货币的买进和卖出并且将可能对自己不利的汇率固定下来，从而实现防范风险的目标。

对于银行来说，它们对于交易风险的管理，通常会设置一个额度限制，然后实时监测汇率市场的变化，或监视每日的收盘情况。也有一些外汇交易活跃的银行采用 VaR 方法进行汇率风险的管理。针对交易中存在的汇率风险，银行通常采用各种限额控制，主要可以分为以下几类：

一是即期外汇头寸限额。这种限额一般根据交易货币的稳定性，交易的难易程度，相关业务的交易量而定。

二是掉期外汇买卖限额。由于掉期汇价受到该两种货币同业拆放利率的影响,故而在制定限额时,必须考虑到该货币利率的稳定性,远期期限越长,风险越大。同时,还应制定不匹配远期外汇买卖限额。

三是敞口头寸限额。敞口头寸也称为缺口头寸,指没有及时抵补形成的某种货币多头或者空头。敞口头寸限额一般需要规定相应的时间和金额。

四是止损点限额。止损点限额是指银行对交易人员建立外汇头寸后,面对汇率风险引起的外汇损失的限制,是银行对最高损失的容忍程度,而这种容忍程度主要取决于银行对外汇业务的进取程度会对外汇业务收益的期望值。在市场中的参与程度越高,期望收益越高,愿意承担的风险就越大。

除了制定每天各类交易的限额以外,还需制定每日各类交易的最高亏损限额和最高亏损限额总计。但这些限额被超过时,银行将进入市场,进行相应的外汇即期、远期、掉期以及期货和期权等交易,将多余的头寸对冲掉。这些金融工具已在前文中予以说明。

(三)经济风险的管理技术

经济风险主要是由于汇率的变化导致企业竞争力受到影响,从而造成风险暴露。经济风险较交易、会计风险的影响,效果更为隐蔽、时间更为长久,再加上经济风险不能被准确识别与度量的特点,没有有效的市场工具可直接利用,故对其管理首先应该在企业发展的战略高度上来进行,对经济风险的管理不应该是权宜之计。为此,企业可以采用以下策略:

1. 营销策略

营销策略主要包括市场选择、产品策略、定价策略、促销策略等方面。例如,当本币贬值时,本国产品在国际市场上竞争力增强,此时应迅速开拓市场,获取稳定的市场份额,产品是否应当提价,应在扩大市场份额或保持价格不变两者间权衡,取决于本产品的供给与需求弹性。其他条件不变时,本币贬值有利于本企业推出新产品或推迟淘汰旧产品。此时,本国企业在第三国的子公司应增加广告和培训等促销支出,加大宣传以低价策略占领市场。当然,若预期本币升值时,则以上营销策略恰好相反。

2. 生产策略

当汇率波动较为剧烈,以至于上述营销策略调整无济于事时,企业应把精力转向生产策略调整方面,着手于降低生产成本,对经济风险进行有效控制。第一,生产要素的重新组合。在本币升值的情况下,国内生产要素价格相对上升,国外生产要素价格相对下降,企业应设法利用较便宜的国外生产要素进行生产,其中最常用的方法是在国外投资办厂,以利用当地的劳动力、原材料、能源等。第二,转移生产。在世界不同国家和地区设有工厂的跨国公司,可以根据不同国家的货币汇率变动情况,将生产任务在不同国家的工厂之间进行转移,增加在货币贬值国生产,减少在货币升值国生产。第三,设厂选址。单纯从应对经济风险角度来看,在本币升值的情况下一个有意设立新厂的企业,可以考虑选在货币贬值国建厂。第四,提高劳动生产率。这是降低生产成本、提高企业的持续盈利能力和市场竞争力的根本途径,也是应对货币升值风险的重要措施。具体来说,企业在本币升值时,可以通过实行高度自动化、严格的质量管理、关闭低效率的工厂等措施,提高劳动生产率,降低生产成本,从而竞争或维持市场占有率。

3. 财务策略

面对汇率波动的经济风险,成本较小交易操作的策略就是财务活动,主要手段有三种:融资多元化、投资多元化与利用衍生交易。多元化的投资及融资战略,可使得跨国企业在多种不同汇率的波动中,因存在"此消彼长"效应,只要根据资产负债结构合理地选择货币组合,就可以大大降低单一货币汇率波动造成的损失,使得企业整体的资产负债价值对汇率波动的敏感性大大减弱。此外,通过利用金融工具来稳定企业的现金流以规避经营风险,各种金融契约、合同提供了灵活且经济的规避经营风险方式,即使本国金融市场欠发达,一时很难得到较为理想的金融工具,也可根据企业自身的实际情况通过一定的合约安排,利用国外金融市场上的金融工具来防范经营风险,国际上比较流行的交叉套期保值一方法便是如此。

(四) 会计风险的管理技术

对于会计风险而言,由于折算损益是一种会计账面上的损益,一般并不涉及企业真实价值的变动,在相当程度上具有"未实现"的性质,除非有关的会计准则规定必须将所有外汇损益在当期收益中予以确认。因此,会计风险不同于交易风险或经济风险,这种账面风险主要影响的是向股东和债权人提供的会计报表。但是这种折算损益也在一定程度上反映了企业所承担的汇率风险,这种未实现的账面损失有可能在未来成为实际的损失。

如果企业选择管理会计风险,可选择的方法有资产负债表中性化。资产负债表中性化方法要求企业调整资产和负债,使得以各种功能货币表示的资产和负债的数额相等,折算风险头寸(即会计报表折算差额,等于受险资产与受险负债之差)为零。这样,无论汇率将怎么变动,也不会带来会计折算上的损失。具体操作分以下几个步骤。

(1) 计量资产负债表各账户、科目中各种外币的规模,确定净折算风险头寸的大小。

(2) 确定调整的方向。例如如果以某种外币表示的受险资产大于受险负债,这需要减少受险资产或增加受险负债,或同时进行。

(3) 通过分析和权衡,进一步明确调整的具体的账户科目,使调整的综合成本最小。

在考虑折算风险之前,假如该企业处于最佳的经营状况,对资产或负债的事后调整也许并非明智之举。可取的办法是事前调整资产或负债的计价货币,例如,以本币借款,选择有利的销货和购货的计价货币,提前或滞后应收账款与应付账款。

企业还可以从其他角度来处理会计风险。首先,在某些国家会计制度和税法允许的情况下,例如我国现行的相关法规,以及美国的 FASB52 与修正后的 CICA1650 等,企业可以

即练即测

将折算损益作为递延项目逐年累积,不计入企业当期损益,也不影响应纳所得税金。因此,递延处理已经在很大程度上降低了会计风险的不利影响。其次,企业还可以直接对股东、债权人等会计报表的重要使用者解释会计折算损益的性质,让使用者了解财务报表的真正意义,无须担心折算损益导致的账面盈余波动。最后,大型跨国公司的经营活动通常涵盖了多种货币,自动产生风险分散的效果,降低汇率变动对股东权益的净影响。

讨论案例14-1

中信泰富外汇巨亏事件

2008年10月20日,香港恒指成分股中信泰富(00267.HK)突然惊爆,因投资杠杆式外汇产品而巨亏155亿港元!其中包括约8.07亿港元的已实现亏损,和147亿港元的估计亏损,而且亏损有可能继续扩大。

2008年10月21日,中信泰富股价开盘即暴跌38%,盘中更一度跌至6.47港元,跌幅超过55.4%,当日收报于6.52港元,跌幅达55.1%,远远超过业界预计的20%左右的跌幅。

按照2008年10月20日停牌前该股收盘价14.52港元计算,中信泰富的总市值为318.4亿港元。目前估计的155亿港元亏损总额,相当于其总市值的近50%。而其净资产总值为552亿港元,该可能亏损占净资产的比例也已经超过28%。

更惨的是,按2008年10月21日收盘价计算,中信泰富的市值蒸发超过一半,一天之内市值从318.4亿港元,暴跌至不足143亿港元,已经低于潜在亏损额!

尤其值得注意的是,年报显示,中信泰富2007全年盈利达到108.43亿港元。而2008上半年,该公司盈利总额为43.77亿港元,过去一年半的总盈利为152.2亿港元,甚至还不足以抵消此次155亿港元的预计亏损。

一、直接原因:澳元汇率波动

事实上,这起外汇杠杆交易直接原因是澳元的走高而引发。据了解,中信泰富在澳大利亚有一个名为SINO-IRON的铁矿项目,该项目是西澳最大的磁铁矿项目。据有关消息称,这个项目总投资约42亿美元,很多设备和投入都必须以澳元来支付。这一点也得到了荣智健的回应,他说中信泰富直至2010年对澳元的需求都很大。整个投资项目的资本开支,除目前的16亿澳元之外,在项目进行的25年期内,还将在全面营运的每年度投入至少10亿澳元,为了减低项目面对的货币风险,因此签订若干杠杆式外汇买卖合约。这些杠杆式外汇合约主要有4种,分别为澳元累计目标可赎回远期合约(每月结算,下称"澳元合约")、每日累计澳元远期合约(每日结算,下称"每日澳元合约")、双货币累计目标可赎回远期合约(每月结算,下称"双币合约")、人民币累计目标可赎回远期合约(每月结算,下称"人民币合约")。

举例来看,澳元合约,是与澳元兑美元汇率挂钩,目前仍在生效的外汇合约规定,中信泰富可以行使的澳元兑美元汇率为 0.87。即当澳元兑美元汇率高于 0.87 时,中信泰富可以 0.87 的比较便宜的汇率获得澳元。合约规定中信泰富每月都要买入,当汇率低于 0.78 美元时,公司更要两倍买入,直到 2010 年。

"0.87 的价格放在几个月前看,还真是不高。"民生银行外汇交易员冉重峰告诉《华夏时报》记者,自 2007 年以来,澳元持续上涨,澳元兑美元从去年到今年 8 月升值已过 16%,最高达到 0.95,有分析师甚至预测澳元兑美元可以达到 1。因为那时大部分业内人士都预计,因为资源丰富,涉及的次级债很少,澳大利亚可以对此次金融风暴有较好的免疫力。

然而,澳大利亚在这次金融风暴中根本无法独善其身,自 2008 年 7 月份以来,澳元汇率波动加大。从 7 月中旬到 8 月短短一个月间,澳元开始出现持续贬值,澳元兑美元跌幅也高达 10.8%,这几乎抹平了今年以来的涨幅。中信泰富的公告表示,有关外汇合同的签订并没有经过恰当的审批,其潜在风险也没有得到评估,因此已终止了部分合约,剩余的合同主要以澳元为主。目前,该公司管理层表示,会考虑以三种方案处理手头未结清的外汇杠杆合同,包括平仓、重组合约等多种手段。由于这笔合约的期限为两年,目前对于交易带来的损失还没有确切的数字进行统计。荣智健说如果以目前的汇率市价估计,这次外汇杠杆交易可能带来高达 147 亿港元的损失。

二、间接原因:监控制度严重渎职

荣智健对外表示,他对事件毫不知情,问题是在于财务董事张立宪未有遵守公司对冲风险的政策,进行交易前又未得主席批准。对于中信泰富的巨亏,业内人士表示震惊,称难以置信。中信泰富财务董事没有遵守风险政策,公司内部监控制度存在严重失职行为。有会计师表示,实在难以相信这么大型的蓝筹公司,会让其财务董事有这么大的权力,动用数以百亿元计的资金炒卖衍生工具,而主席并不知情。

荣智健表示,公司本来已设立由主席及财务总监的双重审批制度,可惜未能阻止事件发生,董事会对事件表示歉意。此外,中信泰富董事总经理范鸿龄也表示,有关外汇合同与数间大型银行签订,相信事件只是同事希望降低项目成本,并不涉及欺诈或不法行为。

显然,在巨亏面前,这样的表态并不具备任何说服力。分析人士指出中信泰富认为事件不牵涉欺诈或其他不法行为,但由于涉及金额庞大,正反映其企业管治出现问题。

三、根本原因:实业难逃金融市场引诱

对于中信泰富的巨亏,有分析人士称最根本原因在于实体企业难脱金融市场引诱。

与安然一样,中信泰富的行为,反映它不只是从事矿业、物业、基建、航空的实体企业,更是一家进入金融交易进行对冲交易的大型金融机构。次贷危机之前的金融泡沫扩张造成两重后果,从事实体企业的盈利远远不如金融交易,为了锁定利润,一些实体企业纷纷进行各种各样的金融交易,其交易范围超出保值所需,堕入贪婪的美式金融风险的陷阱。如

果进入金融市场，则风险难以控制，一旦市场发生逆转，相关企业只能认亏出局；如果不进入资本市场，面对金融市场泡沫期的高额盈利，心有不甘。暴利导致实体企业进入金融市场火中取粟。

事实上，中信泰富买入外汇金融衍生产品，据称是为了对冲投资澳洲矿业一个涉及16亿澳元矿业项目的外汇风险，但在外汇衍生投资，实际上最终持有90亿澳元，炒汇金额比实际矿业投资额高出四倍多。公司与香港数家银行签订了金额巨大的澳元杠杆式远期合约，与欧元兑美元、澳元兑美元汇率挂钩，实际上是做空美元、做多澳元，这些累积外汇期权合约风险无限制，如果澳元汇率不能上升到公司与银行事先约定的水平，中信泰富必须定期购入大笔澳元，直到澳元汇率上升到有关水平为止。近期澳元大跌，公司实际亏损8.08亿港元；仍在生效的合约浮亏达147亿港元，并且有可能继续扩大。如果主要控股股东中信集团不提供15亿美元的备用信贷，中信泰富将陷入破产境地。

资料来源：新浪网 www.sina.com.cn 企业观察：NO.250；经济观察报网站 www.eeo.com.cn. 中信泰富巨亏147亿幕后真相，2008-10-22.

案例分析

讨论问题

1. 哪些风险造成了中信泰富的巨亏？

2. 面对汇率波动带来的汇率风险，我们该如何处理？

第三篇

理论前沿篇

第 十 五 章

风险管理理论前沿

 引导案例

负债 23 亿，中国首家生鲜电商轰然倒塌！

当一个行业的鼻祖都以极其惨烈的方式轰然倒塌，这意味着什么？近期，多家媒体爆出生鲜电商鼻祖易果生鲜已经进入破产重组流程，包括主体公司易果生鲜、子公司云象供应链和安鲜达，且负债高达 23 个亿。

旗下的"我厨买菜"APP，早已停止运营。

旗下的物流平台安鲜达，于去年就解散了上千名员工。

易果生鲜对于生鲜电商行业的意义十分重大。它是我国第一家生鲜电商平台，创立于 2005 年。2005 年这个年份，淘宝刚成立不久，刘强东差点卖掉了京东，拼多多还没出现呢，电商的一切都处于洪荒时代，易果生鲜的老板已经想到要走垂直电商的路子，在网上卖水果了。

不过因为电商的配套设施如支付、物流都不够齐全，所以易果生鲜的发展只能说不温不火。直到 2013 年，资本开始入局生鲜电商市场，易果生鲜选择跟阿里合作，自此走上了腾飞的路途。它先后完成了 7 轮融资，累计融资超 59.3 亿元，投资方包括阿里、苏宁、高盛集团等，可以说是"家里有矿"。截至 2019 年 1 月，易果生鲜日订单超 5 万单，成交金额破 1000 万元，综合毛利率超过 30%。外界将易果生鲜列为生鲜电商的第一梯队，颇为看好它的前景和实力。

然而好景不长。2018 年 12 月，阿里宣布将天猫超市的生鲜运营权转交给盒马，易果生鲜则去服务盒马、大润发、饿了么等，至此，转向幕后。

易果生鲜最大的问题在于竞争实力不足，乃至被盒马"PK"了下来。

（资料来源：电商君，负债 23 亿，中国首家生鲜电商轰然倒塌！明明傍上了巨头，却依旧是个青铜，电商报；创业财经汇，https://mp.weixin.qq.com，2020-10-20.）

 导言

风险管理理论的发展实现了从多领域分散向全面风险管理整合框架的演进。本章系统介绍了风险管理理论的发展演变，并介绍了风险管理的经典理论及对企业风险管理的启示。在风险管理理论不断完善和发展的背景下，结合风险管理理论的发展趋势和企业数字

化转型的需求,重点介绍了风险管理的理论前沿,阐述了中国式企业管理的新斜坡球理论和中台理论,为数字化转型背景下企业的风险管理提供理论支撑。

▤古人风险管理智慧专栏

周文王,遭大荒,谋救患分灾,作《大匡》。

——《易周书·周书序》

耕三余一。

——《礼记·王制》

其中的"分灾"二字即分散风险,意思就是要从全国来考虑分散灾害损失的方法。

春秋战国时期,孔子主张"耕三余一",即每年把 1/4 的粮食储存起来,以应对灾荒。

第一节　风险管理理论概述

一、风险管理理论的发展演变

(一)传统风险管理理论(TRM)

传统风险管理的对象主要是不利风险(也称纯粹风险),目的是减少纯粹风险对企业经营和可持续发展的影响;企业风险管理所采取的主要策略是风险回避和风险转移,保险成为最主要的风险管理工具。

在这个阶段,研究者的主要工作是对风险管理对象的界定和区分,辨别出那些对企业只有不利影响的风险类型并着手解决,是传统风险管理的重要思路。实践中,纯粹风险确实对企业的可持续经营具有很大的影响,特别是那些没有预测到的纯粹风险,往往会直接拖垮一个企业。因此,纯粹风险一直被当作风险管理的对象和目标。而具体的解决办法,是以保险作为主要手段,通过购买保险来转移那些影响企业的纯粹风险。实际上,风险管理就是从保险行为中延伸出来的管理手段。此外,这一时期风险管理的应用从企业扩展到了市政领域,而这个阶段风险管理理论的重要成就是实现了与主流经济、管理学科的融合。表 15-1 反映的是传统风险管理理论的主要代表人物和观点。

表 15-1　传统风险管理理论的主要代表人物和观点

人物	年份	主　要　观　点
Hedges	1965	第一次提出了有关构建企业风险管理的方法论,从财务和保险两方面界定了分析风险管理的观察视角,并且明确了保险只是风险管理的一种工具,使得风险管理从方法论角度更为全面和完善。
Denenberg	1966	保险在风险管理中具有重要的作用。
Gahin	1967	企业应综合权衡成本收益做出风险管理决策。

人　物	年份	主　要　观　点
Close	1974	将风险管理与现代管理学中的复杂组织系统模型相结合,为风险管理学科的发展提供更为主流的理论来源。
Cummins	1976	将风险管理与传统的企业理论相结合,运用现代经济学的分析方法来确定风险管理的最优策略。

（二）金融风险管理理论

金融风险管理就是为了应对投机风险的问题,实现"风险最小条件下的收益最大,或是收益一定条件下的风险最小"目标,这是金融风险管理与传统风险管理的最主要区别。金融风险管理理论的重要组成部分,是马科维茨提出的资产组合理论,用统计学中的方差来度量风险,用期望值来度量收益,并且首次在此基础上研究了证券资产的投资组合问题,指出投资者的理性投资行为,是以追求在相同风险下的收益最大化或在相同收益下的风险最小化为基础。这些理论的提出,使得风险管理突破传统模式下依靠保险转移风险的思路,开始利用风险获取收益,这标志着风险管理理论开始向纵深发展。表 15-2 表示的是金融风险管理理论的主要代表人物和观点。

表 15-2　金融风险管理理论的主要代表人物和观点

人　物	年份	主　要　观　点
Markowitz	1952	投资者的理性投资行为是以追求在相同风险下的收益最大化或在相同收益下的风险最小化为基础。
Sharpe	1964	开创了现代风险资产定价理论的先河,提出投资的回报与风险成正比的基本规律。
Black,Scholes	1973	提出了著名的 Black-Scholes 期权定价模型,解决了期权定价问题,推动了金融衍生产品的迅速发展和现代金融风险管理市场的形成,为企业的风险管理提供了更为精确的工具。
Hart,Jaffee	1974	商业银行的资产分布、贷款分布应形成一个合理的投资组合,应避免风险过度集中。

（三）内部控制理论

内部控制理论是风险管理理论的重要分支,特别是 2004 年 COSO 颁布了《企业风险管理——整合框架》后,风险管理与内部控制的关系更为紧密,内部控制融入企业风险管理(ERM)框架中。内部控制理论的发展大致经历了三个阶段,内部牵制时期、内部会计控制与内部管理控制时期、内部控制结构和内部控制整体架构理论时期。内部控制理论的演进经历了"平面—三维"的过程：在内部会计控制阶段,控制环境、控制活动和会计系统三要素构成了一个平面的控制系统；在内部控制整体框架中，控制环境、控制活动、风险评估、信息与沟通、监督五要素，则演变成了一个三维的控制系统。

（四）企业风险管理理论（ERM）

2017 年 9 月 6 日晚，COSO 更新版《企业风险管理框架》正式发布。企业风险管理被定义为：组织在创造、保持和实现价值的过程中，结合战略制定和执行，赖以进行管理风险的文化、能力和实践。关于企业风险管理的定义变化最为彻底，直接抛弃了第一版的定义，将风险管理工作直接从"一个流程或程序"提升到"一种文化、能力和实践"，用以实现组织创造、保持和实现价值。另外，也从定义上撇清了风险管理和内部控制的模糊关系。所谓全面风险管理，是指企业围绕总体经营目标，通过在企业管理的各个环节和经营过程中执行风险管理的基本流程，培育良好的风险管理文化，建立健全全面风险管理体系，包括风险管理策略、风险理财措施、风险管理的组织职能体系、风险管理信息系统和内部控制系统，从而为实现风险管理的总体目标提供合理保证的过程和方法。表 15-3 分析了传统风险管理理论与全面风险管理理论的区别。

表 15-3　传统风险管理理论与全面风险管理理论

传统风险管理	全面风险管理
风险评估是后勤支持性行为，只有管理层认为必要的时候才采取该行为	风险评估是企业进行的一个持续的行为
只有财会和内审部门才关注风险	贯穿于组织机构中的任何人
各职能和部门各自独立行事	风险评估和控制的流程往往是跨部门、跨职能的，并在高层的监督下相互配合
风险管理只关注财务风险和财务结果	风险管理首先制定控制程序以确保企业避免接受不能承受的经营风险，而之后对其他经营风险采取紧密控制以将其降低至可接受水平
无经营风险管理政策	制定明确的风险管理控制政策，并下达员工
对经营风险先是检查和预防，然后采取应对措施产生经营风险的主要原因是人的因素	在经营风险的源头就估计和预防其发生，并持续不断地采取监督性控制

TRM 强调利用损失控制和内部合规来实现风险成本的最小化，是一种被动型风险管理，主要强调利用保险、套期保值和内部控制的方法。各部门各司其职，风险管理政策和工具也是相互独立的。随着经营环境和内容变得越来越复杂，风险管理的重心不再是被动的防御财务损失，而应更好地帮助企业决策并使得股东价值最大化。ERM 强调的是风险和收益的协调，是一种主动型的风险管理，强调风险管理的"整体观"。对 ERM 的研究主要集中在三个方面：实施 ERM 的动机、路径和实施 ERM 的结果。近期的研究成果如表 15-4 所示。

表 15-4 近期部分关于 ERM 的研究成果

	作者(年份)	结　　论
实施 ERM 动机	陈路(2019)	风险管理可以缓解摩擦,如融资成本、税收和代理成本并提高公司价值。
	Rehman A U,Anwar M(2019)	业务战略对中小企业绩效和企业风险管理有重大影响。具有独特业务策略的公司认可正式的风险管理实践,促进了市场上的卓越表现。
	Brown J, Duane M, Schuermann T(2019)	解释与纯粹基于风险条带和基于孤岛的方法不同的企业风险管理方法的目标。
	Klueka J,GrÜNbichlerR(2020)	企业风险管理和企业绩效管理追求相似的目标并相互积极影响。
	Altuntas M,Berry-Stölzle T R,Hoyt R E(2020)	采用 ERM 可以帮助减少公司收益的波动性,实现管理激励。
	Ade I,Joseph M,Francis D(2020)	建议中小型企业所有者应将企业风险管理作为一种宝贵的业务功能,以便提高生存能力。
	Karaka S S,Şenol Z,Kormaz Ö(2018)	公司治理和企业风险管理之间相互积极影响。
实施 ERM 结果	Mcshane M K,Nair A,Rustambekov E(2011)	使用标准普尔最新提供的风险管理评级,TRM 能力的提高与公司价值之间存在正相关关系,但是对于获得更高 ERM 评级的公司而言,价值没有额外增加。
	Peng S M(2017)	加强对中小企业的信用风险管理,不仅会影响银行的业务绩效和竞争力,而且关系到银行资产的安全性。
	Kyleen P,Andy T(2018)	良好的企业风险管理有助于公司保持获得资本的渠道,从而使它们能够实施其战略并增值投资。
	Anton S G(2018)	不同经济环境下实施企业风险管理对企业价值的影响不同。
	Heong Y K,Teng Y S(2018)	"风险评估","控制活动","信息和沟通"以及"监督"组成部分对销售都会产生重大影响。
	Khan W,Asif M,Shah S Q(2020)	企业风险管理系统的实施将增强公司的绩效。
	Fiol F(2019)	从银行的角度介绍了在全公司范围内实施企业风险方法的好处。
实施 ERM 路径	Ade I,Joseph M,Francis D(2020)	政府应制定强制性的企业风险管理指南,以迫使中小企业进行实践。
	Bensaada I,Taghezout N(2019)	帮助中小型企业(SME)以最少的资源投入,来从事企业风险管理(ERM)。
	Fiol F(2019)	在企业风险管理的背景下,将审查风险架构和技术突破。
	Cairns-Gallimore D, Motion L H(2019)	经过培训的专业人员,能使风险管理的目标更容易实现。

二、风险管理理论的具体运用

(一)"蝴蝶效应"与风险放大

1."蝴蝶效应"的概念

"蝴蝶效应"是指在一个动态系统中,初始条件下微小变化能带动整个系统的长期的巨大的连锁反应,是一种混沌的现象。意思是一件表面上看来毫无关系或者非常微小的事情,可能带来巨大的改变。对于这个效应最常见的解释是"一只蝴蝶在巴西轻拍翅膀,可导致一个月后得克萨斯州的一场龙卷风"。

2."蝴蝶效应"的启示

风险在尚未引发危机的时候,往往是一种美丽的存在,具有很强的魅惑力;风险常常潜伏于未知的远方,能够瞬息之间倏然而至。在经济全球化的今天,我们必须具备风险意识。

风险管理绝不仅仅是一个单纯的技术活,更是一个思想训练与提升的过程,是一个能力培养的过程。当代企业家乃至一切管理者,应当具备不被表象所迷惑、透过现象看本质的能力,应当具备明察秋毫、见微知著的能力,还应当具备尊重规律、尊重科学、实事求是、敢于坚持真理、坚持原则的勇气和能力。这是搞好风险管理的重要前提,只有达到了这样的境界,才算是把握了风险管理的真谛。

(二)信息不对称、逆向选择与道德风险

1.信息不对称、逆向选择与道德风险的概念

信息不对称,强调的是买卖双方之间的信息不互通、不对等、出于主观原因有所隐瞒,或由于客观原因无法告知等。信息不对称造成的后果主要有两方面,一是逆向选择,二是道德风险。

逆向选择源于事前的(exante)信息不对称,道德风险源于事后的(expost)信息不对称。

逆向选择是对于(事前的)状态(产品质量和投保人体质)的信息不对称,道德风险则是对于(事后的)行为或状态(冒险行为、实际运营成本、财务状况和管理方法)的信息不对称。例如,明明心里会想要选择 A,却阴错阳差地选择了 B,这就是逆向选择。银行在进行贷款业务的时候,往往心里是倾向于把钱借给还款能力强、往期信誉好的贷款人。但是由于信息不对称,优质贷款人和劣质贷款人同时表达自身基本情况的时候,劣质贷款人的"求生欲"会更强。一方面,劣质贷款人更希望包装自己使得银行接受自己,而优质贷款人则会不那么强调自身的基本情况;另一方面,劣质贷款人更容易提供较高的贷款利率,而优质贷款人所期望的贷款利率则较低。银行在劣质贷款人的双重蛊惑下,会把钱贷给劣质贷款人,最后造成银行无法收到如期偿还的贷款,造成社会上的资金资源错配。

道德风险多数发生在买卖双方签约合同之后。例如,保险市场中,多数投保人会存在"反正有保险公司兜底"的心理。进一步地说,若是一个人投保财产保险,则他会更不注意对自己财产的保护,甚至增加其他因素去威胁自己财产的安全。图 15-1 表示的是信息不对称、逆向选择和道德风险示意图。

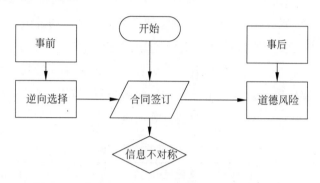

图 15-1　信息不对称、逆向选择和道德风险示意图

2. 对企业风险管理的启示

首先,企业与外部信息不对称可能产生的风险主要通过信息传递、信息搜集、信息成本管理、信息沟通等方法来规避;对于企业内部信息不对称可能产生的风险主要通过激励约束机制控制。

其次,通过完善公司治理结构,加强董事在企业风险管理中的作用,为企业风险管理提供组织上的保障。

最后,宏观层面上应从政府规范、培育信用环境、发展中介市场三个方面加强企业风险管理的外部环境建设,减少信息不对称的产生,用政府的力量去解决市场失灵的问题,给企业提供一个健康、高效的经济活动平台。

(三) 博弈理论与互动风险

1. 博弈理论的内涵

博弈论(game theory)又被称为对策论,既是现代数学的一个新分支,也是运筹学的一个重要学科。博弈论考虑游戏中个体的预测行为和实际行为,并研究它们的优化策略。基本概念包括局中人、行动、信息、策略、收益、均衡和结果等,其中局中人、策略和收益是最基本要素,局中人、行动和结果被统称为博弈规则。博弈论是二人在平等的对局中各自利用对方的策略变换自己的对抗策略,达到取胜的目的。它研究的是人们在不同的信息条件下如何进行互动决策的经济理论。它的研究对象是互动决策,既包括竞争,又包括合作。

自我决策不需要考虑他人对自己决策的反应,是传统经济学研究的对象;互动决策则需要考虑他人对自己决策的反应。

2. 对企业风险管理的启示

企业内部是由一系列成文或者不成文的契约(合同)形成的有机组合,并由此产生人们之间利益交割的方式。由于现实世界的复杂性、经济人的有限理性、机会主义的影响以及企业效率的要求,这些契约组合通常是不完备的,使人们之间权益交割存在较大风险。企业内部风险管理的博弈双方包括:企业的风险管理部门和企业的各组成部门(销售、财务)。风险管理部门的策略是实施监管或者不实施监管,企业各部门寻租或者不寻租,企业正常经营能获得一定的经济利益 A,实施监管必定会有成本 B,但未监管就一定会发生损失即各部门的寻租利益 C,实施监管发现寻租行为对寻租者进行惩罚 D(假设只要有监管,就一定能控制并发现寻租行为)。具体的博弈收益矩阵如表 15-5 所示。

表 15-5 博弈的收益矩阵

	实施风险监管	不实施风险监管
部门寻租	A−B+D	A−C
部门不寻租	A−B	A

首先,企业设立风险管理部门,该部门要严格履行责任,同时要承担由于监管过度导致企业经营活动发展迟缓的责任以及其他部门可能的孤立,公司董事会应给予相应的支持。

其次,寻租行为和惩罚及风险管理的支出成反比,加大对寻租行为的惩罚力度,可以相应减少不必要的要素投入。

最后,博弈论与传统咨询工具相结合,可以帮助企业开启解决战略定位、股权分配、股权融资、价值塑造、商业模式等疑难杂症的新视角。

(四) 墨菲定律与小概率事件风险

1. 墨菲定律的概念

墨菲定律是一种心理学效应,是由爱德华·墨菲(Edward A. Murphy)提出的。如果有两种或两种以上的方式去做某件事情,而其中一种选择方式将导致灾难,则必定有人会做出这种选择。也就是说,如果事情有变坏的可能,不管这种可能性有多小,它总会发生。

墨菲定律是概率模型的一种解释。"付出确定+结果未知"的情况很常见。这个世界二维关系是充满概率的,这就是墨菲定律发生的深层原因。

2. 对企业风险管理的启示

首先,遵守规则。这样能尽量避免带来小概率的问题,如果不遵守规则,则大概率是有问题的,更容易遇到"墨菲定律"。

其次,将心理用在如何应对上。事情发生了后需要面对,也需要补救,正视面对问题并尝试解决它,即为什么发生? 违反了什么规则? 如何补救才能将损失降到最小? 下一次如何避免?

最后,承认概率,抽出一部分精力应对未来,即未雨绸缪。不确定的风险总是存在的,小概率事件的突然发生,有可能带来无可挽回的损失。我们在事前尽可能想得周到、全面一些,在风险防范和转移上花一些成本和抽出一部分精力做预案,如果风险真的发生,我们"买单"的成本就会小一些。

(五)黑天鹅事件与灰犀牛事件

1. 相关概念

在发现澳大利亚的黑天鹅之前,17 世纪之前的欧洲人认为天鹅都是白色的。但随着第一只黑天鹅的出现,这个不可动摇的信念崩溃了。黑天鹅的存在寓意着不可预测的重大稀有事件,它在意料之外,却又改变着一切。人类总是过度相信经验,而不知道一只黑天鹅的出现就足以颠覆一切。

黑天鹅事件(Black swan event)指非常难以预测,且不寻常的事件,通常会引起市场连锁负面反应甚至颠覆。一般来说,黑天鹅事件是指满足以下三个特点:具有意外性;产生重大影响;虽然具有意外性,但人的本性促使我们在事后为它的发生编造理由,并且或多或少认为它是可解释和可预测的。

灰犀牛事件是指太过于常见以至于人们习以为常的风险,比喻大概率且影响巨大的潜在危机。它并不神秘,却更危险。可以说,"灰犀牛"是一种大概率危机,在社会各个领域不断上演。很多危机事件,与其说是"黑天鹅",其实更像是"灰犀牛",在爆发前已有迹象显现,但却被忽视。灰犀牛事件是太过于常见以至于人们习以为常的风险,"灰犀牛"是与"黑天鹅"相互补足的概念,黑天鹅事件则是极其罕见的、出乎人们意料的风险。

2. 对企业风险管理的启示

首先,企业内部设立机制预防。企业必须完善自身控制体系,设置内部风险学习机制。第一,企业要吸取历史上经历过的风险教训,参考同行业其他企业处理相关案例的经验,并定期检查企业内部高风险的区域,做到"不在同一个地方摔倒两次"。第二,企业要完善内部控制体系,在开展业务之前要先评估风险。过程中实时跟进业务进展,要求各部门之间做到配合协作并及时传递信息,事后再总结经验,加强反馈。第三,设立严格的风险评估标准,建立风险信息系统。第四,企业还要设立内部风险学习机制,定期培训企业员工进行风险学习,让管理层时刻保持警惕、应对风险,并掌握辨别潜在危机、处理突发事件的能力,让每位员工都能全面了解风险管理体系的运作,清楚认识到自己的职责和义务,做到一旦发现情况不妥当,就立刻上报上级,保证能够在第一时间控制住危机。

其次,企业外部随时监控。除了加强企业内部对风险的控制,企业也要实时监测外部因素带来的影响,要避免小概率事件的突发和及时发现潜在的危机。外部风险可能是整个大经济环境的影响,可能是同行业竞争者带来的危机,也可能是企业对外业务上引起的突发状况。这些情况都需要企业相关部门实时监测和分析,企业管理者更要全方位掌握企业运转的动态,第一时间发现问题、处理问题、解决问题。同时,企业在开展业务的时候要有分散风险、转移风险的意识。

最后,设立专门部门善后。如果不幸发生意外、造成损害,企业要设法将伤害降到最低。处理突发事件的专项部门除了要有公关能力极强的员工,还需要有管理层人员以及各个部门的同事,这样才能保证事件发生的第一时间,管理者能够及时掌握所有信息和情况细节。如果突发事件还影响到企业的声誉,企业的管理者更要妥当处理,尽量削弱突发事件带来的不良影响。无论面对的是"黑天鹅"还是"灰犀牛",有时恰当的处理方式反而有机会将企业的"危"转化成"机"。

第二节　风险管理理论前沿

一、风险管理理论的演化趋势

（一）风险管理理论的发展特征

进入 21 世纪以后,风险管理理论得到了全面而深入的完善和发展。风险管理理论可以分为传统风险管理理论、金融风险管理理论、内部控制理论和企业风险管理理论。风险管理理论的观点呈现出风险管理概念及性质界定不断地演化和深化,风险管理的目标与程序不断完善,风险管理分类越来越全面,以及风险管理分析模型及方法日趋完善等几方面的特征。

风险管理模式的发展主要分为五个阶段,且管理效益随发展不断提升。

第一,发现和处理风险——堵住漏洞;

第二,锁定和化解风险——提高抗干扰、抗波动能力;

第三,遇见和控制风险——在风险中经营,实现战略与目标;

第四,驾驭和利用风险——风险管理成为核心能力;

第五,战略管理进入风险经营层次——提升企业的管理层次。

（二）风险管理理论的管理新思维

风险管理发展有两个重要里程碑,一个是 2009 年,ISO 31000 的出台,把全球各个国家及组织对于风险管理理论的探索精华全部吸收,凝聚成一个风险管理的指南,开创了风险管理的一个新纪元;另一个就是以 COSO 于 2017 年正式发布的《企业风险管理框架》为代表的新框架,它重新定义风险管理,把风险管理融入业务、融入战略、融入文化,进行结构性创新,让风险管理能够直接参与和创造出价值,包括了新理念、新视角、新方法,标志着风险管理进入新时代。

（三）弹性风险管理理论

从弹性的视角对风险管理理论进行重构。弹性理论使得研究视角"由外而内"转变为"由内而外"，从"损失控制"转变为"价值创造"，从"追求稳定性"到"追求持续性"。弹性风险管理是围绕企业各类目标，考量实现目标所需能力和企业真实能力之间的差距，通过"守底线"（守护阈值）和"拓空间"（提升弹性）的管理活动，使企业在变化环境中持续拥有竞争优势的过程和方法。如果 TRM 强调的是"效率"，则弹性风险管理则强调的是"创新"，管理的目标主要是战略风险，并提出系统的解决方案。

二、中国式企业风险管理的理论

（一）新斜坡球理论

1. 斜坡球理论

斜坡球理论是海尔的张瑞敏提出的。斜坡球理论是以一种物理现象比拟企业的处境。企业就像斜坡上的球体，承受着市场竞争和内部员工惰性合成的下拉力，为了不让企业下滑，并且向上移动，须对其施加两种作用力：止动力和拉动力，止动力是基础管理，创新力是拉动力。它形象直观地揭示了企业内在的危机趋势，从而确立了研究和管理企业的新起点。但是该理论还是有不完善的地方。

2. 新斜坡球理论

新斜坡球理论认为企业的真实境遇如同一个斜坡上的球体，有着自然向下的趋势，或称为内在的崩溃趋势。向下的力量主要包括环境压力、资源稀缺、结构复杂、人性弱点。企业管理者需要各种力量，对抗企业的向下趋势，从战略视角概括起来有四类向上的力量，主要包括形势、战略、能力、动机。

长期看，向上和向下的力量都存在，企业的发展常常会出现不断地从某一稳态到新的稳态，中间会经历动荡、混乱的转换过程，总体来看是一个间断均衡的过程。

3. 管理启示

（1）保持危机感、敬畏心

提醒企业家的警言有很多，但真正具有危机意识的企业家仍是少数，根本原因是他们对于危机到底来自何处，缺乏明确而深刻的认知。新斜坡球理论系统揭示了企业的危机困境。

（2）提高风险防控的意识和能力

新斜坡球理论展现了企业总是笼罩在失败的阴影下，活得久的企业必定是警觉的，有很强的风险防控意识与能力。顺境时，这样的意识和能力看起来无关紧要，而一旦遇到逆

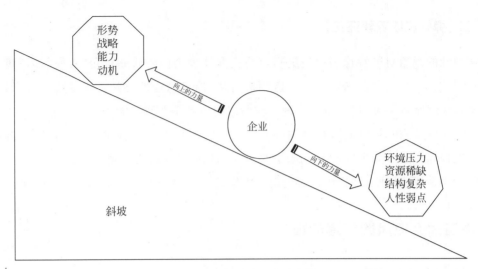

图 15-2　新斜坡球理论示意图

境,它们闪现的将是钻石般的光芒。

(3)创造系统协调

与老版斜坡球理论只关注企业内部不同,新斜坡球理论强调充分利用内外部力量,并且让它们联系起来,整合在一起,形成向上的合力。以战略为核心和纽带,将环境中存在的某种机会、形势与组织的能力建设、动机激发并结合起来。

(4)创新求变

从更高的层面审视自己,着眼未来,不沉迷于当前。时时反思,对已有成就保持警惕,并及早做出改变,建立新的稳态。

(5)辩证思维

辩证看待"好坏",努力变"坏"为"好"。如果仔细观察把斜坡球拉上和拉下的力量,就会发现它们原来是"一家人":环境压力—环境形势、资源稀缺—发展战略、结构复杂—组织能力、人性弱点—动机。

(二)中台理论

1. 概念的缘起

中台这个概念起源于美军的作战体系,强调"支撑""高效"和"灵活",最主要的目标就是提供强有力的后勤保障。

中台,就是一个易扩展的生态平台,在其上会不断(低成本地)生长出各种数据服务。搭建一个灵活快速应对业务变化的架构,更快实现需求,同时避免功能重复建设。打通各数据源,遵循相同的标准和接口,易于相互关联,使得任何一条业务线都能应用整个公司的数据能力和数据资产。

从技术角度看,做中台是为了搭建一个灵活快速应对变化的架构,更快实现前端提出的需求,避免高度复用的功能重复建设,这是敏捷开发、提高效率的地方。

从业务角度看,借助中台沉淀能力,可以支持快速创新,让研发更灵活,业务更敏捷,以应对未来不可预知的市场变化。

中台化可以提升组织协同效率和研发效率,这样便于快速连接、快速迭代改变。

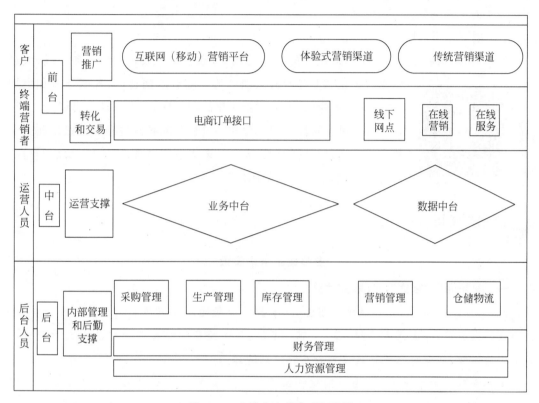

图 15-3　企业中台的典型架构图

2. 数字化转型三个阶段的风险治理建议

(1) 数字化尝试期

企业对数字化的认知还不够深刻,数字化能力与原有业务的融合也不够充分,客户体验不连贯,且是后续数字化发展期的基础。从风险治理层面,充分认识到 IT 和业务创新融合型部门存在的合理性,且更多是合规和风险导向的治理。

(2) 数字化发展期

此阶段企业的数字化支撑能力已与业务有较为充分的融合,表现在需要有强大的数字化共享服务中心(又称中台)来提供共享服务支持,并设有专门的数字化领导人,引入大规模数字化工具的使用等。

数字化发展期的风险治理,企业对数字化领导力以及敏捷执行力有诉求,需要跨部门的数字安全管理及数字风险管理负责人,需要从全局视角出发,跨业务部门合作的顶层设计,这也是中台建设的最强阻力。

这一阶段的企业控制从合规转向了价值和风险导向。企业需要从多角度评价数字化业务的风险与价值。

数字化共享服务中心,不仅要包括业务中台、数据中台,还要形成符合企业自身业务发展、创新需求的风控中台。通过风控中台,快速向各业务部门提供风控措施与建议,保障数字化业务的健康运营。

(3) 数字化深入期

这一阶段的特点包括组织形成统一的数字化战略,数字化决策权回归业务一线,大量精通数字化和业务的人才团队等。随着增强智能、深度学习和更加广泛、深入的应用,形成更智能化的服务中心,支撑动态决策。

即练即测

数字风险管控是数字化转型过程中的必然选择。虽然目前企业数字化转型过程中的数字风险还未大范围显现,但不能无视或忽视,以防数字化转型中的"灰犀牛"。

讨论案例15-1

安邦集团申请解散

一、安邦保险"官宣":解散并清算

2020年9月14日,安邦保险集团公告,安邦保险集团股份有限公司召开股东大会,会议决议解散公司,并成立清算组(筹)。下一步,安邦保险集团将按照法律法规向中国银保监会申请解散,在取得相关行政许可后及时组织清算。

安邦保险集团官网显示,由中国保险保障基金有限责任公司、中国石油化工集团有限公司、上海汽车工业(集团)总公司共同出资203.6亿元设立的大家保险集团有限责任公司(以下简称"大家保险集团")将依法受让安邦人寿、安邦养老和安邦资管股权,并设立大家财险,依法受让安邦财险的部分保险业务、资产和负债。安邦人寿、安邦养老和安邦资管分别更名为大家人寿、大家养老和大家资管。重组完成后,安邦保险集团将不开展新的保险业务。

至此,安邦保险也终于有了最终的归宿。真是"眼看他起朱楼,眼看他楼塌了"。

二、安邦的发家史

据公开资料显示,安邦保险集团的"前身"是2004年成立的安邦财险。初始注册资本只有51亿元,2016年末总资产达到2万亿元左右,直追中石化。2010年,安邦保险已经拥有产险、寿险、健康险等多块牌照,安邦保险金融集团雏形已经基本形成。而纵观安邦16年的发展史,2011年入主成都农商行是决胜一步。

2011年11月,安邦上演"蛇吞象"大戏,拿下成都农商行35%股份,成为其实际控制人。当时安邦财险的总资产仅为256.74亿元。而截至2010年底,成都农商行资产总额约为1603亿元。

获得成都农商行这一巨大并表资产后,原本资产规模几百亿元的安邦,在 2014 年迅速膨胀到万亿规模,成长为"万亿安邦",开启了"买买买"的模式。

彼时,安邦因举牌民生银行而一战成名,风头一时无两。至 2017 年,安邦系合计持有民生银行 15.54% 的 A 股股权,安邦集团位列第一大股东。这是民生银行第一次出现一股独大,单个股东持股比例超过 10% 的局面。

此外,安邦系还投资了招商银行、中国建筑、金地集团、同仁堂。

2014 年 10 月 6 日,一则"安邦 19.5 亿美元拿下纽约华尔道夫酒店"爆炸性新闻,迅速占领全球财经媒体的头条。

这一交易创下了当时中国公司在美的最大一笔地产交易,也是安邦保险集团首次海外投资。自此,继中国平安、中国人寿,之后安邦保险成为国内第三家投资海外不动产的保险公司。而这只是安邦海外大并购的开始。

2014 年 10 月 13 日,安邦收购比利时百年保险公司 FIDEA,这是中国保险公司首次100% 股权收购欧洲保险公司;

2014 年 12 月 16 日,安邦以 2.19 亿欧元的价格收购比利时百年银行德尔塔·劳埃德银行;

2015 年 2 月 17 日,安邦斥资 121.5 亿元收购荷兰 VIVAT 保险公司,这是中国企业首次进入荷兰保险市场。

随后,又收购韩国东洋人寿、安联保险,加拿大养老连锁机构。高效疯狂的大举扩张后,安邦系海外资产迅速膨胀,达 9000 多亿元之多,占总资产比例超 60%。

三、神话破灭,巨人瘦身

然而进入 2017 年,安邦系遭遇滑铁卢。

先是收购喜达屋的要约被暂停,紧接着又被美国"信保人寿"放鸽子,终止与其的并购交易。而像安邦、万达、海航等资本大鳄的海外并购,也引起了监管部门对非理性海外投资的担忧。

2017 年一季度,安邦人寿净现金流从 260 亿元跌至 −57.04 亿元。

2017 年 5 月,安邦两款万能险因违规,被保监会开出了一份杀伤力巨大的罚单:停止销售这两款万能险,同时禁止申报新产品 3 个月。这对安邦本不宽裕的现金流来说,无疑是雪上加霜。

然而,还没等安邦回血,致命的打击就来了。

2018 年 2 月 23 日,原保监会公告称,鉴于安邦保险集团存在违反《保险法》规定的经营行为,可能严重危及公司偿付能力,为保护保险消费者合法权益,维护社会公共利益,根据《中华人民共和国保险法》第 144 条规定,决定对安邦保险集团实施接管。

为缓解现金流压力,安邦被接管后,彻底告别了"买买买"模式,开始走上了"卖卖卖"模式的瘦身之路。

2018 年 5 月,安邦保险以 35.6 亿的价格转让世纪证券股权;

5 月 10 日,安邦将旗下邦邦置业的 50% 股份转让给了远洋集团;

2018 年 11 月,安邦保险以 47.35 亿元转让了邦银金融租赁股权;

2018 年 12 月,以 168 亿元转让成都农商行股权;

2019 年 7 月,安邦保险集团旗下的健康板块——和谐健康完全出售。

Wind 数据显示,据 2020 年中报数据,安邦系已不再重仓 A 股股份。金地集团、万科 A、民生银行、中国银行、工商银行、招商银行和同仁堂纷纷从安邦财险重仓名单里消失。

随着"拆弹"、接管结束,安邦也即将画上句号,而当年众多风云人物也被雨打风吹去。

(资料来源:解散! 清算! 安邦保险落幕,高顿金融分析师,https://mp. weixin. qq. com,2020-09-15)

案例分析

讨论问题

1. "安邦保险事件"属于"黑天鹅"还是"灰犀牛"事件?

2. 安邦保险解散的根本原因是什么? 给我们带来什么样的启示?

第十六章

风险管理实用工具概况

引导案例

阿里、阅文、丰巢违反《反垄断法》被顶格处罚

2020 年 12 月 14 日,国家市场监管总局通告称,根据《反垄断法》规定,市场监管总局对阿里巴巴投资有限公司收购银泰商业(集团)有限公司股权、阅文集团收购新丽传媒控股有限公司股权、深圳市丰巢网络技术有限公司收购中邮智递科技有限公司股权等三起未依法申报,违法实施经营者集中案进行了调查,并于 2020 年 12 月 14 日依据《反垄断法》第 48 条、第 49 条作出处罚决定,对阿里巴巴投资有限公司、阅文集团和深圳市丰巢网络技术有限公司分别处以 50 万元人民币罚款的行政处罚。

此次处罚的三家企业包括阿里巴巴投资、阅文和丰巢网络,其中阿里巴巴投资是阿里巴巴集团开展投资并购的主要实体,阅文是腾讯的控股子公司,丰巢网络是顺丰的关联公司。三家企业都在业内具有较大影响力,交易涉及百货零售、影视制作发行、快递末端投递服务等不同行业。

案件基本情况如下。

一是阿里巴巴投资收购银泰商业股权案。2014 年 3 月至 2017 年 6 月,阿里巴巴投资先后三次合计收购银泰商业 73.79% 股权,成为银泰商业控股股东。2018 年 2 月,阿里巴巴投资持股比例进一步提高。

二是腾讯下属企业阅文收购新丽传媒股权案。2018 年 8 月,腾讯控股子公司阅文与新丽传媒等签署协议,收购新丽传媒 100% 股权,并于当年 10 月完成交割。

三是丰巢网络收购中邮智递股权案。2020 年 5 月,丰巢网络以换股方式取得中邮智递 100% 股权,并于当月完成交割。

尽管罚款额度较低,但是上述三个案件的处罚可以向社会释放加强互联网领域反垄断监管的信号,打消一些企业可能存在的侥幸和观望心理,产生相应的威慑效果。

此次公开处罚这三家经营者,希望能够引导、教育经营者依法依规开展生产经营,依法事先向市场监管总局申报,避免出现未依法申报、违法实施经营者集中行为,降低违法违规风险。

市场监管总局强调,平台不是反垄断法外之地,互联网平台企业应当严格遵守反垄断法律法规,维护市场公平竞争。

(资料来源:位宇祥,重磅信号!阿里、阅文、丰巢违反《反垄断法》被顶格处罚,https://mp. weixin. qq. com,华尔街见闻,2020-12-14.)

导言

本章梳理了国内外重要的风险管理标准和企业信用评级机构,介绍了风险管理的方法和工具,有助于企业结合自身特点、价值观和文化,对风险和收益的取舍战略,设立风险管理的目标和流程,有效控制和降低潜在的各种风险,相对提高企业本身的附加价值。

古人风险管理智慧专栏

未病先防,既病防变

怒甚偏伤气,思多太损神。神疲心易疫,气弱病相因。安神宜悦乐,惜气保和纯。寿夭休命论,修行本在人。

——孙思邈《养生铭》

夫治未病者,见肝之病知肝传脾,当先实脾,四季脾旺不受邪。

——张仲景《伤寒杂病论》

是故圣人不治已病治未病,不治已乱治未乱,此之谓也。夫病已成而后药之,乱已成而后治之,譬犹渴而穿井,斗而铸锥,不亦晚乎!

——《黄帝内经·素问·四气调神大论》

中国在古代的时候,对医生要求是应该做到防治疾病,那时高明的医生就能在疾病发生前识别,并给予治疗,使疾病在未成形的时候就拿掉它,从而规避了人身危害和人身危险。

第一节　风险管理实用工具概况

一、国内外风险管理标准及评级

(一)国外风险管理标准

风险管理标准最著名的是 1995 年澳大利亚发布的 AS/NZS 4360。此后很多国家开始纷纷效仿制定各自的风险管理标准。国际标准化组织 ISO 于 2009 发布了 ISO 31000,成为了世界上最流行的风险管理标准。国外风险管理标准主要经历了四个发展阶段:第一,萌芽期：从内部牵制到内部控制；第二，成长期：内部控制从两要素到三要素，正式将控制环境纳入内控范畴；第三，发展期：COSO 内部控制整合框架；第四，成熟期：2004 年 COSO 公布了《企业风险管理整合框架》，成为世界普遍接受的标准规范。

表 16-1　国外风险管理标准的发展进程

年　　份	国家(地区)/机构	标　　准	性　　质
1988	巴塞尔银行监理委员会 BCBS	《巴塞尔协议》	银行风险
1992	美国/COSO	《内部控制——整合框架》	内部控制
1995	澳大利亚	AS/NZS4360：1995 RiskManagement	企业风险
1977	日本	日本工业标准：风险管理系统标准	企业风险
1999	澳大利亚	AS/NZS 4360：1999 RiskManagement	企业风险
2000	英国	《项目管理第三篇：与商业相关的项目风险管理指南》	企业风险
2002	加拿大	《风险管理：决策者指南——加拿大国家标准》	企业风险
2004	BCBS	《巴塞尔协议Ⅱ》(新《巴塞尔协议》)	银行风险
2004	澳大利亚	AS/NZS4360：2004 RiskManagement	企业风险
2004	美国/COSO	《企业风险管理——整合框架》	企业风险
2008	国际标准化组织技术管理局 ISO/TMB	ISO/TM/WG 风险管理-风险管理原则与实施通用指南(草案)	企业风险
2009	ISO	《风险管理标准》	企业风险
2010	BCBS	《巴塞尔协议Ⅲ》	银行风险
2013	ISO	ISO/TR31004：2013 标准执行导则	企业风险
2015	ISO	ISO 9001：2015 质量管理体系要求	企业风险
2017	COSO	《企业风险管理框架》	企业风险
2018	ISO	ISO 31000《风险管理指南》	企业风险
2019	ISO	ISO 9001：2019 质量管理体系	企业风险

（二）国内风险管理标准

我国全面风险管理最初是建立在内部控制基础之上，1980 年以后，我国才引入风险管理的概念，2001 年连续发布了《内部会计控制规范——基本规范》等七项内部会计控制规范。2008 年 6 月 28 日，财政部、证监会、审计署、银监会、保监会五部门联合发布了《企业内部控制基本规范》，基本规范发布标志着我国在内部控制体系方面的建设有了重大突破，业内称其为中国版的"萨班斯法案"。我国于 2009 年编制了相应的国家风险管理标准《GB/T 24353—2009 风险管理原则与实施指南》，于 12 月 1 日正式实施。

表 16-2　中国风险管理标准及相关政策文件的概况

年　　份	地区/部门	标　　准	性　　质
2005	中国香港	《内部控制与风险管理的基本框架》	内部控制
2006	中国国资委等	《中央企业全面风险管理指引》	企业风险
2012		《关于加快构建中央企业内部控制体系有关事项的通知》	内部控制
2013			
2017		《关于加强中央企业国际化经营中法律风险防范的指导意见》	企业风险
2018			
		《中央企业境外投资监督管理办法》	企业风险
		《企业境外经营合规管理指引》	企业风险
1995	审计署	《中华人民共和国国家审计法》(1988 年发布的同时废止)	企业风险
2011		《中华人民共和国国家审计准则》(以前发布的同时废止)	企业风险
2018		《关于内部审计工作的规定》(2003 年发布的同时废止)	企业风险
2007	保监会	《保险公司风险管理指引(试行)》	企业风险
2010		《保险公司内部控制基本准则》	内部控制
2010		《人身保险公司全面风险管理实施指引》	企业风险
2014	银监会	《商业银行内部控制指引》	内部控制
2016		《银行业金融机构全面风险管理指引》	企业风险
2003	证监会	《证券公司内部控制指引》	内部控制
2007		《证券投资基金销售机构内部控制指导意见》	内部控制
2008	中国财政部等	《企业内部控制基本规范》	内部控制
2009	中国国家标准化管理委员会、中国国家质量监督检验检疫总局	GB/T 24353—2009《风险管理原则与实施指南》	企业风险
2011		GB/T 26317—2010《公司治理风险管理指南》	企业风险
2011		GB/T 27921—2011《风险管理风险评估技术》	企业风险
2020	市场监管总局	《〈反垄断法〉修订草案公开征求意见稿》	企业风险

(三)信用评级查询简介

信用认证是指企业单位提供相应的材料,由信用认证机构依据相应的评级体系,对企业进行综合性评定的过程,对评级的结果出具企业信用等级证书或者企业信用报告。目前整个信用认证或信用评级市场较为混乱。选择信用评级主要关注以下几点:认证机构的成立时间,资质备案(一定要有央行征信备案资质)、认证机构的自身实力、认证机构的规模(社保缴纳人数),直营的往往优于代理机构,公示平台以国家级信用公示平台为最佳;其次是与政府、行业有较大相关性的平台;最后则是业内较知名的门户网站。表 16-3 为部分不同层级信用评级服务机构信息。

表 16-3 部分信用评级服务机构信息

层级	机构(组织)	相 关 业 务
国外	世界经济论坛	发布《全球风险报告》等
	穆迪投资服务公司	国家主权信用评级等服务,国际上公认的最具权威性的专业信用评级机构
	标准普尔公司	
	惠誉国际信用评级公司	
国内	国家税务总局	纳税信用 A 级纳税人名单查询
	信用中国	个人、行业、企业等信用服务
	国家企业信用信息公示系统	企业信用信息、经营异常名录、严重违法失信企业名单等
	全国信用等级公示系统	信用评级等服务
	中国信用网、启信宝、天眼查、企查查等	企业信用查询等
	各地方税务局	地方纳税信用 A 级纳税人名单查询

注:资料搜集时间截至 2021 年 1 月 26 日,业务等内容今后有可能发生变化或调整,以机构网站为准。

二、风险管理方法简介

针对风险管理的启动事由,可以将风险管理分为主动性风险管理和被动性风险管理,也可以叫预防式和灭火式管理。主动式风险管理的流程是主动发掘企业所面临的风险,并提供相应的操作策略,进而对企业的避免部位提供即时的损益评价,依据最终的损益评价设立风险控制机制或者停损机制,这是系统化的风险管理方法。另一种简单的主动式风险管理则较为简化,即简单的风险排查表,可以随时进行非正式的风险管理。被动式风险管理是在不太了解企业风险的前提下被动接受风险管理的指示,既无法即时提供损益评估,也无法设立适当的停损机制。被动式管理主要面对的是日常可能出现的偏差、变更等风险或者其他风险进行的管理。

风险管理方法还可以分为定性分析法和定量分析法。风险评价的质量不仅取决于流程的规范性和科学性,还取决于风险评估方法的合理性和有效性。定性分析法主要有访谈、调查问卷、情景分析等,虽然简单快捷,提供的信息也比较丰富,但风险水平之间的界限模糊且不精确;定量分析主要包括确定性模型和概率模型等,定量分析法费时、成本高,而且对工作人员的素质、数据质量和模型分析的能力要求很高,同时还可能出现模型假设条件不合理的情况。实践中,只有少部分大型企业使用定量分析模型进行风险管理。

第二节 风险管理实用工具介绍

一、风险坐标图

风险坐标图的方法指的是把风险发生可能性的高低、风险发生后对目标的影响程度,作为两个维度绘制在直角坐标图中，根据不同的区域确定风险控制的优先顺序与策略。对风险发生可能性的高低、风险对目标影响程度的评估有定性、定量等方法。定性方法是直接用文字描述风险发生可能性的高低、风险对目标的影响程度，如"极低""低""中等""高""极高"。定量方法是对风险发生可能性的高低、风险对目标影响程度用具有实际意义的数量描述，如对风险发生可能性的高低用概率来表示，对目标影响程度用损失金额来表示。假设，共有 5 个风险项（坐标图上的数字），风险坐标图绘制如图 16-1 所示。

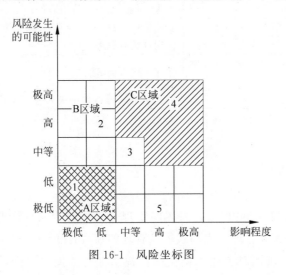

图 16-1　风险坐标图

上图可以直观的比较多项风险，从而确定各风险管理的优先顺序和策略。A 区域中的风险公司将承担且不再增加控制措施；B 区域中的各项风险需要严格控制且专门补充制定各项控制措施；C 区域中的各项风险需要规避和转移且优先安排实施各项防范措施。

二、关键风险指标管理

一项风险事件发生可能有多种成因，但关键成因往往只有几种。关键风险指标管理是对引起风险事件发生的关键成因指标进行管理的方法，通过观测量化的关键指标，以达到风险预警与风险控制的目的。该方法既可以管理单项风险的多个关键成因指标，也可以管理影响企业主要目标的多个主要风险。使用该方法，要求风险关键成因分析准确，且易量化、易统计、易跟踪监测。具体流程如图 16-2 所示。

三、压力测试

压力测试是指在极端情景下，分析评估风险管理模型或内控流程的有效性，发现问题，制定改进措施的方法，目的是防止出现重大损失事件。极端情景是指在非正常情况下，发生概率很小，但一旦发生，后果十分严重的事情。极端情景可能是本企业或与本企业类似

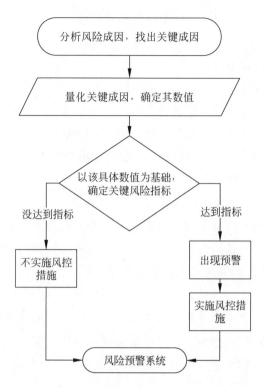

图 16-2　关键风险指标管理的具体操作步骤

的其他企业出现过的历史教训,也可能是过去不曾出现,但将来可能会出现的事情。具体操作步骤如下:

第一,针对某一风险管理模型或内控流程,假设可能会发生哪些极端情景。

第二,评估极端情景发生时,原有的风险管理模型或内控流程是否有效,并分析对目标可能造成的损失。如果有效,则依旧使用常规的风险管理策略和内控流程,如果无效,则应该制定相应措施,进一步修改和完善风险管理模型或内控流程,比如针对信用风险管理,可采用保险、金融衍生品、"信贷＋保险"的操作策略。

四、蒙特卡罗方法

蒙特卡罗方法是一种随机模拟数学方法。该方法用来分析评估风险发生的可能性、风险的成因、风险造成的损失或带来的机会等变量在未来变化的概率分布。

蒙特卡罗模拟方法的基本原理是:假定随机变量 $X_1,X_2,X_3,\cdots,X_n,Y$,其中 X 的概率分布已知,且 X 与 Y 有函数关系即 $Y=F(X_1,X_2,X_3,\cdots,X_n)$,希望求得随机变量 Y 的近似分布情况及数字特征。通过抽取符合其概率分布的随机数列 $X_1,X_2,X_3,\cdots,X_n$ 代入其函数关系式计算获得 Y 的值。当模拟的次数足够多的时候,可以得到与实际情况相近的函数 Y 的概率分布和数字特征。具体操作步骤如下:

(1) 量化风险,得到风险变量,并收集历史相关数据。

(2) 确定随机变量的概率分布。

(3) 为各随机变量抽取随机数。

(4) 将抽得的随机数转化为各输入变量的抽样值。

(5) 将抽样值构成一组项目评价基础数据。

(6) 根据基础数据计算出一种随机状况下的评价指标值。

(7) 重复上述过程,进行反复多次模拟,满足预定的精度要求,得出多组评价指标值。

(8) 在实践中不断修正和完善概率模型。

(9) 利用该模型分析评估风险情况。

蒙特卡罗模拟能够比较好地解决项目投资中现金流的随机性和不确定性,它能将财务分析人员和项目决策人员从烦琐的数学计算中解脱出来,还能够在比较短的时间内由计算机进行多次数值模拟实验,提高决策人员的决策效率。

但是由于蒙特卡罗模拟要求变量服从一定的概率分布,且实际概率的分布不一定是完全拟合某一分布律。这就要求市场调研人员在进行市场调查时能够获得尽量多、尽量准确的初始数据,这样在对数据进行初步处理时,就能够得到更精确拟合的概率分布,从而提高蒙特卡罗模拟的效率。蒙特卡罗方法计算量很大,通常借助计算机完成。

五、其他风险管理工具

(一)风险理财

利用金融手段管理风险的方法,包括:预提风险准备金、购买保险或使用专业自保公司、衍生产品交易以及风险融资等方法。

(二)情景分析

通过假设、预测、模拟等手段生成未来情景,并分析其对目标产生影响的方法,包括:历史情景重演法、预期法、因素分解法、随机模拟法等方法。

(三)集中趋势法

指根据随机变量的分布情况,计算出该变量分布的集中特性值(均值、中数、众数等),从而预测未来情况的方法。它是数据推论方法的一种。

(四)失效模式与影响分析

通过辨识系统失去效用后的各种状况,分析其影响,并采取相应措施的方法。

(五)决策树分析

决策树法以树状图形方式分析风险事件间因果关系的方法,将各个不同的不确定变量及其结果列出来,以便衡量替代行为的范围与可能的结果。

(六) 风险偏好

为了实现目标,企业在承担风险的种类、大小等方面的基本态度。

(七) 风险承受度

企业愿意承担的风险限度,也是企业风险偏好的边界。

(八) 风险对冲

通过承担多个风险,使相关风险能够互相抵消的方法。使用该方法,必须进行风险组合,而不是对单一风险进行规避、控制。如:资产组合、多种外币结算、战略上的分散经营、套期保值等。

(九) 损失事件管理

对可能给企业造成重大损失的风险事件的事前、事中、事后管理的方法。损失包括企业的资金、声誉、技术、品牌、人才等。

(十) 返回测试

将历史数据输入到风险管理模型或内控流程中,把结果与预测值对比,以检验其有效性的方法。

(十一) 穿行测试

在正常运行条件下,将初始数据输入内控流程,穿越全流程和所有关键环节,把运行结果与设计要求对比,以发现内控流程缺陷的方法。

即练即测

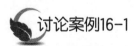 讨论案例16-1

高瓴资本的投资之道

一、最大的风控是选人

从 2005 年创办时用耶鲁大学投资基金办公室(Yale Endowment)提供的 3000 万美元,到目前的 110 亿美元资产管理规模,张磊带领高瓴资本(Hillhouse Capital Management)成为亚洲地区植根于中国而着眼于全球的资产管理规模最大、业绩最优秀的基金之一,他本人也成为华人在全球投资界成功的代表。

张磊有三个哲学观,分别是:"守正用奇""弱水三千,但取一瓢"和"桃李不言,下自成蹊"。

从河南驻马店贩卖杂志的少年，到耶鲁实习生，投资腾讯、京东赚 200 多亿元，并成为耶鲁 19 位校董之一，张磊的经历是一个传奇。

可在张磊看来，这些只是结果，他更看重的是做事情的理念和方式。"我要做企业的超长期合伙人，这是我的信念和信仰。"因此，他一直在"寻找具有伟大格局观的坚定实践者"。

对价值观的坚持，让张磊选择将高瓴资本打造成亚洲独有的"长青基金"（Evergreen Fund）模式，是他能够说服包括耶鲁大学捐赠基金等在内的超长期 LP 信任他的关键，而业绩数字和投资名单上如腾讯、京东商城、大润发、蓝月亮、去哪儿等知名公司，只是坚持所获的些许回报。

但坚持并非僵化。虽然重点投资领域包括互联网与媒体、消费与零售、医疗健康、能源与先进制造业等，但张磊称高瓴的本质是一家"投资于变化"的机构，在对话中他也多次谈及"世界永恒的只有变化"。所以，他觉得很幸运能够生活在这个创新层出不穷的时代里，并有幸帮助那些敢于拥抱变化的企业家实现梦想。

张磊说，自己是 84 岁巴菲特"长期持有"的坚定信念执行者，也从被称为机构投资业导师、耶鲁投资基金负责人大卫·史文森身上收益良多。可他并没有想复制谁、成为谁。

最大的风控是选人。这样的风控理念反而是个自我选择的过程，目光长远、想做大事且有大局观的企业家跟我们本身就很容易契合。

二、高瓴资本：投资一家公司的四个维度

对于价值投资者而言，分析卓越投资者的逻辑，站在巨人的肩膀上进行投资是通往成功的不二法门。作为亚洲最大的私募股权投资机构，高瓴资本动辄上百亿元的投资决策更是值得深入研究。高瓴擅长投资生物医药、消费、TMT 互联网、企业服务四大领域，这些行业天然具备高护城河、高 ROE、高 ROIC 的特点。只有选择与这些行业内优秀的公司长期共生，才能长期稳定地跑赢标普 500 和沪深 300。高瓴的投资策略有四个维度，分别就是生意、环境、人和组织。

1. 选择商业模式优秀和 ROIC（资本回报率）高的好生意

张磊在多个场合说过高瓴资本是一家长期结构化价值投资的资产管理公司。对高瓴来说，最首要的要素就是长期。张磊强调"选择时间是投资者朋友的行业和公司"。投资者可能要问，到底哪些行业和公司是时间的朋友呢？哪些行业和公司是时间的敌人呢？全球最著名咨询公司麦肯锡给出了一个价值投资最核心的指标 ROIC。ROIC 的全称是资本回报率（return on invested capital），ROIC 衡量的是股东和债权人投入的本钱到底获取了多少回报，这是一个生意的本质。

巴菲特说过衡量生意最核心的指标是 ROE（净资产收益率），但是 ROE 净资产收益率有两个缺陷：

缺陷一：ROE 是净利润除以股东权益，但是净利润是一个容易被上市公司玩弄的指标，例如，上市公司卖一套房，常常造成真实利润的失真，而 ROIC 这个指标可以屏蔽非经常损益。

缺陷二：不少ROE高的公司是通过加杠杆堆出来的,通过高负债公司堆出来的高收益和不加杠杆产生的高收益是完全不一样的,在最近的经济下行周期就完全看出来高负债的公司风险有多大,投资价值完全不一样。

2. 解决什么时候应该买入好生意的问题,提高投资回报率

过去,很多的企业家和基金经理,都以为自己挣的是生意的钱,但很多挣的是环境的钱。环境包括很多方面,从宏观经济环境,到不同行业的政策环境、监管环境,甚至再到更底层的,人口结构变化的环境,都会对投资造成很大的影响。到底什么才是对的时间点?也就是说,为什么要在当下这个时间点去布局这些行业,去投资一些公司。

有一个极简的价值投资公式:

$$价值＝(价格－成本)×品牌市占率×品类总规模$$

一方面,不同赛道的品类总规模决定了这个赛道所在公司的市值天花板,千亿品类规模的赛道可以成长几家千亿市值的公司,百亿品类规模的公司只能产生几个百亿品类的公司,这是赛道的天然属性决定的。另外一方面,决定公司的价值是品牌市占率,在一个无序价格战的市场格局下,行业内所有的公司都是败家,如果在某个时间点因为一些特殊的因素,品牌公司市占率开始提升,一些小公司开始淘汰,这时候就是投资者应该关注的时候,这个就是高瓴资本所说的环境的变化。如果在无序竞争期长期持有这些生意,投资回报率会降低。

3. 优秀的管理层和组织结构是公司保持常青的决定性因素之一

除了"生意"和"环境"之外,高瓴还重视对于"企业家"的考察。

优秀的领导层和组织结构对普通投资者来说比较虚,因为公司有没有好的组织结构,有没有好的管理模式,管理层有没有良好的大局观视野,这些都不写到财报里面,这是非常棘手的一个问题。不是所有好的生意,随便拉一个领导都能干,产品可以供不应求,大部分生意都需要优秀的领导层和完善的组织结构,才能把公司发展好。

因此,在看一个上市公司时候,不仅要关注生意模式,要看它的商业模式是不是足够好,还要对于企业家本身的能力,整个管理团队能力,包括整个组织的能力建设,也是非常关键的。

资料来源:高瓴张磊:最大的风控是选人,我们不和重小利、玩零和游戏的人合作,https://mp.weixin.qq.com/s/01ShyBVH3zjSiP8oQcTMRA,企业顶层设计,2020-10-10;高瓴资本:投资一家公司的四个维度,https://mp.weixin.qq.com/s/M1zObCb0s-FHo-TNcmtScQ,行研资本,2020-10-20.

讨论问题

1. 结合案例中的四个维度,分析高瓴资本的定性和定量风险管理方法的具体体现。

2. 根据财务维度(ROIC和增长率),如何选择长期结构性竞争优势的优秀公司和行业?

案例分析

参 考 文 献

[1]　朱荣.企业财务风险评价与控制研究[M].大连：东北财经大学出版社,2008.

[2]　中国保监会保险教材编写组.风险管理与保险[M].北京：高等教育出版社,2007.

[3]　孙班军,郝建新.风险管理案例分析与公司治理[M].北京：中国财政经济出版社,2006.

[4]　财政部企业司.企业财务风险管理[M].北京：经济科学出版社,2004.

[5]　武艳.企业应加强无形资产全面风险管理[J].财务与会计,2009(5).

[6]　[美]Karen A. Horcher.孙庆红译.财务风险管理最佳实务[M].北京：经济科学出版社,2006.

[7]　雷雯.应收账款管理、催收、回款与客户关系维护[M].北京：企业管理出版社,2006.

[8]　龚国华,王国才.生产与运营管理[M].上海：上海复旦大学出版社,2004.

[9]　赵德武.财务管理[M].北京：高等教育出版社,2000.

[10]　彭韶兵.财务风险机理与控制分析[M].上海：立信会计出版社,2001.

[11]　杨雄胜.高级财务管理[M].大连：东北财经大学出版社,2004.

[12]　刘小梅,张淑琴.论企业风险管理[J].社会科学论坛,2005(10).

[13]　李玲.财务风险产生的原因与对策[J].山东财政学院学报,2002(6).

[14]　张烨.对人力资源价值计量的探讨——风险理论与完全价值计量法的耦合分析[J].贵州财经学院学报,2005(3).

[15]　张亚莉,杨乃定.企业人力资源风险模糊综合评价方法研究[J].管理工程学报,2002(1).

[16]　李秀艳,席增雷.企业人力资源管理的开发机理分析[J].边疆经济与文化,2006 (1).

[17]　李旭阳.简析流程再造过程中的人力资源风险[J].大众科学(科学研究与实践),2007 (11).

[18]　陈建华.企业人力资源危机的识别与评估研究[J].辽东学院学报,2004 (5).

[19]　武艳.企业核心员工流失风险管理措施简论[J].人力资源管理,2010(4).

[20]　周春生.融资、并购与公司控制[M].第2版.北京：北京大学出版社,2007.

[21]　聂林.企业并购的风险与防范浅析[J].天津职业院校联合学报,2008.

[22]　周林.企业并购与金融整合[M].北京：经济科学出版社,2002.

[23]　胡曙光.利率风理论与利率风险管理[M].北京：中国人民大学出版社,2006.

[24]　[英]布莱恩·科伊尔.利率风险管理[M].谭志琪,王庆译.北京：中信出版社,2003.

[25]　宋清华,李志辉.金融风险管理[M].北京：中国金融出版社,2004.

[26]　马杰.利率与汇率风险管理[M].北京：人民邮电出版社,2006.

[27]　邹宏元.金融风险管理[M].成都：西南财经大学出版社,2005.

[28]　朱新蓉.金融学[M].北京：中国金融出版社,2005.

[29]　[美]乔治·H.汉普尔,多纳德·辛普森.银行管理——教程与案例[M].陈雨露,刘毅,郑艳文译.北京：中国人民大学出版社,2003.

[30]　傅少川,张文杰,马军.电子商务风险分析及定性评估方法研究[J].情报杂志,2005(05).

[31]　尹瑞林.传统企业开展电子商务风险管理模式构建[J].电子商务,2013(12).

[32]　杨坚争,杨立钒,赵雯.电子商务安全域电子支付[M].2版.北京：机械工业出版社,2013.

[33]　智维律师事务所.一份关于中国企业并购失败的法律风险分析报告.华夏时报,2010.

[34]　聂林.企业并购的风险与防范浅析[J].天津职业院校联合学报,2008,10(1).

[35]　周林.企业并购与金融整合[M].北京：经济科学出版社,2002.

[36]　新浪网 www.sina.com.cn 企业观察：中信泰富巨亏147亿幕后真相.2008-10-22.

[37]　余晖.电子商务与风险管理[J].科技情报开发与经济,2003(12).

[38] 傅少川.企业电子商务风险的危害及控制[J].中国安全科学学报,2003(07).

[39] 戴卫明.我国电子商务风险及其控制研究[J].生产力研究,2010(09).

[40] 聂高辉.企业电子商务的风险分类及其管理策略[J].商业研究,2006(22).

[41] 刘伟江,王勇.电子商务风险及控制策略[J].东北师大学报,2005(01).

[42] 王周伟.风险管理[M].北京:机械工业出版社,2012.

[43] 中国注册会计师协会.公司战略与风险管理[M].北京:经济科学出版社,2013.

[44] 闫蕾.上市公司审计委员会相关问题探讨——以A公司为例[J].财会通讯,2013(8).

[45] 王亚辉.中兴通讯的战略风险管理研究[D].河北师范大学,2020.

[46] 陈果.企业战略管理风险分析与规避措施研究[J].现代国企研究,2017(3).

[47] 肖程文.A公司战略风险管理架构优化研究[D].湖南工业大学,2019.

[48] 吕文栋.公司战略与风险管理[M].北京:中国人民大学出版社,2020.

[49] 陈思.万科集团轻资产运营模式的效果研究[D].东华大学,2019.

[50] 何文辉.万科用战略转型治愈生长痛[J].人力资源,2018(08).

[51] 金永飞,靳运章.我国煤矿安全生产存在的若干问题及应对措施.煤矿安全[J],2015(46).

[52] 如何正确地选择AAA信用认证机构?企业信用评价认证平台,2020-11-06.

[53] 《央企指引》附录:风险管理常用技术方法简介,中险网,2020-03-17.

[54] 左盼.新金融工具准则下的商业银行风险管理研究——以招商银行为例[J].湖北经济学院学报(人文社会科学版),2020,197(11).

[55] 殷学梅,何立刚,万斌峰.浅析相关风险管理理论与风控工具在国企采购管理中的前移应用效能[J].中国物流与采购,2020(18).

[56] 郑学锋,宋春伟,关洪金.风险管理标准探讨[J].项目管理技术,2017,15(010).

[57] 王松,仇成,刘相宝.国外风险识别与评估的实践探索及其启示[J].北方金融,2019(7).

[58] 孙承义.基于内部控制建设的全面风险管理标准研究[J].科技经济导刊,2020,28(05).

[59] 陈路.公司金融视角下的风险管理理论发展及未来趋势[J].未来与发展.2019(02).

[60] 吕文栋,赵杨,田丹,韦远.风险管理理论的创新——从企业风险管理到弹性风险管理[J].科学决策,2017(09).

[61] 刘长琨.蝴蝶效应与风险管理[J].中国总会计师,2010(01).

[62] 李海瑞.基于信息不对称的企业风险管理研究[D].华中师范大学,2007.

[63] [美]米歇尔·渥克.灰犀牛:如何应对大概率危机[J].供热制冷,2018(01).

[64] 刘丁己.做好"黑天鹅"与"灰犀牛"风险管理,让企业在激烈的市场竞争中保持优势[E/OL].https://www.sohu.com/a/320877341_100195858,2019-06-16.

[65] 王东.国外风险管理理论研究综述[J].金融发展研究,2011(02).

[66] 孙安庆,李宏.内部控制视角下企业风险管理的博弈论分析[J].会计师,2015(23).

[67] 程兆谦.新斜坡球理论[J].哈佛商业评论,2019(001).

[68] 牛栋杰.基于数字经济时代开展企业数据安全防护的思考[J].大众标准化,2020,317(06).

[69] 黄万峰.基于中台理论下项目型公司战略创新研究[D].电子科技大学,2020.

[70] 舒伟,左锐,陈颖,等.COSO风险管理框架的新发展及其启示[J].西安财经学院学报,2018,031(005).

[71] 周婷婷,张浩.COSOERM框架的新动向——从过程控制到战略绩效整合[J].会计之友,2018,593(17).

[72] 武艳.风险导向的小微企业内部控制体系构建[J].中国乡镇企业会计,2017(10).

[73] 高菁敏,李曼.基于COSO(2017)新框架的我国商业银行风险管理模式构建[J].商业会计,2019,654(06).

[74] 王盈宇.基于COSO-ERM新框架的企业全面风险管理研究[D].华东交通大学,2020.

[75] 叶成徽.国外风险管理理论的演化特征探讨[J].广西财经学院学报,2014,27(03).

[76] 钟林,不确定下的管理新变革——基于 COSO(2017)风险管理框架的管理新思维,全面风险管理网,2018-05-05.

[77] 程兆谦,新斜坡球理论:企业发展,是稳态与动荡交叉的过程,商业评论精选,2020-07-23.

[78] 陈伟. 数据经济时代的数字风险治理[E/OL]. https://www.aqniu.com/learn/57705.html,2019-04-11.

[79] 郭金龙,朱晶晶. 安邦变身启示录[J],中国保险家,2019(03).

[80] 赫伯特·金迪斯. 演化博弈论:问题导向和策略互动模型[M].北京:中国人民大学出版社,2015.

[81] 陈宏. 博弈论与战略互动[J].外交评论:外交学院学报,2007(02).

[82] 王东. 国外风险管理理论研究综述[J].金融发展研究,2011(02).

[83] 天堂向左,中台往右[E/OL]. CSDN, https://blog.csdn.net/BreatherYang/article/details/103382069,2019-12-04.

[84] [美]约翰·拉夫特里. 项目管理风险分析[M].李清力译. 北京:机械工业出版社,2003.

[85] 武艳. 流动比率优化分析及防范企业短期偿债风险研究[J].现代经济信息,2015(10).

[86] 武艳. 西方人性假设对企业风险管理模式影响研究[J].中国乡镇企业会计,2014(9).

[87] Korablev A V. Development of Information Risk Management Theory[C]// 18th International Scientific Conference "Problems of Enterprise Development:Theory and Practice". 2020.

[88] Mcshane M K,Nair A,Rustambekov E,Does Enterprise Risk Management Increase Firm Value?[J]. Journal of Accounting,Auditing And Finance,2011,26(4):641-658.

[89] Peng S M,Study On Enterprise Risk Management Assessment Based On Picture Fuzzy Multiple Attribute Decision-Making Method[J]. Journal of Intelligent And Fuzzy Systems,2017,33(6):3451-3458.

[90] Kyleen P,Andy T,Coso's Updated Enterprise Risk Management Framework—A Quest For Depth And Clarity[J]. The Journal of Corporate Accounting & Finance,2018:16-21.

[91] Karaka S S,Şenol Z,Kormaz Ö,Mutual Interaction Between Corporate Governance And Enterprise Risk Management:A Case Study In Borsa Istanbul Stock Exchange.[J]. KurumsalYönetim Ile Kurumsal Risk Yönetimi Arasındakiİlişki:Borsa Istanbul Örnegi. ,2018(78):235-248.

[92] Anton S G,The Impact of Enterprise Risk Management On Firm Value:Empirical Evidence From Romanian Non-Financial Firms[J]. Engineering Economics,2018,29(2):151-157.

[93] Heong Y K,Teng Y S,Coso Enterprise Risk Management:Small-Medium Enterprises Evidence[J]. Asia-Pacific Management Accounting Journal(Apmaj),2018,13(2):83-111.

[94] Rehman A U,Anwar M,Mediating Role of Enterprise Risk Management Practices Between Business Strategy And Sme Performance[J]. Small Enterprise Research,2019,26(2):207-227.

[95] Bensaada I,Taghezout N,An Enterprise Risk Management System For Smes:Innovative Design Paradigm And Risk Representation Model[J]. Small Enterprise Research,2019,26(2):179-206.

[96] Brown J,Duane M,Schuermann T,What Is Enterprise Risk Management?[J]. Journal of Risk Management In Financial Institutions,2019,12(4):311-319.

[97] Fiol F,Enterprise Risk Management:Towards A Comprehensive Yet Practical Enterprise Risk Function[J]. Journal of Risk Management In Financial Institutions,2019,12(4):320-327.

[98] Cairns-Gallimore D,Motion L H,The Outsider Perspective:The Invitation of A New Voice In Enterprise Risk Management And Risk Management?[J]. Armed Forces Comptroller,2019,64(4):55-59.

[99] Ade I,Joseph M,Francis D,Enterprise Risk Management Practices And Survival of Small And Medium Scale Enterprises In Nigeria[J]. Studies In Business And Economics,2020,15(1):68-82.

[100] Klucka J,Grünbichler R,Enterprise Risk Management - Approaches Determining Its Application

And Relation To Business Performance[J]. Quality Innovation Prosperity,2020,24(2)：51-58.

[101] Altuntas M，Berry-Stölzle T R，Hoyt R E，Enterprise Risk Management Adoption and Managerial Incentives[M]. Journal of Insurance Issues,2020,43(2).

[102] Khan W，Asif M，Shah S Q，An Empirical Analysis of Enterprise Risk Management And Firm's Value：Evidence From Pakistan[J]. Jisrmsse,2020,18(1)：107-124.

[103] The Global Risks Report 2021,World Economic Forum,https：//www.weforum.org/reports,2021-01-19.

附 录

课程思政元素融入知识点

中国大学 MOOC：企业风险管理

https://www.icourse163.org/learn/SJU-1206692814? tid=1465429481#/learn/announce

教学支持说明

▶▶ 课件申请

尊敬的老师：

您好！感谢您选用清华大学出版社的教材！为更好地服务教学，我们为采用本书作为教材的师生提供多种教学辅助资源，其中部分资源仅提供给授课教师使用。请扫描下方二维码获取相应的教学辅助资源。

扫描二维码
进入MOOC课程

任课教师扫描二维码
可获取教学辅助资源

▶▶ 样书申请

为方便教师选用教材，我们为您提供免费赠送样书服务。授课教师扫描下方二维码即可获取清华大学出版社教材电子书目。在线填写个人信息，经审核认证后即可获取所选教材。我们会第一时间为您寄送样书。

任课教师扫描二维码
可获取教材电子书目

 清华大学出版社

E-mail: tupfuwu@163.com	网址：http://www.tup.com.cn/
电话：010-83470332 / 83470142	传真：8610-83470107
地址：北京市海淀区双清路学研大厦B座509室	邮编：100084

高级管理学（第三版）

本书特色

大师之作，畅销教材，实践性强，内容丰富，案例新颖，篇幅适中，结构合理，课件完备，便于教学。

教辅材料

教学大纲、课件

获奖信息

同济大学精品课程、考研指定教材

书号：9787302522980
作者：尤建新
定价：49.80 元
出版日期：2019.8

任课教师免费申请

现代企业管理（第五版）

本书特色

"十二五"国家规划教材，课件完备，便于教学。

教辅材料

教学大纲、课件

获奖信息

"十二五"普通高等教育本科国家级规划教材

书号：9787302516965
作者：王关义 刘益 刘彤 李治堂
定价：49.00 元
出版日期：2019.6

任课教师免费申请

管理理论与实务（第 3 版）

本书特色

中财考研指定教材，畅销十余万册，最新改版，课件齐全。

教辅材料

教学大纲、课件

获奖信息

北京市普通高等教育精品教材

书号：9787302481225
作者：赵丽芬 刘小元
定价：45.00 元
出版日期：2017.8.1

任课教师免费申请

管理学（第 14 版）（英文版）

本书特色

管理学大师罗宾斯最为经典的一本管理学教材，全球广泛采用，课件备备，原汁原味。

教辅材料

课件

书号：9787302569732
作者：[美] 斯蒂芬·P.罗宾斯 玛丽·库尔特
定价：99.00 元
出版日期：2021.1.1

任课教师免费申请

管理学

本书特色

实践性强，内容丰富，案例新颖，篇幅适中，结构合理，课件完备，便于教学。

教辅材料

课件

书号：9787302560821
作者：王国顺 主编 邓春平 王长斌 副主编
定价：59.00 元
出版日期：2020.9.1

任课教师免费申请

战略管理——新思维、新架构、新方法

本书特色

中国人民大学 MBA 教材，七个问题一张图，帮助管理者突破认知束缚，课件齐全。

教辅材料

课件

书号：9787302523871
作者：姚建明
定价：49.00 元
出版日期：2019.3.1

任课教师免费申请

企业战略管理（第2版）

本书特色

内容详实，案例丰富，结合实践，配套课件。

教辅材料

课件

书号：9787302524342
作者：徐大勇
定价：54.00 元
出版日期：2019.6.1

任课教师免费申请

战略管理与商业策略：全球化、创新与可持续性（第14版）

本书特色

英文原版，经典战略管理教材，配套教辅资源。

教辅材料

课件、题库

书号：9787302523086
作者：[美]托马斯·L.惠伦（Thomas L.Wheelen）
等著
定价：59.00 元
出版日期：2020.3.1

任课教师免费申请

企业伦理学（第四版）

本书特色

"十二五"国家级规划教材，新形态教材，课程思政特色教材，畅销多年，屡次重印，课件完备，应用性强。

教辅材料

教学大纲、课件、案例解析

获奖信息

"十二五"普通高等教育本科国家级规划教材

书号：9787302560326
作者：周祖城
定价：59.00 元
出版日期：2020.6.1

任课教师免费申请

领导学（第六版）

本书特色

名师佳作，畅销多年，内容新颖，结构合理，广泛好评、课件完备。

教辅材料

教学大纲、课件

书号：9787302496748
作者：苏保忠 译
定价：69.00 元
出版日期：2018.9.1

任课教师免费申请

领导学

本书特色

内容精炼，视角独特，侧重实用，配套课件。

教辅材料

课件

书号：9787302532613
作者：吕峰
定价：35.00 元
出版日期：2019.8.1

任课教师免费申请

商务沟通（第2版）

本书特色

简明实用、注重务实和操作性、案例丰富、教辅资源配套齐全。

教辅材料

课件

书号：9787302535256
作者：黄漫宇 彭虎锋
定价：42.00 元
出版日期：2019.8.1

任课教师免费申请

组织行为学（第15版）（英文版）

本书特色

管理学大师罗宾斯最为经典的一本组织行为学教材，全球广泛采用，课件齐备，原汁原味。

教辅材料

课件

书号：9787302465560
作者：[美]斯蒂芬·罗宾斯 蒂莫西·贾奇
定价：98.00 元
出版日期：2017.3.1

任课教师免费申请

管理技能开发（第10版）

本书特色

理论与实践的完美结合，畅销经典，备有中文课件。

教辅材料

课件

书号：9787302553045
作者：[美]大卫·惠顿 金·卡梅伦 著，
张晓云译
定价：79.00 元
出版日期：2020.7.1

任课教师免费申请

商务学导论（第11版·完整版）

本书特色

原汁原味的英文经典教材，全文影印无删节，课件完备。

教辅材料

课件

书号：9787302498766
作者：[美]威廉·尼克尔斯 詹姆斯·麦克休 苏珊·麦克休
定价：85.00 元
出版日期：2018.4.1

战略管理：概念与案例（第16版）

本书特色

经典战略管理教材，畅销数十年，英文原版，教辅资源丰富。

教辅材料

课件、习题答案、试题库

书号：9787302500872
作者：弗雷德·R.戴维 福里斯特·R.戴维
定价：79.00 元
出版日期：2018.6.1

任课教师免费申请

知识产权管理

本书特色

"互联网＋"教材、全面介绍专利、商标、著作权、商业秘密、知识产权资本、知识产权战略等知识产权管理概念与应用，以及知识产权管理体系的构建，理论与丰富的案例实践相结合，教辅资源丰富，配备MOOC。

教辅材料

教学大纲、课件

书号：9787302521525
作者：王黎萤 刘云 肖延高 等
定价：49.00 元
出版日期：2020.5.1

任课教师免费申请

知识管理

本书特色

"互联网＋"教材、全面介绍知识管理相关理论和应用，内容新颖、适用，提供课件、习题等丰富的教学辅助资源。

教辅材料

教学大纲、课件

书号：9787302546849
作者：姚伟 主编
定价：49.00 元
出版日期：2020.4.1

任课教师免费申请

企业管理咨询——理论、方法与演练

本书特色

"互联网+"教材，全面介绍企业管理咨询知识和应用，结合实战演练，应用性强。

教辅材料

教学大纲、课件

书号：9787302526759
作者：宋丹霞　冉佳森
定价：49.00元
出版日期：2019.3.1

商务学导论（第12版）

本书特色

经典的商务学入门教材，具有很强的实践指导意义，英文影印，原汁原味，课件完备。

教辅材料

教学大纲、课件

书号：9787302572473
作者：[美]威廉·尼克尔斯　詹姆斯·麦克休
苏珊·麦克休
定价：75.00元
出版日期：2021.3.1

小微企业经营与管理

本书特色

"互联网+"教材，知识性、逻辑性、条理性和趣味性相结合，理论与实践相结合，教辅丰富。

教辅材料

教学大纲、课件、习题答案、案例解析、其他素材

书号：9787302559535
作者：张国良
定价：45.00元
出版日期：2020.9.1

大农业与食品企业案例集

本书特色

精选近年开发的优质案例，配合详细案例分析，内容前沿，配有课堂教学计划。

教辅材料

教学大纲、其他素材

书号：9787302577447
作者：谷征
定价：49.00元
出版日期：2021.5.1

组织行为学精要（第14版）

本书特色

经典战略管理教材，畅销数十年，英文原版，教辅资源丰富。

教辅材料

教学大纲、课件、习题答案、试题库、模拟试卷、案例解析

书号：9787302541332
作者：（美）斯蒂芬·P.罗宾斯（美）蒂莫西·A.
贾奇 著，郑晓明 译
定价：9787302541332.00元
出版日期：2021.7.1

管理决策方法

本书特色

同济大学课程团队力作，"互联网+"教材，教辅资源丰富。

教辅材料

教学大纲、课件、习题答案、试题库、模拟试卷、案例解析

书号：9787302561484
作者：张建同　胡一竑　段永瑞
定价：59.80元
出版日期：2021.5.1

任课教师免费申请

管理咨询

本书特色
暨南大学名师力作，多年企业
管理经验总结，"互联网+"
教材，教辅资源丰富。

教辅材料
教学大纲、课件、习题答案、
试题库、模拟试卷、案例解析

书号：9787302566694
作者：李从东
定价：49.00元
出版日期：2021.3.1

任课教师免费申请

企业经营诊断和决策理论与实训教程

本书特色
实操性非常强，案例新颖，畅
销教材。

教辅材料
教学大纲、课件、习题答案、
试题库、模拟试卷、案例解析

书号：9787302548423
作者：奚国泉 盛海潇
定价：55.00元
出版日期：2021.9.1

任课教师免费申请

企业伦理学

本书特色
案例丰富，配套资源完备，全
书兼顾思想性与实用性，能够
帮助读者理论联系实际，学以
致用。

教辅材料
课件、习题答案、案例解析

书号：9787302502920
作者：田虹
定价：40.00元
出版日期：2018.6.15

任课教师免费申请